高等学校城市轨道交通系列教材
教育部产学合作协同育人项目资助

城市轨道交通
车辆结构与原理

文永蓬　编著

中国铁道出版社有限公司

2021年·北京

图书在版编目(CIP)数据

城市轨道交通车辆结构与原理/文永蓬编著．—北京:中国铁道出版社有限公司,2021.3
(高等学校城市轨道交通系列教材)
ISBN 978-7-113-27369-9

Ⅰ.①城… Ⅱ.①文… Ⅲ.①城市铁路-铁路车辆-车体结构-高等学校-教材②城市铁路-铁路车辆-理论-高等学校-教材 Ⅳ.①U279.3

中国版本图书馆 CIP 数据核字(2020)第 207331 号

书　　名:城市轨道交通车辆结构与原理
作　　者:文永蓬

责任编辑:黄　璐　王明容　吕自强　　**编辑部电话**:(010)51873138
封面设计:陈东山　　**邮箱**:jiliang@tdpress.com
责任校对:苗　丹
责任印制:高春晓

出版发行:中国铁道出版社有限公司(100054,北京市西城区右安门西街 8 号)
网　　址:http://www.tdpress.com
印　　刷:北京柏力行彩印有限公司
版　　次:2021 年 3 月第 1 版　2021 年 3 月第 1 次印刷
开　　本:710 mm×1 000 mm　1/16　印张:14.25　字数:251 千
书　　号:ISBN 978-7-113-27369-9
定　　价:68.00 元

前　言

随着社会与经济的发展，城市现代化已成为当今世界发展的重要趋势。城市人口急速增长带来的交通拥堵等难题愈发严重，高效、便捷、载客量大、舒适、环保、节能的城市轨道交通运输系统应运而生并逐渐成为各大城市的主要公共交通系统。在城市轨道交通系统中，城市轨道车辆是交通运输的载体，车辆的运行良好是确保安全行车的关键。掌握一定的城市轨道交通车辆结构与原理知识，是城市轨道交通车辆工程的专业技术人员基本要求。为此，编者在上海工程技术大学城市轨道交通学院的大力支持下，编写了《城市轨道交通车辆结构与原理》一书。

本书是在上海工程技术大学城市轨道交通学院多年自编讲义的基础上不断完善而成。全书共分 12 章，较为全面地介绍了城市轨道交通车辆的转向架、车辆连接装置、车体、车门、车辆制动等基本结构以及车辆结构设计、车辆振动、车辆噪声及其防护等必备的原理，主要分为如下四个部分。

1. 城市轨道交通概况及车辆基础知识

这部分内容介绍了城市轨道车辆发展概况以及车辆的基础知识，分别安排在本书的第 1 章和第 2 章，重点介绍了车辆的性能参数和尺寸参数，让读者能够对城市轨道车辆有一个总体的认识。

2. 城市轨道交通车辆基本结构

这部分内容介绍了转向架、车辆连接装置（车钩和贯通道）、车体、车门及车辆制动装置等基本结构的特征，分别安排在本书的第 3 章至第 7 章。

3. 城市轨道交通车辆原理

这部分内容包含车辆结构设计原理、车辆运行原理、车辆振动原理、车辆噪声及其防护原理等，分别安排在第 8 章至第 11 章，这部分主要特色在于以下四点。

(1)车辆结构设计原理主要从分析车辆的受力入手，采用隔离法分析车体和转向架的各种载荷，针对轨道车辆的关键结构详细地介绍了强度计算的目的和计算步骤。通过城市轨道交通车辆车轮的受力分析以及最后的热力耦合计算，对轨道车辆辐板进行初步优化设计，鼓励读者课后自学软件参与车轮的设计。

(2)车辆运行原理主要介绍动态的车辆运行过程中车辆运行方向上受到的牵引力、制动力和基本阻力，以及车辆在通过弯道、隧道、上坡过程中产生的附加阻力，在各种力的作用下车辆的运行情况，与以往的运行过程分析不同，这部分内容更加强调车辆运行能耗的分析，让读者深入理解城市轨道车辆的能耗特征，从而树立节能环保意识。

(3)车辆振动原理从轨道不平顺的成因引出车辆的振动问题，与一般的振动问题讲解不同，这部分内容更加贴近工程应用，介绍车辆—轨道耦合动力学模型，建立车辆振动的垂向振动微分方程，获得车体中心处的垂向振动加速度功率谱，进一步介绍描述车辆舒适度的 Sperling 评价指标，让读者能够从表面现象发现内部存在的科学问题，思考解决问题的方法和手段，从而培养读者具有一定工程应用能力。

(4)车辆噪声及其防护原理基于详细的车辆噪声的分类介绍，分析了轮轨噪声、车辆动力系统噪声、车辆非动力系统噪声、地铁的地面承载噪声以及高架轨道噪声等造成产生的原因和危害，强调轮轨噪声的主要地位以及相应的降噪方法，让读者对噪声机器防护原理有深入的认识。

4. 新型城市轨道交通车辆

这部分内容介绍了现代有轨电车、磁悬浮车辆、独轨车辆以及自动导轨交通车辆等新型城市轨道交通车辆的定位、特点以及发展情况，主要安排在本书第 12 章。

本书由上海工程技术大学文永蓬编写。在本书编写过程中，周月、董昊亮、吴俊汉、刘跃杰、徐硕、游浩明、朱俊效、黄柯、纪忠辉、孙倩、邹钰和祁慧等同学参与了资料收集整理等工作，付出了大量的时间和精力，在此深表感谢！

由于编者水平有限，加上城市轨道交通车辆技术更新快速，书中错误和不当之处在所难免，恳请读者批评指正。

编著者

2020 年 8 月

目　　录

第1章　绪　　论

城市轨道交通具有快速、准时、安全、便捷、载客量大等优点，特别能满足城市内部与城郊之间大规模出行的需求，已成为民众首选的交通出行方式。目前，以城市快速轨道交通系统为主体配合其他交通工具，形成一个综合的交通网络，是解决大城市交通的重要途径。在城市轨道交通系统中，城市轨道车辆是交通运输的载体，车辆的运行良好是确保安全行车的关键。本章将介绍城市轨道车辆的发展过程，从世界城市车辆的发展情况引出我国城市轨道车辆的发展历程，进一步指出城市轨道车辆技术发展趋势。

1.1　城市轨道交通的发展历程与现状

1.1.1　国　外

随着经济发展和城市现代化进程的加快，特大城市逐渐出现，城市的发展出现市中心扩展型和以市中心为核心的卫星城镇化两种发展模式。世界各国都面临因数量庞大、在时间上相对集中的“通勤队伍”引发的大量交通堵塞问题，传统城市地面交通根本无法解决城市交通的一系列问题。

自1825年英国开通第一条铁路，轨道交通立刻获得了世界列强的青睐，竞相修建。1840年至1913年是世界铁路发展的“黄金时代”，铁路机车制造已相当完善，铁路机车以蒸汽机车为主(图1-1)，轨道结构也不断改进并定型，各国修建铁路的热情日益高涨，铁路发展速度明显加快。1840年，铁路营业里程为8 000 km，到1913年已达110万km。

世界上第一条城市轨道交通(又称为“地下铁道”)1863年1月10日诞生于伦敦，用于解决当时伦敦的路面交通拥堵的问题，伦敦地铁为人口密集的大都市如何发展公共交通提供了宝贵的经验。该线路总长6.4 km，车辆初始使用蒸汽机车作为牵引动力装置，但很快被内燃机车所取代。1890年世界上出现了电力机车后，使地下客运环境和服务条件得到了空前的改善，地铁建设显示出强大的生命力，正式步入了它的黄金时代。

自1863年至1899年，英国的伦敦和格拉斯哥、美国的纽约和波士顿、匈牙

图 1-1　采用蒸汽机车牵引的铁路列车

利的布达佩斯、奥地利的维也纳以及法国的巴黎共 5 个国家的 7 座城市率先建成了轨道交通。

进入 20 世纪上半叶，在欧洲、美洲以及日本又有多座大城市相继修建了地铁，如德国的柏林(1902 年)、汉堡(1912 年)，美国的费城(1907 年)，西班牙的马德里(1919 年)，苏联的莫斯科(1932 年)以及日本的东京(1927 年)等。

到了 20 世纪下半叶 1950 年至 1974 年的 24 年间，世界上轨道交通更加蓬勃发展。在此期间，加拿大的多伦多、蒙特利尔，意大利的罗马、米兰，美国的费城、旧金山，苏联的彼得格勒、基辅，日本的名古屋、横滨，韩国的首尔以及中国的北京等约 30 座城市相继建成了地铁。

加拿大的蒙特利尔地铁是具有代表性的地铁项目，第一条地铁线路于 1966 年建成通车，目前已有 4 条线路，线路总长度约 66.25 km，共设车站 68 座，车辆保有量总数约 760 辆，年客运总量约 3.5 亿人次。蒙特利尔的地铁主要采用橡胶轮胎走行系统，以法国的 VAL 技术为基础，列车在表面光滑的混凝土轨道上行驶，客运效率和乘坐舒适度都很高。线路布局充分考虑了与周围环境的协调，乘客换乘其他交通工具极为方便。新建地铁车站的建筑风格各不相同，建筑雄伟、辉煌而明快，为城市开辟了良好的地下活动空间。每座车站都与周围环境融为一体。在公园中，车站与树林绿茵配合形成了协调优美的景观；在商业繁华区，站台的高度往往与林荫人行道的高度相同，而且可直接相通；有的车站还可直接通向办公大楼或大饭店的厅廊。这些精心设计，给人们的出行和换乘创造了极为方便的条件。

值得一提的是，墨西哥城与首尔地铁发展也极为快速，成为世界上地铁发展最快的城市之一。墨西哥城在短短的十年间修建了 150 km 地铁，到 2000 年已开通 21 条地铁线路，全长 400 km，承担全城客运量的 58%。首尔地铁 1971 年开始建设，1974 年建成通车，到 2000 年共建成 8 条地铁，线路长度达 285 km。

截至 2019 年底，全球共有 75 个国家和地区的 520 座城市开通城市轨道交通，运营里程超过 28 198.1 km。其中，59 个国家和地区的 167 个城市开通地铁，总里程达 15 622.61 km。21 个国家和地区的 55 座城市开通轻轨，总里程达 1 396.21 km；58 个国家和地区的 416 座城市开通有轨电车，其中有里程数据来源的 240 座城市的有轨电车总里程达 11 179.28 km。

表 1-1 为 2019 年世界轨道交通总里程前十名国家，表 1-1 中的轻轨除了包括传统的钢轮钢轨的轻轨之外，还包括独轨车辆、磁悬浮车辆以及自动导轨交通车辆。由表 1-1 可知，中国总运营里程排名世界第一，约占全球总里程的 23.92%；德国以 3 615.1 km 的里程排名第二。从制式看，中国的地铁和轻轨里程均排名世界第一，分别约占全球地铁和轻轨里程的 37.78% 和 30.22%；德国的有轨电车里程达 3 214.4 km，排名世界第一，约占全球有轨电车里程的 28.75%。

表 1-1 2019 年世界轨道交通总里程前十名国家汇总

国家	地铁(km)	轻轨(km)	有轨电车(km)	总计(km)
中国[1]	5 902.64	422	405.63	6 730.27
德国	400.7	—	3 214.4	3 615.1
美国	1 296.7	35.1	—	1 331.8
俄罗斯	590.7	10	522.2	1 122.9
波兰	32.1	—	1 057.4	1 089.5
法国	267.5	89.9	724.7	1082.1
日本	790.6	96.2	—	886.8
韩国	803.9	57.3	—	861.2
英国	479.5	44.4	317.7	841.6
西班牙	440.925	59	271.6	771.525

[1]未统计港澳台地区数据。

随着城市轨道交通的不断发展，城市轨道交通车辆的发展取得了一系列的进步。

在车体材料方面，最初地铁车辆的车厢是木制的，后来改为钢制的，以减少发生火灾造成的危险。1954 年 3 月 20 日开通的加拿大多伦多的地铁，车厢开始再改良为铝制，有效地减少了维修成本和减轻车体重量。2018 年 9 月 18 日，在德国举行的柏林国际轨道交通技术展(InnoTrans 2018)上，中国中车正式发布新一代碳纤维地铁车辆“CETROVO”，这种碳纤维复合材料作为一种新材料，被称为“轻量化之王”，其轻质、高强度的优点为列车轻量化提供了绝佳的解决方案。

在车辆上所采用的电气牵引方式方面，可将城市轨道交通车辆的发展划分为三个阶段：20 世纪 50 年代以前，采用直流调速牵引系统的凸轮调阻车；20 世纪 50～70 年代，采用直流调速牵引系统的斩波调压车；20 世纪 70 年代至今，采用交流调速牵引系统的调频调压车。

1.1.2 国　内

我国的城市轨道交通起步发展迟于西方国家，到 1969 年北京 1 号线的正式开始营运，标志着中国的地铁时代来临。截至 2019 年底，中国(未统计港澳台地区数据)共有 40 个城市开通城市轨道交通运营线路 208 条，运营线路总长度 6 736.2 km。其中，地铁运营线路 5 180.6 km，占比 76.9%；其他制式城轨交通运营线路1 555.6 km，占比 23.1%。仅 2019 年当年就新增运营线路长度 974.8 km。目前，中国北京、上海、广州、深圳等城市已经拥有较为完备的城市轨道交通系统，而一些二线城市成都、南京、武汉、重庆、西安、杭州、天津等也逐渐形成完善的轨道交通网络。

我国城市轨道车辆目前大部分以地铁和轻轨车辆为主，伴随着现代有轨电车、磁悬浮列车等多种轨道交通形式车辆并行发展。从最早期的北京地铁开始发展至今，大致经历了这样几个阶段：北京 DK 型地铁车辆的时代、外资独资的时代和中外合资与自主开发并存的时代。

1. 北京地铁车辆 DK 型时代

中国现代城市轨道交通是以 20 世纪 60 年代北京地铁建设为开端。1967 年由铁道部长春客车厂试制完成了 1 列 2 辆编组的 DK1 型凸轮变阻调速北京地下铁道电动客车。1969 年长春客车厂在 DK1 型的基础上进行了改进，批量生产了 DK2 型北京地下铁道电动客车。1969 年 10 月 1 日北京站至苹果园站完成了试运营并通车。DK 是长春客车厂生产的客车代号，从 1967 年为北京地铁生产的 DK1 出厂到 2007 年为北京环线地铁生产的 DKZ16 下线，经历了40 年的风雨。

2. 外资独资时代

因为当时中国城市轨道交通车辆制造业整体水平比较落后，所以上海等城市在地铁筹建初期整体引进了国外技术，比如上海轨道交通 1 号线 01A01 车辆

（原 DC01 车辆），如图 1-2 所示。

图 1-2　上海轨道交通 1 号线 01A01 车辆

上海轨道交通 1 号线采用西门子公司技术，1989 年 5 月，中德双方正式签署了 4.6 亿马克的地铁专款贷款协议书，1990 年 3 月 7 日国务院正式同意，上海地下铁道工程（新龙华站至上海新客站，即今锦江乐园至上海火车站）开工兴建。1993 年 5 月 28 日，上海轨道交通第一条线路——1 号线南段（徐家汇—锦江乐园）建成通车。1995 年 4 月 10 日，上海轨道交通 1 号线全线（上海火车站站—锦江乐园站）建成通车。

由于在这个时期核心技术都是从国外引进的，知识产权完全掌握在国外公司手中，零部件昂贵、维护保养成本极高，这给中国轨道交通的发展造成了极大障碍。

3. 中外合资与自主开发并存时代

（1）中外合资

城市轨道交通装备中外合作制造的主要方式为国外轨道交通装备企业提供若干核心技术（如牵引控制单元、制动单元、辅助控制单元、空气弹簧二系悬挂等关键核心部件），国内企业进行相关车体、转向架等研发并进行系统集成。

目前和国外轨道交通装备企业进行合资生产轨道车辆的企业包括：

①中车长春轨道客车股份有限公司，与加拿大庞巴迪公司合作，合资生产了天津地铁 1 号线、西安地铁 2 号线、上海轨道交通 9 号线等线路部分车辆。其中，上海轨道交通 9 号线车辆如图 1-3 所示。

②中车南京浦镇车辆有限公司，与法国阿尔斯通公司合作，合资生产了上海轨道交通 3 号线、10 号线的 A 型车辆（图 1-4）及南京地铁 1 号线车辆等。

图 1-3 上海轨道交通 9 号线车辆

图 1-4 上海轨道交通 10 号线车辆

(2)自主开发

①中车株洲电力机车有限公司:在国内市场上,主要负责了上海轨道交通 1 号线的直改交、上海轨道交通 11 号线等车辆项目;在国际市场上,目前正在进行向土耳其地铁、马来西亚动车和印度地铁整车出口的生产项目。

②中车青岛四方机车车辆股份有限公司:主要为北京地铁八通线、沈阳地铁、成都地铁以及广州地铁 4~6 号线提供车辆。其中,北京地铁八通线车辆如图 1-5 所示。

图 1-5 北京地铁八通线车辆

1.2 城市轨道车辆技术发展趋势

随着经济的发展和社会的进步，轨道交通的发展非常迅速，高铁、城际、城市轨道交通三种网络逐渐融合，轨道交通的辐射范围越来越大。信息化、智能化和智慧化促进了轨道交通行业高质量发展，“智慧城轨”建设成为“交通强国”的重要支撑，并成为智慧城市建设的先导工程。

获取先进的轨道车辆的技术是人们不懈追求的动力源泉，“高品质、高效能、高智能、高适应”逐渐成为城市轨道交通车辆技术发展的标志，城市轨道交通车辆技术将在以下 3 个方面有巨大的发展潜力。

1.2.1 车辆智能化

为了改善乘客的体验和提高车辆的运行可靠性，高科技逐渐应用于轨道车辆上，智慧列车的概念被逐渐认可。基于物联网以及先进的 5G 无线通信技术，车辆内部采用智能化的乘客服务系统，将带来全新的乘车体验。车辆的运行采用无人驾驶技术，列车从发车启动到加减速、停站、开关门、回库等运行的全过程均为全自动驾驶。逐步实现车辆设备网络化的监管和维修方式，车辆建立强大的智能化感知系统，设多个监测点，实时感知列车“健康”状态，对车辆设备的运行状态实现远程监控；预先判断设备的维修方式，对车辆的部件进行分类，属地维修、资源共享集中维修以及委外维修相结合，提高车辆的维保能力。运行途中出现异常时,可自动预警和远程维护。同时,借助智能感知系统,在车辆处于"亚健康"状态时就及时介入维护、探测线路状况、指导线路维护,使列车的运行更加安全可靠。

1.2.2 车辆轻量化

为了降低能耗、节约成本,在保证车辆结构安全可靠的前提下,轻量化一直都是轨道车辆追求的目标。从实现的角度,车辆轻量化主要分为车体的轻量化、转向架及车下设备的轻量化两个方面。车体方面,现在的车体是碳钢、不锈钢、铝合金以及全碳纤维复合材料,轻量化程度逐步在提升,但是轻量化一直是列车设计的一个永恒课题,研究部分或整体采用碳纤维以及复合材料等在车体主结构或部分结构的使用;转向架及车下设备方面,转向架实现轻量化,一方面采用永磁同步电机的轴驱,取消变速箱及联轴节,简化转向架动力驱动系统,实现轻量化设计,另一方面采用空心车轴、波壁大断面承载结构,降低转向架部件重量。从新材料方面而言,研究铝合金、高分子聚合材料等新材料应用于转向架零部件的结构设计技术。

1.2.3 车辆节能环保技术

当今社会经济的发展和能源短缺的矛盾日益显著,高效节能和环境保护成为人们普遍关注的话题,轨道交通是能源消耗大户,格外受到关注。高能效、高品质、高安全、高可用、高智能是电力牵引技术多年来的发展方向。高效节能技术的当前热点主要包括:高效电力牵引技术、能量捕获与回收技术等方面。高效电力牵引技术主要是利用以永磁同步电机直接驱动,实现直接驱动,取消齿轮箱,降低传动过程中的损耗,降低传动噪声和重量,提高能源利用率。能量捕获与回收技术主要依赖电池组、飞轮和超级电容等储能元件,城市轨道车辆在运行过程中,优良的控制方法和策略对节约能源起着关键性的作用,从而将能量捕获并回馈,解决目前城市轨道车辆制动能量的回收利用问题,研究车载再生能量储存设备,吸收再生反馈剩余能量,从而降低能耗。

第2章　车辆基础知识

作为城市公共交通系统的一个重要组成部分，目前城市轨道交通车辆主要有地铁车辆、轻轨车辆、有轨电车以及磁悬浮列车等多种类型，逐渐成为“城市交通的主动脉”。近年来，我国城市轨道交通事业发展迅猛。截至2019年底，全国城市轨道交通累计配属车辆6 966列，比上年增长18.1%，全年完成运营里程40.96亿车公里，比上年增长16.8%。我国已成为城市轨道“交通大国”，正迈向城市轨道“交通强国”。在这个巨大的发展契机下，行业的从业人员越来越迫切掌握城市轨道交通车辆的基础知识，因此，本章介绍了按照不同标准划分的车辆类型、编组、标识、特点及组成、主要技术参数以及车辆限界等相关基本概念。

2.1　车辆类型

目前，城市轨道交通车辆的供应商较多，每条线路开通时间也不一致，导致各个拥有轨道交通的城市的车辆规格各异。同时，城市轨道车辆形式的划分也没有一个十分严格的标准，在本书中的划分方法主要依据《城市轨道交通工程项目建设标准》(建标104—2008)及《地铁车辆通用技术条件》(GB/T 7928—2003)。

2.1.1　按城市轨道交通系统类型分类

我国城市轨道建设取得了较大的成绩，并形成了地铁制式独大，其他多制式并存的局面。截至2019年底，城市轨道交通运营线路中7种制式同时在运营，其中，地铁5 180.6 km，占比76.8%；轻轨217.6 km，占比3.2%；有轨电车417 km，占比6.2%；独轨98.5 km，占比1.5%；市域快轨754.6 km，占比11.2%；磁悬浮57.7 km，占比0.9%；APM(Automated People Mover System，自动旅客捷运系统)10.2 km，占比0.2%。

根据城市轨道交通的形式，本书将车辆大致可以划分为地铁车辆、轻轨车辆、有轨电车和磁悬浮车辆、独轨车辆等，如图2-1～图2-6所示。

地铁(Subway，Metro)一般是选用A型车或B型车的轨道交通线路，轻轨(Light Rail Train)则一般是选用C型车的轨道交通线路。地铁已经不局限于运行线在地下隧道中的这种形式，而是泛指采用高规格列车同时高峰小时单向运输能力在3万～7万人的大容量城市轨道交通系统。因此，地铁和轻轨本质的区别还是运量。列车的车型和编组决定了车辆的轴重以及车站的站台长度。运行线路多样化，地下、地面、高架三者有机结合。国内外众多城市已用“轨道交通”代替“地铁”这一传统称呼。

图 2-1　地铁车辆

图 2-2　轻轨车辆

图 2-3　有轨电车

图 2-4　磁悬浮车辆

图 2-5　跨座式独轨车辆

图 2-6　悬挂式独轨车辆

有轨电车(Tram)是采用电力驱动并在轨道上行驶的轻型轨道交通车辆。有轨电车是一种公共交通工具,亦称路面电车,简称电车。但通常与其他交通车辆分享路权,编组一般为二至五节编组。另外,某些在市区的轨道上运行的缆车亦可算作路面电车的一种。由于电车以电力推动关系,车辆不会排放废气,因而是一种无污染的环保交通工具、这种交通形式往往是在大城市中可以承担地铁等骨干公共交通网络的补充、延伸、联络、过渡等辅助功能。

磁悬浮车辆(Maglev Train)是一种现代高科技轨道交通工具。它通过电磁力实现列车与轨道之间的无接触的悬浮和导向,再利用直线电机产生的电磁力牵引列车运行。磁悬浮车辆在环保、安全和低能耗等方面也有明显优势,与当今最领先的轮轨列车、汽车和飞机等运输方式相比,磁悬浮列车耗能最少。因为行驶时不与轨道产生摩擦接触,所以磁悬浮列车行驶时产生的振动较小,由此产生的噪声较低。由于电力驱动磁悬浮列车运行,因此具有污染小、对生态环境造成的破坏小的特点。

独轨车辆(Monorail)一般通过高架于闹市运行,适合中小城市或大城市非客流主通道的城市轨道交通。不论采用跨座式或悬挂式,独轨车辆都具有乘坐舒适,视野宽广的特点,具备城市交通和旅行观光的双重作用。

2.1.2　按车体宽度分类

轨道交通列车的长度可以通过改变车辆编组数量来随时变化,不同车型车辆的高度也基本接近(一般依据人体站立的高度来设计),因此这些都不是划分不同车型的参考标准。只有车辆的宽度最具有参考性,不同的宽度满足不同的运能需要,而且宽度一旦成型就无法再改变,因此车辆宽度才是区分不同车型的唯一标准(表2-1)。

表2-1　城市轨道车辆的主要技术指标和特征

运能类型	Ⅰ级	Ⅱ级	Ⅲ级	Ⅳ级	Ⅴ级
系统类型	高运量地铁	大运量地铁	中运量轻轨、独轨	次中运量轻轨、独轨	低运量轻轨
适用车辆类型	A型车	B型车和Lb型车	C-Ⅰ、C-Ⅲ型车和Lb型车	C-Ⅱ型车	现代有轨电车
最大客运量(单向小时人次)	4.5万～8.0万	3.0万～5.5万	1.0万～3.0万	0.8万～2.5万	0.6万～1.0万
线路形态	隧道为主	隧道为主	地面或高架	地面为主	地面
路用情况	专用	专用	专用	隔离或少量混用	混用为主
站台高低	高	高	高	低(高)	低

续上表

运能类型	Ⅰ级	Ⅱ级	Ⅲ级	Ⅳ级	Ⅴ级
车辆宽度(m)	3.0	2.8	2.6(C 型车) 2.8(Lb 型车)	2.6	2.6
车辆定员 (站 6 人/m^2)	310	240	217	220	104～202
最大时速 (km/h)	80～120	80～120	80(C 型车) 90(Lb 型车)	70	45～60
平均运行速度 (km/h)	34～40	32～40	30～40	25～35	15～25
轨距(mm)	1 435	1 435	1 435	1 435	1 435
额定电压(v)	DC 1 500	DC 1 500 DC 750	DC 1 500 DC 750	DC 750 DC 600	DC 750 DC 600
受电方式	架空线 第三轨	第三轨	架空线 第三轨	架空线	架空线

注:①上海 11 号线 A 型车设计最高时速为 110 km/h,广州 3 号线 B 型车设计最高时速为 120 km/h。
②广州地铁 4、5、6 号线直线电机车辆采用 DC 1 500 V 第三轨供电方式。
③A、B、C 型车为旋转电机车辆系列,Lb 型车为直线电机车辆系列。

2.1.3　其他分类

常见的还有其他分类,例如:按车辆的牵引控制系统划分,可分为直流车辆、交流车辆;按车体材料划分,可分为碳素钢车辆、不锈钢车、铝合金车和碳纤维复合材料车等;按受电方式划分,可分为受电弓受流车、第三轨受流车及受电弓加第三轨复合受流车等;按电压等级划分,可分为直流 1 500 V 供电车和直流 750 V供电车两种类型;按照轨道的数量划分,可分为独轨车和双轨车;按电机原理划分,可分为旋转电机车和直线电机车等;按客运量划分,可分为大运量车、中运量车和低运量车等。

2.2　车辆编组及标识

所谓车辆编组,指的是按照预期的目的,将各独立的车辆连接起来,成为一个运行体。由于城市轨道交通车辆是运载乘客的工具,应满足乘客对乘车舒适、准时的要求,所以要在综合考虑各项因素后对车辆整体进行科学的编组。为了车辆运用和检修等情况下管理和识别的方便,必须对车辆进行标识。所谓标识,是指对车辆及其设备进行标记或编号。但是,由于城市轨道车辆仅运行在各城市相对固定的线路上,目前中国没有统一的车辆标识规定,因而用户和制造商一般都参照国外成熟的做法，车辆的标识方法也比较类似。

2.2.1　车辆编组

车辆编组一般应考虑线路坡度、运营密度、站间距离、舒适度、安全可靠性、工程投资、客流大小等因素。例如：必须满足单向高峰小时断面客流量的需要；兼顾信号系统设备所能达到的行车密度（或行车间隔），即系统设计能力；既满足高峰时的客流要求，又能提高平时的车辆满载率，实现节能和降低运营成本；考虑编组对初、近、远期客流变化的适应能力；结合运行交路的设计，合理选择车辆编组，实现经济、合理、高效的目标。

一般地，车辆编组的计算方法是规划轨道车辆线路时预计有 10 万人客流量，只有 50 个车次，那么每个车次 2 000 人。如果该线路选用 A 型车，则 1 节容量约为 360 人，所以要 6 节编组即可满足设计客流需求。

车辆一般根据动力分散原则进行编组，因而，城市轨道车辆划分有动车、拖车等多种形式。

（1）动车：有电机和传动装置的车辆称为动车。而动车又分为无受电弓（M）、有受电弓（Mp）、有司机室（Mc）、有受电弓及司机室（Mcp）四种情况。

（2）拖车：没有电机和传动装置的车辆称为拖车。而拖车又分为无司机室（T 车）和有司机室（Tc 车）两种情况。

这里几个字母的缩写含义为："T"代表 Trailer car，即拖车；"M"代表 Motor car，即动车；"c"代表 cabin，即司机室；"p"代表 pantograph，即受电弓。

目前我国各个城市的地铁编组方法都不尽相同，但是具体编组方法都采用动、拖车混编的方式。一般动、拖混编常常采用"四动两拖"或"六动两拖"的连接方式，即将拖车布置在两个端部，动车布置在中部。

下面以中国几个城市的地铁部分线路车辆编组方法进行举例：

（1）上海轨交通 6 节编组车辆的编组为：Tc-Mp-M-M-Mp-Tc。8 节编组车辆的编组为：Tc-Mp-M-Mp-M-M-Mp-Tc。4 节编组车辆的编组为：Tc-Mp-Mp-Tc（上海轨道交通 6 号线和部分 5 号线）。7 节编组车辆的编组为：Tc-Mp-M-M-M-Mp-Tc（部分上海轨道交通 8 号线）。3 节编组车辆的编组为：Mcp-M-Mcp（上海轨道交通 16 号线）。

（2）早期的北京地铁按全动车设计，两车为一单元，使用时按 2、4、6 辆编挂组成列车组。目前，北京地铁的列车有带司机室的拖车（Tc1 车、Tc2 车）、不带司机室的拖车（T 车）和不带司机室的动车（M 车）三种车型，采用贯通式车厢，乘客可任意走动。一个动车和一个拖车为一个制动单元，使用时按 2、4、6 节进行编组。当采用6节编组时，排列为：Tc1-M1-M3-T3-M2-Tc2。

(3)而天津滨海轻轨车辆在开通初期为4节编组，采用“二动二拖”形式，编组为：Mcp-T-T-Mcp，而远期为6节编组，采用“三动三拖”形式，编组为：Mcp-T-T-M-T-Mcp。

每个城市会根据其特有的客流量、车站位置、运行路线等方面的考虑做出灵活的编组方法以达到整体运营的最优效果。地铁客流的潮汐变化非常突出，早晚高峰期客流量大，平峰期客流量小，根据客流变化灵活编组，在高峰期采用大编组，平峰期采用小编组，这样能实现以最经济的方式运营，节约能耗，降低运营成本，也利于增大发车密度，提高服务水平。因此，未来的趋势是列车以2节为最小的编组单元，能够根据运营需求实现“2+N”节灵活编组，在2节至2+N节范围内任意搭配车厢，在很短时间完成编组的扩充。

2.2.2 编号

编号分为列车编号和车辆编号。列车编号一般位于每列车的车头，由于世界城市轨道交通车辆编号的方法各不相同，因此，本书以上海申通地铁集团有限公司为例，对其制定的具有一定代表性和通用性的编号方法进行详细的介绍。

对于列车编号，一般线路的列车编号大都是3～5位的，如图2-7所示中的“0914”是4位的列车编号，代表上海轨道交通9号线的第14列车；有的线路的列车较多，因此，4位的编号满足不了需求，列车编号增加到5位，比如“08069”就代表上海轨道交通8号线的第069列车。

图2-7 上海轨道交通9号线列车编号

车辆编号,也称为车厢编号,一般标识于车厢外侧。图 2-8 所示为上海轨道交通 9 号线 6 节编组车厢的编号方法。其中,“09”代表上海轨道交通 9 号线,“168”是序列号;序列号一般是 3 位表示,有的线路是 2 位表示;“1”代表 Tc 车。除此之外,转向架与轴也有相应的编号。

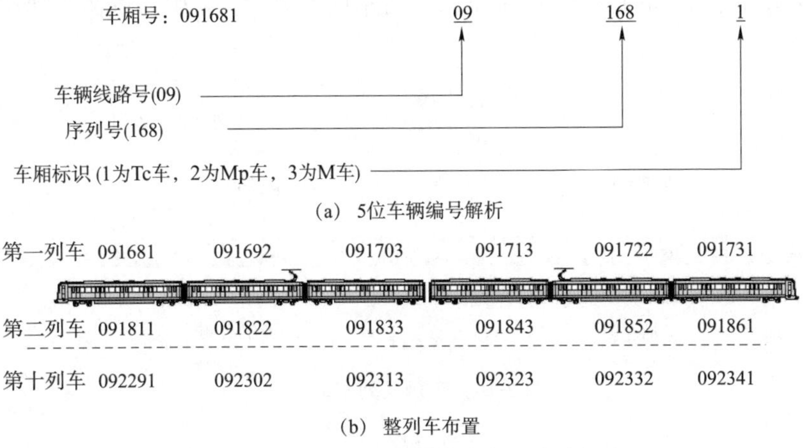

图 2-8　上海轨道交通 9 号线车厢编号方法

2.2.3　标识

车辆标识的目的主要是为了检修人员进行故障定位、维修方便,定义采用 DIN 25005:2005《铁路车辆　标识规则　取向方向和部件标识》标准,下面以上海轨道交通某线路车辆为例进行介绍。

1. 车辆车端的定义

每节车厢都有 2 个车端,分别定义为 1 位端和 2 位端。当乘客站在任何一节车厢内,面朝本单元列车的司机室方向,则该乘客的前方车端为该车厢的 1 位端。另一端就是 2 位端,如图 2-9 所示。

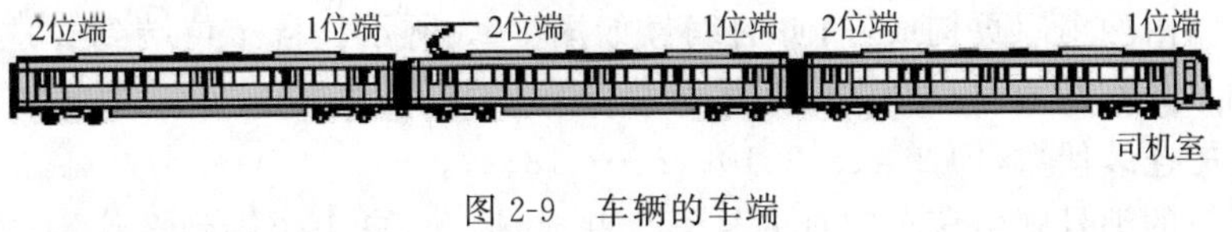

图 2-9　车辆的车端

2. 车辆、列车车侧的定义

车侧的概念可细化为车辆的车侧和列车的车侧两个概念。

所谓车辆的车侧,指的是人立于车辆的 2 位端,面向 1 位端,则人的右侧就称为该车辆的右侧,人的左侧也称为该车辆的左侧。因此,车辆的车侧是以人的左右为准。

所谓列车的车侧,它的定义与车辆车侧的定义是不同的,如图 2-10 所示。列车的车侧是按列车行驶的方向来定义的,主要目的是方便乘客按照提示上下车。

列车的右侧,也通常称为"1 位侧";列车的左侧,可称为"2 位侧",如图 2-11 所示。

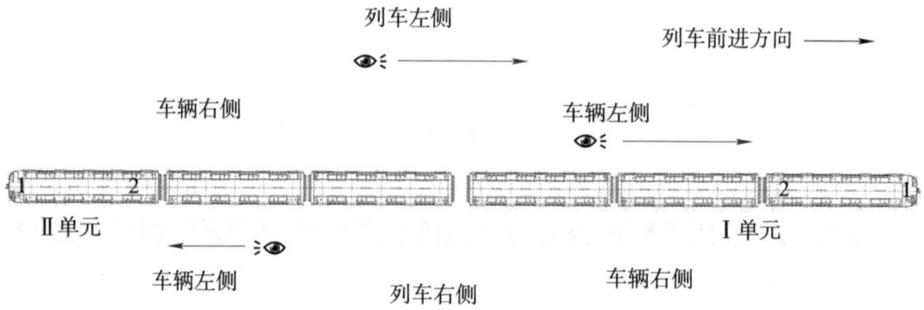

图 2-10　车辆及列车的车侧

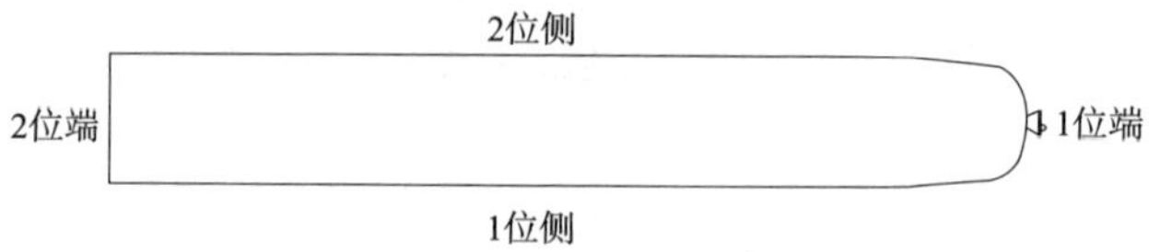

图 2-11　1 位侧与 2 位侧规定

3. 转向架和轴的编号

每辆车的转向架都分为转向架 1 和转向架 2。转向架 1 位于车辆的 1 位端,转向架 2 位于车辆的 2 位端。因此,转向架 1 和转向架 2 又分别称为 1 位端转向架、2 位端转向架。

每辆车有 2 个转向架,每个转向架有 4 根轴,这 4 根轴从 1 位端开始至 2 位端,依次连续编号 1 轴～4 轴,如图 2-12 所示。

4. 车门和门页的编号

车门由两扇门页构成,门页的编号如图 2-13 所示。自 1 位端到 2 位端,沿着每辆车的左侧为由小到大的连续奇数,即 1、3、5、7、9、11、…、17、19;右侧为由小到大的连续偶数,即 2、4、6、8、10、12、…、18、20。

车门的编号则由该车门页的号码合并成,因此,自 1 位端到 2 位端,左侧车门的编号为 1/3、5/7、9/11、…、17/19,而右侧车门的编号 2/4、6/8、10/12、…、18/20。车门编号和站台屏蔽门编号是不一样的,站台编号一般为 1 号至 30 号连续编号。

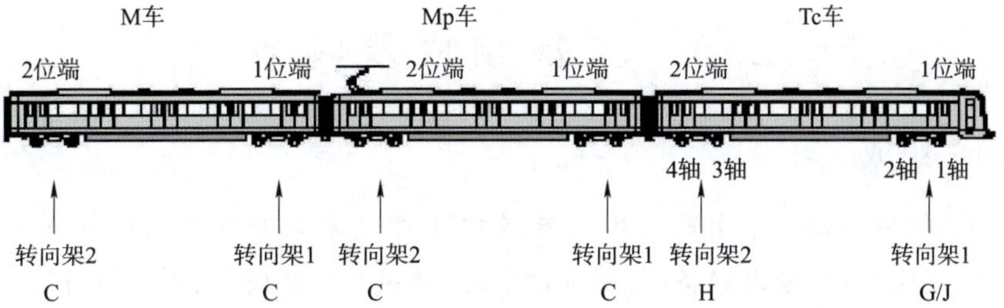

图 2-12　转向架和轴的编号

C—动车转向架；H—拖车转向架、不带 ATC 装置和轮缘润滑；

G—拖车转向架带 ATC 装置；J—拖车转向架带 ATC 装置和轮缘润滑（前两列车）

注：ATC：列车自动控制系统（Automatic Train Control）。

轮缘润滑装置：减轻车轮及轨道之间磨损的同时还能降低弯道时车辆行驶噪声的装置。

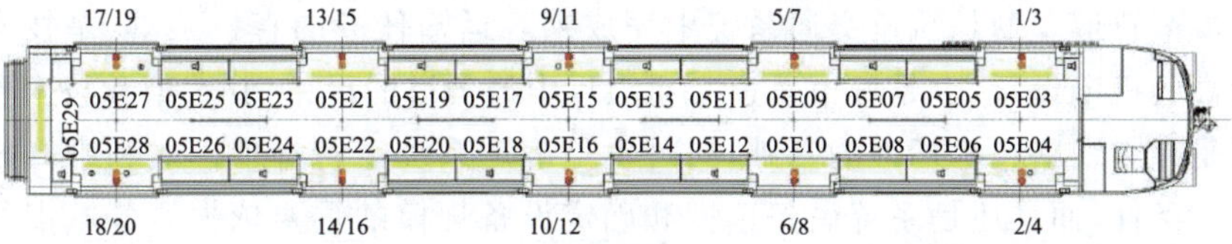

图 2-13　车门的编号

5. 座椅编号

由于车辆的生产厂家采用不同的技术以及设计方式，且此前没有明确的标准，导致城市轨道交通车辆的座椅分布及编号都不尽相同，例如上海轨道交通 9 号线每节车有 8×6 个座椅纵向排列在车辆内部的两侧，每 6 个座椅采用一个编号来进行车辆装配及维修。自 1 位端到 2 位端，这些座椅的编号是按照左侧奇数、右侧偶数的形式从 1 号到 8 号进行排列。

6. 空调单元编号

每辆车的车顶安装有两个空调单元。位于 1 位端的空调单元称作空调单元Ⅰ，位于 2 位端的空调单元称作空调单元Ⅱ。

7. 其他编号与标记

车窗、扶手、立柱、吊环、照明灯、指示灯、扬声器等设备也采用同样的编号方法。而车辆的质量、顶车位置、应急设备位置等必须用相关符号或文字在规定位置做出明确的标记。

2.3 车辆组成及特点

2.3.1 组成

城市轨道车辆基本由转向架、车辆连接装置(车钩和贯通道)、车体、车门、制动系统、牵引系统、辅助设备(包括辅助电源、通风和空调设备、照明设备)和列车控制系统等 8 个部分组成。

城市轨道车辆也可以分为车辆机械和车辆电气两个部分,其中车辆机械部分指的是转向架、车体、车门、受电弓等;车辆电气部分指的是制动系统、牵引系统、辅助系统和控制系统等。

2.3.2 特点

城市轨道车辆是轨道交通系统中完成乘客运输任务的直接工具、是技术含量较高的机电设备、也是城市轨道交通工程中最关键的设备,其选型和技术参数不仅是界定线路技术标准的基础,同时也是确定系统运营管理模式和维修方式的基本条件,而且还是系统设备选型和确定设备规模的重要依据。各城市的城市轨道交通车辆结构和性能不尽相同,但都尽可能结合城市各自特点,以满足城市交通容量大、安全、快速、舒适、美观、节能和环保的要求,并具有先进性、可靠性和实用性。

通俗地讲,城市轨道车辆具有以下特点:

(1)离开钢轨不会“走”。城市轨道车辆总是运行在钢轨之上,车辆和钢轨具有不离不弃的相互依存关系。一旦离开钢轨,即发生“脱线”事故,对乘客的安全带来危险。

(2)方向全靠车轮带。城市轨道车辆总是按照既定线路运行的,转向架的车轮在按线路的走向指挥车辆前进,转向架的车轮成了“方向盘”。

(3)赤足踩轨走天下。城市轨道车辆一般是钢轮和钢轨接触,车辆的阻力低、运输能耗低,并且钢轮钢轨这种形式便于实现重载运行。

(4)结伴而行是常态。城市轨道车辆往往是编组运行,编组的优点在于载客能力强,且方便采用基于电力牵引的动力分散牵引,节能又环保。

(5)“高矮胖瘦”有限制。城市轨道车辆的高度和宽度不能随意增加,而是有着严格的规定,即车辆限界,规定限界的目的在于防止车辆在直线和曲线运行时与各种建筑物及设备发生接触。

(6)停停走走真无奈。与大铁路相比,城市轨道车辆站点间距小,车辆启动、加速、制动频繁,随着我国城市轨道交通的不断发展,车辆实际运行中车轮的踏面擦伤、表面剥离、沟状磨耗以及轮缘异常磨耗等疲劳损伤失效问题日趋严重,这些问题严重影响车轮的使用寿命,引发车辆运行中的安全隐患,并长期耗费运营成本和维护费用,带来大量的经济损失。

2.4　车辆技术参数

车辆技术参数是概括地介绍车辆技术规格的某些指标,是从总体上表征车辆使用性能及结构的一些参数,一般可分为性能参数与主要尺寸参数两大类。

2.4.1　车辆性能参数

1. 自重、载重

车辆自重是指车辆本身的全部质量;车辆载重是指车辆允许的正常最大装载质量。例如上海轨道交通 9 号线属于 A 型车,拖车自重 34 t、动车自重 38 t、载重均为 25 t,因此,一节车辆拖车车辆总重约为 59 t,一节车辆动车车辆总重约为 63 t。

2. 构造速度

构造速度是指车辆基于按照安全及结构强度的考虑,设计时所允许的车辆最高行驶速度。一般车辆的构造速度为 100 km/h,但在实际运行过程中,为了安全考虑,车辆的最高运行速度一般为 80 km/h,因此,车辆的构造速度往往大于最高运行速度。

3. 轴重

轴重指的是每根车轴允许负担的最大总质量,又称为轴负重,它包括轮对自身的质量。城市轨道交通车辆地铁和轻轨车辆的轴重一般为 16 t,有轨电车的轴重在 12.5 t 左右。

一般地铁和轻轨车辆具有两个转向架,拥有 4 根轴,因此,总的轴重为 64 t。为了避免车轴发生结构损坏,轨道车辆的总轴重总是大于车辆的总重的。

4. 最小曲线半径

最小曲线半径是指车辆在站场或厂、段内调车时所能安全通过的最小曲线半径。当车辆在此曲线区段上行驶时不得出现脱轨、倾覆等危及行车安全的事故,也不允许转向架与车体底架或车下其他悬挂物相碰。车辆通过曲线最小半径的大小与车辆的运行速度有关,上海轨道交通 4 号线一般为 150～300 m,在曲率半径比较小的地方要适当降低列车的车速。

5. 加速度

加速度参数包括：平均启动加速度和制动减速度等。比如：上海轨道交通11号线数据：平均启动加速度（0～36 km/h）大于等于1.0 m/s^2，平均全常用制动减速度大于等于1.0 m/s^2，平均快速制动减速度为1.3 m/s^2，平均紧急制动减速度为1.3 m/s^2。

6. 冲击率

由于工况改变引起的列车中各车辆所受到的纵向冲击。在城市轨道车辆中，主要用于说明车辆本身电气及制动控制系统所应达到的冲动限制，它的大小直接反映就是乘客的乘坐舒适度。冲击率用加速度变化率来衡量，单位为m/s^3，一般城市轨道车辆小于0.75 m/s^3。

7. 列车平稳性指标

车辆平稳性是评定旅客舒适程度的主要依据，反映了车辆振动对人体感受的影响，因此评定列车平稳性的方法主要以人的感觉疲劳程度为依据，通常以平稳性指标表示。目前，常用的Sperling平稳性指标，规定其数值小于2.5，则认为车辆平稳性评价为优级。

8. 座椅数及每平方米地板面积站立人数

车辆运行过程中，站与站之间载客量经常发生变化。一般将载客情况分为4种：空载（空车载荷，AW0）、轻载（座席载荷，AW1）、满载（额定载荷，AW2）和超载（超员载荷，AW3），A型车辆每节车厢一般有56个座位，地板面积约40 m^2，空载时即为车体整备质量，轻载时每节车厢人数为座椅数量，满载时座椅坐满乘客，每平方米地板站6名乘客，超载时座椅坐满乘客，每平方米站9名乘客，每人按照60 kg计算，载客情况见表2-2。

表2-2 车辆四种典型载客工况

载客工况	座位数（个）	地板面积（m^2）	总重（t）
AW0	56（不坐人）	40 m^2（不站人）	220
AW1	56（坐满）	40 m^2（不站人）	240
AW2	56（坐满）	40 m^2（6人/m^2）	327
AW3	56（坐满）	40 m^2（9人/m^2）	370

9. 每延米轨道载重

车辆设计中与桥梁、线路强度密切相关的一个指标，同时又是能否充分利用站线长度，提高运输能力的一个指标，其数值是车辆总质量与车辆全长之比。城市轨道车辆该参数按设计任务书规定。

2.4.2　车辆主要尺寸参数

城市轨道车辆的尺寸是重要车辆技术参数之一，车辆的主要尺寸包括车体的长、宽、高以及地板面高等尺寸参数，图 2-14 中所示为某典型地铁 A 型车的总体尺寸，表 2-3 中所示为接触网受电车辆主要尺寸。

单位为毫米

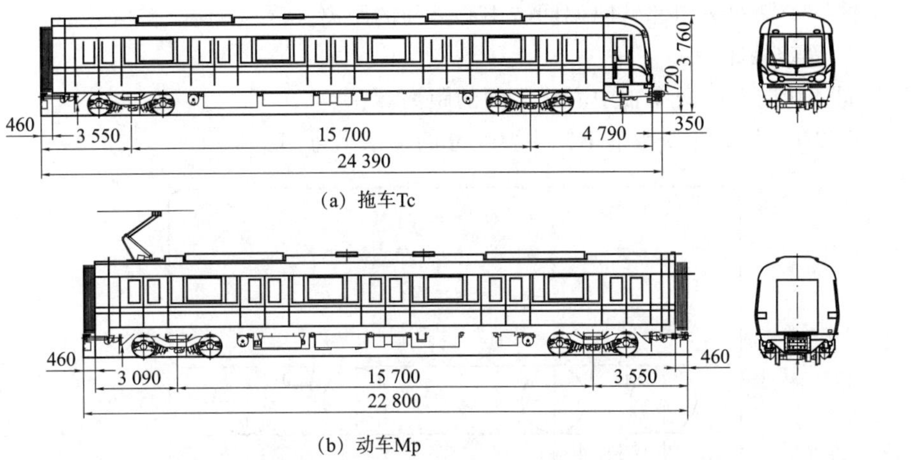

图 2-14　某地铁 A 型车

表 2-3　城市轨道交通车辆(接触网供电)的主要尺寸

车辆类型	车体长(m)	车体宽(m)	车体高(m)	地板面高(m)
A 型车	22.732	3	3.8	1.1
B 型车	19	2.8	3.515	1.1

1. 车体的长、宽和高

车体的长、宽和高又有车体外部和内部的区别。车体内部的长、宽和高必须满足乘客舒适乘坐的要求，而车体外部的长、宽和高应符合车辆限界的要求。车体外部(内部)长度是指车体两端墙板外(内)表面间的水平距离；车体外部(内)宽度是指车体两侧墙板外(内)表面的水平距离；车体外部(内部)高度是指由地板下(上)平面至车顶中央部位外(内)表面间的垂直距离。

2. 车辆的长、宽和高

车辆的长度是指车辆处于自由状态，车钩呈锁闭状态时，两端车钩连接面之间的距离；车辆的宽度是指车辆两侧的最外突出部之间的水平距离；车辆的高度是指空车时，车体上外表面至轨面的垂直距离。

3. 车辆最大宽度

指车体横断面上最宽部分的尺寸。

4. 车辆最大高度

最大高度指车辆顶部最高点与钢轨顶面之间的距离。通常需说明与最高点相关的结构，如有无空调，受电弓的状态等。

5. 车辆定距(又称转向架中心距)

同一车辆的两相邻转向架回转中心之间的距离。

6. 固定轴距

同一转向架的两车轴中心线之间的距离。

图 2-15 为典型 B 型车车辆主要尺寸的关系示意图。

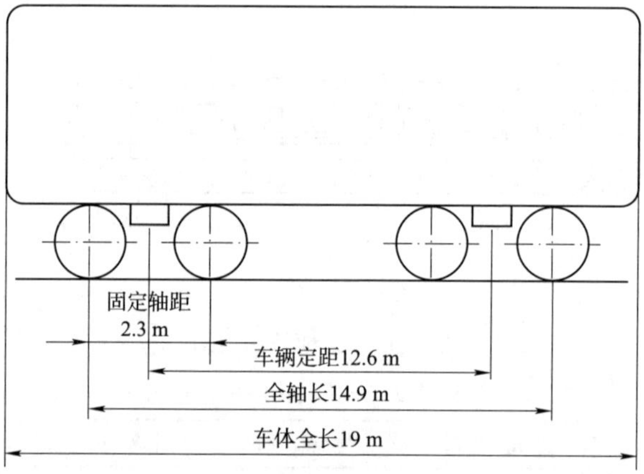

图 2-15　B 型车车辆主要尺寸关系示意

7. 车钩高

车钩高是指车钩连接面中点至轨面的高度，一般车钩高为 0.7～0.9 m 之间。取新造或修竣后空车的数值。列车中各车辆的车钩高基本一致，是保证车辆正确连挂、列车运行中正常传递牵引力及不会发生脱钩事故所必备因素。不同车型车钩高有所差异。

8. 地板面高度

车辆地板面与钢轨顶面之间的距离，一般轨道地板面高度为 1.1 m。地板面高度与车钩高一样，指新造或修竣后空车的数值。它将受到两方面的制约，一是车辆本身某些结构高度的限制，如车钩高及转向架下心盘面的高度；另一方面又与站台高度的标准有关，规定车辆地板面应与站台高度相协调。不同车型底板面高度有所差异。

2.5　车辆限界

车辆限界是指一个限制车辆横断面最大允许尺寸的轮廓图形，无论空车还是重车停在水平直线时，该车所有一切突出部分和悬挂部分，都应容纳在限界轮廓之内；而规定该限界的目的在于防止车辆在直线和曲线运行时与各种建筑物及设备发生接触，如图 2-16 所示。

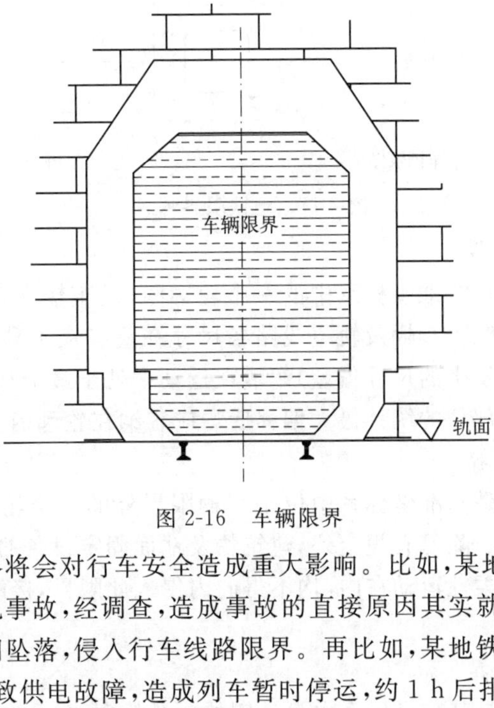

图 2-16　车辆限界

侵入车辆限界将会对行车安全造成重大影响。比如，某地铁在试运期间，发生的空载调试脱轨事故，经调查，造成事故的直接原因其实就是：高架与地下隧道过渡段处防火门坠落，侵入行车线路限界。再比如，某地铁线路被一块“从天而降”的彩钢板导致供电故障，造成列车暂时停运，约 1 h 后排除故障，地铁才恢复运营。或是人为高空抛物，或是疏于管理导致高空坠物等行为，这些侵入车辆限界的行为，给城市轨道交通安全带来安全隐患，因此，本书很有必要对城市轨道交通相关的地铁限界和轻轨限界等方面的内容进行介绍。

基准坐标系是与轨道线路的纵向中心线相垂直的平面内的二维直角坐标，该坐标的第一坐标轴与两钢轨在名义位置且无磨耗时的顶面相切，第二坐标轴垂直于前者，并与左右两钢轨的名义位置等距离。

2.5.1　地铁限界

图 2-17 是地铁限界的示意图，从基准坐标系的原点开始，地铁限界由内而外主要包括车辆限界、设备限界、建筑限界以及间隙 1 和间隙 2 等部分。每种限界和间隙均在城市轨道交通系统中起着重要的作用。

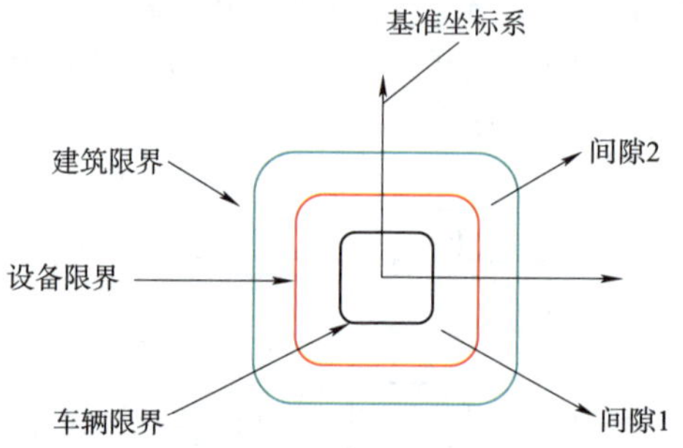

图 2-17　地铁限界示意

1. 地铁车辆限界

地铁车辆限界是基准坐标系中的一个轮廓线，是车辆在正常运行状态下形成的最大动态包络线。车辆及轨道线路各尺寸在具有最不利公差及摩擦时(包括两次维修期间所发生的尺寸偏差)车辆在运动中处于最不利位置，涉及了由各要素引起的车辆各部位的统计最大偏移后均应容纳在轮廓内。

2. 地铁设备限界

地铁设备限界是基准坐标系中位于车辆限界外的一个轮廓线，是用以限制设备安装的控制线。除另有规定外，建筑物及地面固定设备的任一部分，即使涉及了它们的刚性和柔性运动在内，均不得向内侵入此限界，接触轨限界属于设备限界的辅助限界。

3. 地铁建筑限界

地铁建筑限界是基准坐标系中最外侧的一个轮廓线，是在设备限界基础上，考虑了设备和管线安装尺寸之后的最小有效断面。它规定了地下铁道隧道的形状、尺寸、位置，地下车站及站台位置及地面建筑物(包括接触网支柱、声屏障和站台屏障门等)的位置，涉及施工误差、测量误差及结构永久变形在内，任何永久性建筑物均不得向内侵入此限界。

间隙 1 主要作为未考虑因素的安全留量，按照限界制定时的某些规定偏移量也计入此间隙。间隙 2 应能安排各种固定设备如电缆线、消防水管等。

2.5.2　轻轨限界

轻轨限界的划分要比地铁限界简单，同样从基准坐标系原点开始，由内向外依次为车辆轮廓限界，车辆接近限界和设备接近限界，如图 2-18 所示。

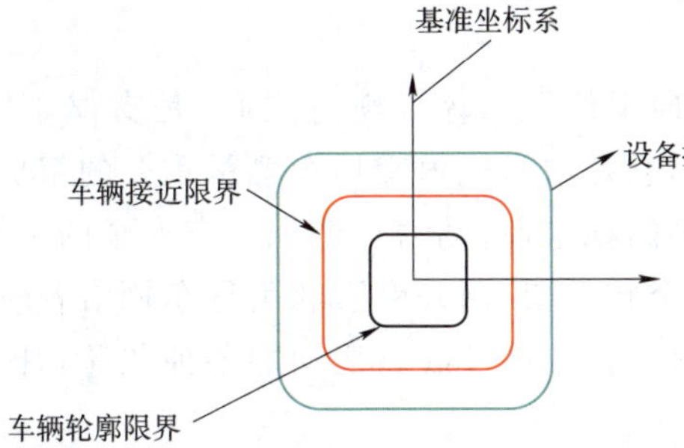

图 2-18　轻轨限界

1. 车辆轮廓限界

车辆轮廓限界应根据车体横断面和车辆下部设备外轮廓各点所规定的纵横坐标值。

2. 车辆接近限界

车辆接近限界是以车辆样车的构造和有关的参数为依据，例如：考虑到车辆弹簧挠度和各项间隙、误差、磨耗等技术参数的影响，对车辆在运行中可能出现的各种工况所产生的横向偏移量和垂直偏移量进行分析计算，所得出的各点 X、Y 坐标值。车辆在具有最不利的公差和磨耗情况下，并考虑车辆在运行中最不利位置所引起的最大偏差，均应容纳在该轮廓之内。

3. 设备接近限界

设备接近限界计算时，计入轨道的轨距等出现最大允许误差时引起车辆的附加偏移量，以及在设计、施工、运营中尚未预计到的因素在内的安全留量，规定建筑物及地面固定设备的任一部分，均不得向内侵入此限界。

第3章 转向架

城市轨道车辆的转向架位于车体和轨道之间，是支撑车体并担负车辆沿着轨道行驶的走行装置，它是城市轨道交通车辆最重要的组成部件之一，也是保证车辆运行品质、车辆的稳定性、动力性能和行车安全的关键部件。城市轨道车辆一节车一般有两个转向架，用来牵引和引导车辆沿着轨道行驶，安装各种机电设备，承受与传递来自车体及线路之间的各种载荷，具有缓和各种冲击力的作用。

3.1 概述

转向架的应用不仅提高了城市轨道车辆的运行速度，同时使车辆具有良好的曲线通过性能和舒适性。早期的城市轨道车辆的转向架主要以铸钢结构或钢板铆焊结构为主，一系悬挂采用轴箱加板簧方式，轴承为滑动轴承，中央牵引连接装置采用心盘摇枕结构，心盘用于承载和传递纵向力。随着制造水平的提高，城市轨道车辆的转向架开始采用焊接的箱形构架结构。空气弹簧的应用以及中心销取代传统的心盘结构，使车辆的动力学性能得到了进一步改善，无摇枕的转向架开始出现，使城市轨道车辆转向架朝着轻量化、模块化、高舒适度的方向发展。在这个背景下，下面对转向架的作用、分类以及组成进行介绍。

3.1.1 转向架的作用

把两个或多个轮对用专门的构架（或侧架）连接，组成一个形似小车的走行装置，能够支承车体并担负车辆沿着轨道行驶，称为转向架。车体由前后两个转向架支撑。由于这种走行部的结构具有许多明显的优点，现代大多数轨道车辆的走行装置都采用转向架的结构形式。转向架的作用有以下几点：

(1)车辆采用转向架可以增加车辆的载重、长度和容积。

(2)通过轴承装置使车轮沿着钢轨的滚动转化为车体沿线路方向的平动，并保证在正常运行条件下，车体都能可靠地坐落在转向架上。

(3)支承车体，承受并传递来自车体与轨道之间的各种载荷及作用力，并使轴重均匀分配。

(4)实现弹簧悬挂装置的安装,使车辆具有良好的减振特性,以缓和车辆和线路之间的相互作用,减小振动和冲击,提高车辆运行的平稳性和安全性。

(5)实现制动装置、牵引电机和减速装置等车辆关键部件的安装。

因此,转向架除了具有转向作用之外,还有支撑车体作用以及安装设备作用,转向架主要技术参数(以上海轨道交通11号线为例)见表3-1。

转向架的特点又有以下四个方面:

(1)转向架相对车体可自由回转,能灵活地沿直线线路运行及顺利通过曲线,减少运行阻力与噪声,提高运行速度。

(2)适应轮轨接触状态的变化,充分利用轮轨之间的黏着作用,传递牵引力和制动力。

(3)转向架的结构便于安装各类车辆关键走行部件。

(4)转向架是车辆的一个独立部件,与车体之间连接件较少,并且结构简单,装拆方便,便于独立制造和维修。

表3-1 A型车转向架主要技术参数

轮对内侧距	轴距	轴重	车轮直径(新轮)	车轮直径(全磨耗)	齿轮传动比
1 353 mm	2 500 mm	≤16 t	840 mm	770 mm	6.32

3.1.2 转向架的分类

由于轨道车辆的用途不同,造成轨道车辆的转向架结构也不相同,因此,转向架有多种分类方法,常见的分类方法根据所用车轴的数目、轴箱定位的方式、弹簧装置的型式、载荷传递的方式、是否有动力等进行细化。

转向架按所用车轴的数目分,可分为2轴、3轴和多轴转向架。转向架的轴数是由车辆总重和每根轴的允许轴重决定的。城市轨道交通车辆载重不大,因此转向架为2轴转向架,而3轴和多轴转向架一般为载重较大的货运轨道车辆。

转向架按轴箱定位装置分,可分为拉板式定位、拉杆式定位、转臂式定位以及层叠式橡胶弹簧定位、锥形叠层橡胶弹簧定位等。

由于转向架按所装设的弹簧系统一次减振弹簧悬挂(安装于车体与构架或构架与轮对之间)和两次减振弹簧悬挂(在车体与构架间设空气弹簧减振装置,构架与轮对间设轴箱弹簧减振装置,二者串联),因此,转向架按照所装设弹簧系统的多少还可以分为一次减振转向架和两次减振转向架。

按照载荷传递方式,可分为心盘集中承载、非心盘承载、心盘部分承载三类。

按照是否安装牵引传动装置分,可分为动力转向架和非动力转向架两类。

3.1.3 转向架的组成

根据城市轨道交通车辆有动车、拖车 2 种形式,转向架一般分为动力转向架和非动力转向架,分别配置在动车和拖车上。动力转向架和非动力转向架区别主要在于是否安装有牵引电机和齿轮变速装置。一般地,在 Tc-Mp-M-M-Mp-Tc 六节编组的列车上,转向架的配置方式如图 3-1 所示。

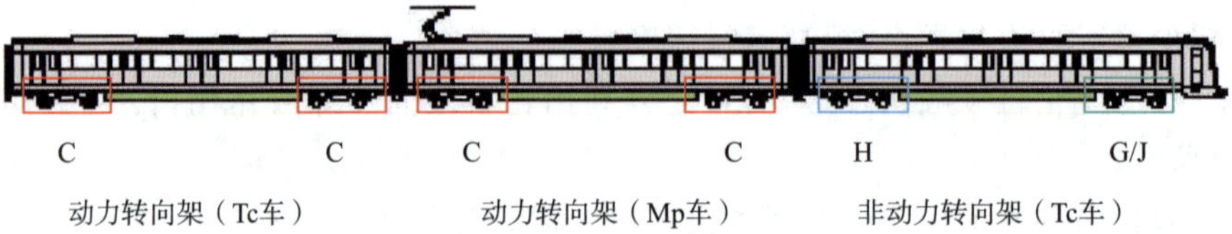

图 3-1　一个单元编组列车上的转向架配置方式

C—动力转向架;H—拖车转向架(不带 ATC 和轮缘润滑装置);
G—拖车转向架(带 ATC 装置);J—拖车转向架(带 ATC 和轮缘润滑装置)

注:

ATC:列车自动控制系统。

轮缘润滑装置:减轻车轮及轨道之间磨损的同时还能降低弯道时车辆行驶噪声的装置。

由于城市轨道车辆的用途、运用条件与要求的不同,不同厂家生产的转向架会也有一定的差别,但它们的基本组成部分和主要功能是相同的,如图 3-2 所示。

1. 构架

构架是转向架的基础,它把转向架的各个零部件组成一个整体。它不仅承受、传递各种载荷及作用力,而且它的结构、形状和尺寸都应满足各零部件组装的要求(如基础制动装置、弹簧悬挂装置、牵引电机等)。

2. 轮对轴箱装置

轴箱装置是联系构架和轮对的活动关节。它使轮对的滚动转化为车体沿着轨道的平动。轮对在滚动时,除传递车辆的质量外,还传递轮轨之间的各种作用力。

3. 弹簧悬挂装置

为减少线路不平顺、轮对运动对车体的各种动态影响(如垂直振动、横向冲击等),转向架在轮对与构架、构架与车体之间设有弹簧悬挂装置。前者称为轴箱弹簧悬挂装置(又称为一系弹簧悬挂装置),后者称为中央弹簧悬挂装置(又称为二系弹簧悬挂装置)。弹簧悬挂装置包括弹簧、减振器及定位装置等。

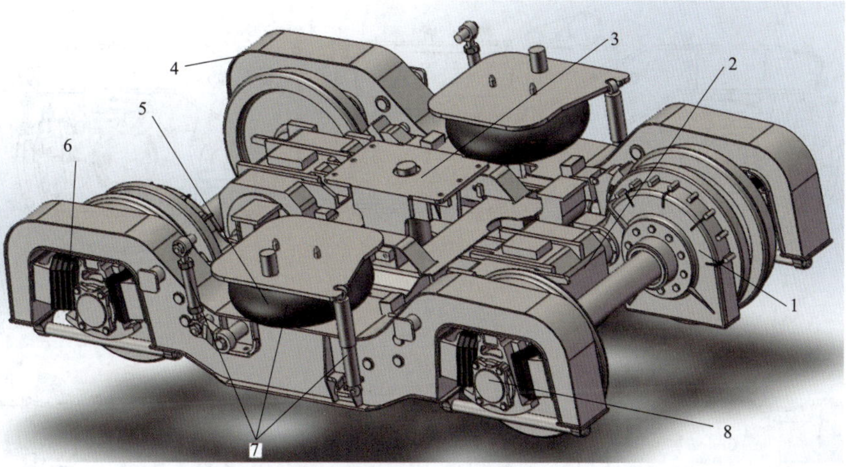

(a) 上海轨道交通1号线动力转向架总成

1—齿轮变速传动装置;2—牵引电机;3—中央牵引连接装置;4—构架;
5—空气弹簧;6— 一系弹簧悬挂装置;7—二系弹簧悬挂装置;8—轮对轴箱装置

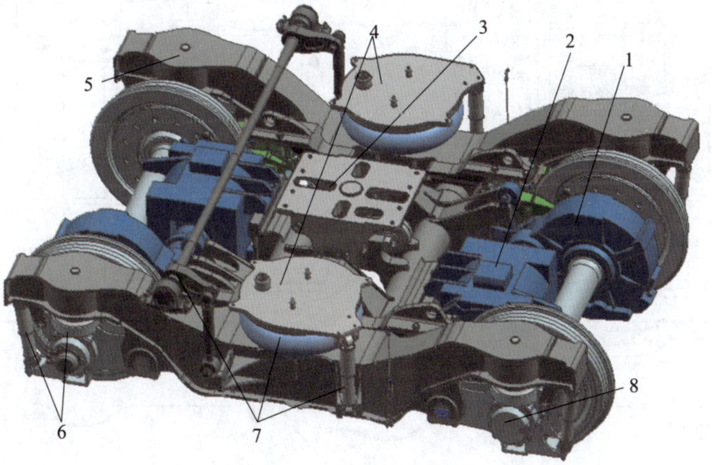

(b) 上海轨道交通11号线动力转向架总成

1—齿轮变速传动装置;2—牵引电机;3—中央牵引连接装置;4—空气弹簧;
5—构架;6— 一系弹簧悬挂装置;7—二系弹簧悬挂装置;8—轮对轴箱装置

图 3-2 动力转向架和非动力转向架结构

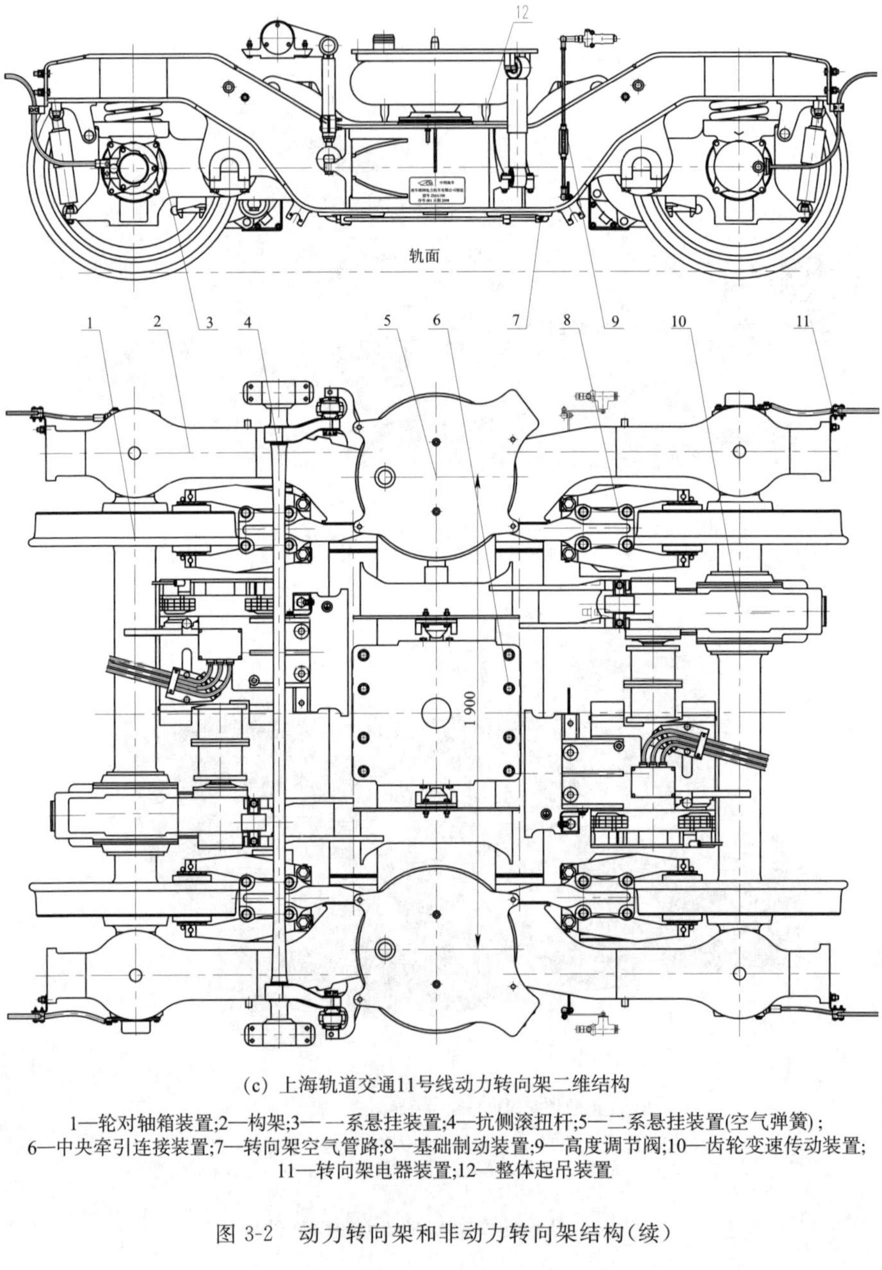

(c) 上海轨道交通11号线动力转向架二维结构

1—轮对轴箱装置;2—构架;3— 一系悬挂装置;4—抗侧滚扭杆;5—二系悬挂装置(空气弹簧);
6—中央牵引连接装置;7—转向架空气管路;8—基础制动装置;9—高度调节阀;10—齿轮变速传动装置;
11—转向架电器装置;12—整体起吊装置

图 3-2 动力转向架和非动力转向架结构(续)

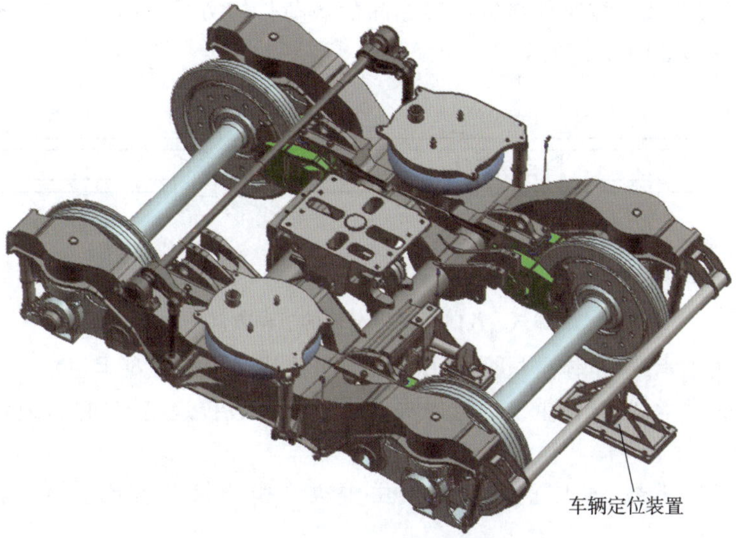

(d) 上海轨道交通11号线非动力转向架总成

图 3-2 动力转向架和非动力转向架结构(续)

4. 中央牵引连接装置

城市轨道车辆普遍采用了无摇枕结构的转向架。由于没有摇枕,车体直接坐落于空气弹簧上,必须靠转向架牵引装置来实现摇枕所具有的传递纵向力和转向功能。

5. 牵引电机与齿轮变速传动装置

动力转向架和非动力转向架的区别在于动力转向架上设有牵引电机与齿轮变速传动装置。动力转向架通过齿轮变速传动装置使牵引电机的扭矩转化为车轮上的转矩,利用轮轨之间的黏着作用,驱动车辆沿着轨道运行。

6. 基础制动装置

为了使运行着的车辆能迅速地减速或停车、为了防止车辆在下坡道上运行时由于重力作用导致车速增加、同时为避免停放的车辆因重力作用或风力吹动而溜走,都需要在转向架上安装基础制动装置。城市轨道车辆的基础制动装置目前主要有闸瓦制动和盘形制动两种类型,这部分内容将在“车辆制动系统”一章予以详细介绍。

7. 转向架支承车体装置

车体与转向架连接部分的结构应能满足安全可靠地支承车体,并传送各种截荷和作用力,同时车体与转向架之间应能绕不变的旋转中心相对转动,以使车辆顺利通过曲线。按车体与转向架之间的载荷传递方式，一般转向架支承车体有三种方式，如图 3-3 所示。

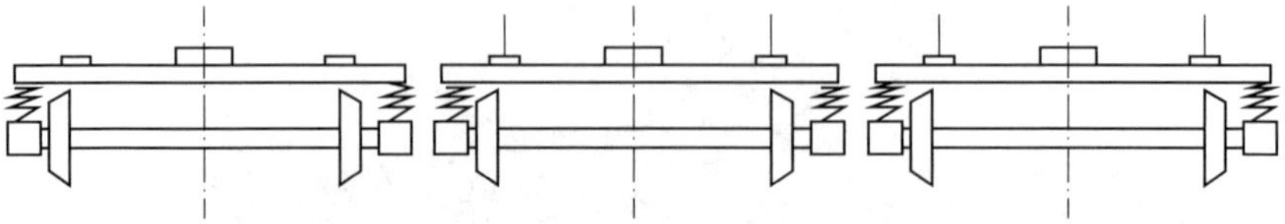

(a) 集中承载　　(b) 旁承承载　　(c) 共同承载

图 3-3　转向架支撑车体的三种方式原理

(1)集中承载(车体重量全部由中央牵引连接装置或心盘承担)；

(2)旁承承载(车体重量通过中央牵引连接装置传递给转向架，或者由旁承传递)；

(3)共同承载(车体重量按比例由中央牵引连接装置或心盘、旁承共同承担)。

其中，共同承载是城市轨道交通的转向架支承车体的方式，即采用中央牵引连接装置和两个空气弹簧等二系悬挂并联(即"三点支撑"方式)共同承担车体的重量。

3.2　构　　架

构架是转向架各组成部分的安装基础，通过构架把转向架的组成部件组合成一个整体，构架也是转向架承载的主要部件，如图 3-4 所示，其结构有如下特征：

(1)构架是由两根侧梁和一根横梁组件焊接成的"H"形结构。

(2)侧梁为箱形结构，在中部将高度降低以安装空气弹簧，侧梁上焊有一系弹簧座、二系弹簧座、减振器座、抗侧滚座和转臂定位座。横梁主要承载结构由两根无缝钢管组成，横梁上焊有电机、齿轮箱、基础制动装置等安装座。

(3)构架焊接设计和制造符合标准焊接体系。

(4)构架上各主要部件安装面采用整体加工，保证转向架零部件组装时具有很高的定位精度。

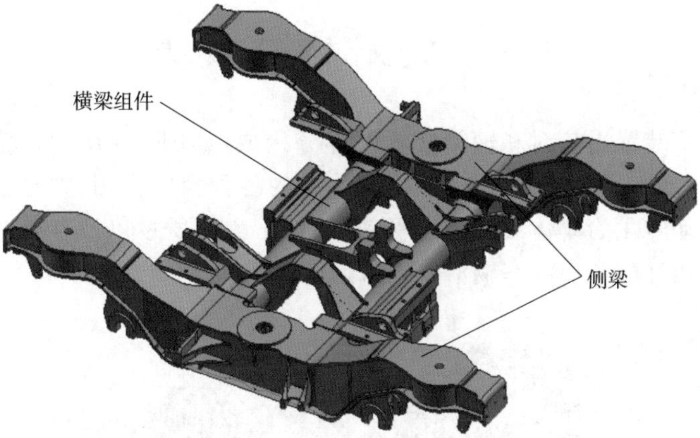

（a）构架三维模型

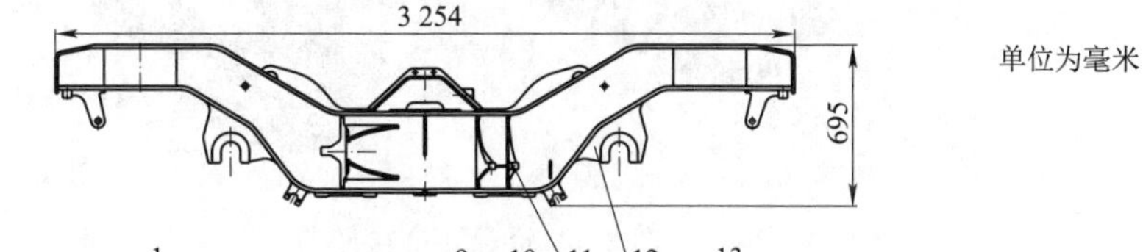

（b）构架二维

1—左侧梁;2—右侧梁;3—横梁组件;4—右抗侧滚扭杆座;5—横向止挡座;6—电机悬挂座;
7—基础制动装置吊座;8—齿轮箱吊座;9—空气弹簧座;10—牵引座;11—二系垂向减振器座;
12—转臂定位座;13—一系弹簧座

图 3-4　构架结构示意

3.3 轮对轴箱装置

轮对轴箱装置由轮对和轴箱装置两部分构成，如图 3-5 所示。轮对承担车辆全部载荷，同时还承受着从车体、钢轨传来的各种力的作用；轴箱装置使轮对沿钢轨的滚动转化为车体沿线路的平动，并把车辆的质量以及各种载荷传递给轮对。两者相互配合引导车辆沿着钢轨运行。

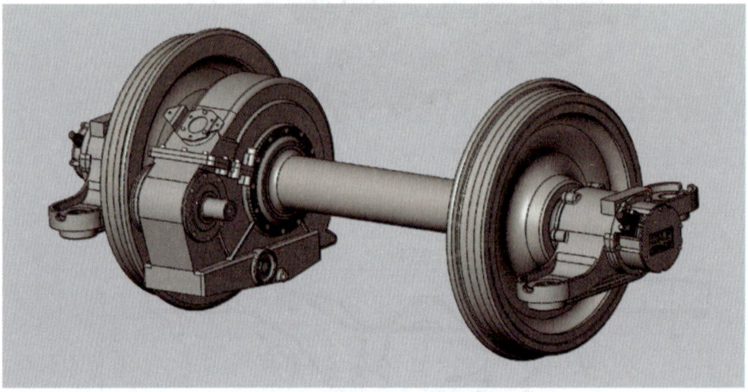

图 3-5 轮对轴箱装置

3.3.1 轮 对

轮对是由一根车轴和两个相同的车轮采用过盈配合使之牢固地结合在一起，是组成转向架的重要部件之一。轮对一般分为动车轮对和拖车轮对，区别在于动车的车轴比拖车的车轴多了齿轮传动装置的安装座，如图 3-6 所示。

(a) 动车轮对　　(b) 拖车轮对

图 3-6 动车轮对和拖车轮对

轮对承担车辆全部质量，且在轨道上转动，同时还承受从车体、钢轨两方面传递来的其他各种静、动作用力，受力很复杂。因此，对车辆轮对有如下要求。

(1)应有足够的强度，以保证在容许的最高速度和最大载荷下安全运行。

(2)应能满足列车在正常及故障运行时制动热负荷的要求；应在保证足够强度和一定使用寿命的前提下，使其质量最小，并具有一定的弹性，以减小轮轨之间的相互作用力。

(3)应具备阻力小和耐磨性好的特点，这样减少对牵引动力的要求并能提高车轮使用寿命。

(4)应能适应车辆直线运行，同时又能顺利通过曲线，还应具备必要的抗脱轨、抗倾覆等安全性的要求。

轮对在正常状态的线路上运行时，轮对的内侧距是影响运行安全的一个重要因素。轨道车轮轨距一般为1 435 mm，而轮对内侧距有严格的规定，地铁车辆轮对内侧距为(1 353±2) mm，如图3-7所示。轮对内侧距应保证在任何线路上运行时，轮缘与钢轨之间有一定的间隙，以减少轮缘与钢轨的磨耗，并且应保证在最不利情况下，车轮踏面在钢轨上仍有足够的安全搭接量，避免造成脱轨，从而保证安全通过道岔。

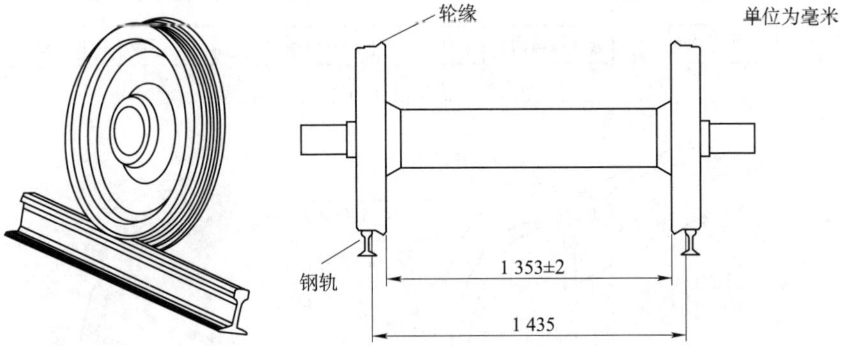

图3-7 轮对与钢轨

(1) 车轴

轨道交通车辆使用的车轴，目前绝大多数为圆截面实心轴结构，采用优质碳素钢加热锻压成型，再经热处理(正火或正火后再回火)和机械加工制成。

(2) 车轮

车轮的结构、形状、尺寸、材质是多种多样的。轨道交通车辆常用车轮的分类如图3-8所示。车轮其结构分为整体车轮和带箍车轮两种。整体车轮按其材质可分为辗钢轮和铸钢轮等。带箍车轮又可分铸钢辐板轮心、辗钢辐板轮心以及铸钢辐条轮心的车轮。为降低噪声，减小簧下质量，近年来又出现了橡胶弹性车轮、消声轮等新型轮对结构。

目前我国城市轨道车辆的车轮主要采用的是整体辗钢轮，其分类如图 3-8 所示。整体辗钢轮由踏面、轮缘、轮辋、辐板和轮毂组成，如图 3-9 所示。车轮与钢轨的接触面称为踏面；一侧沿着圆周突起的圆弧部分称为轮缘，轮缘是保持车辆沿钢轨运行，防止脱轨的重要部分；踏面沿径向的厚度部分称为轮辋；轮毂是轮与轴互相配合的部分；轮辋与轮毂连接的部分称为辐板。

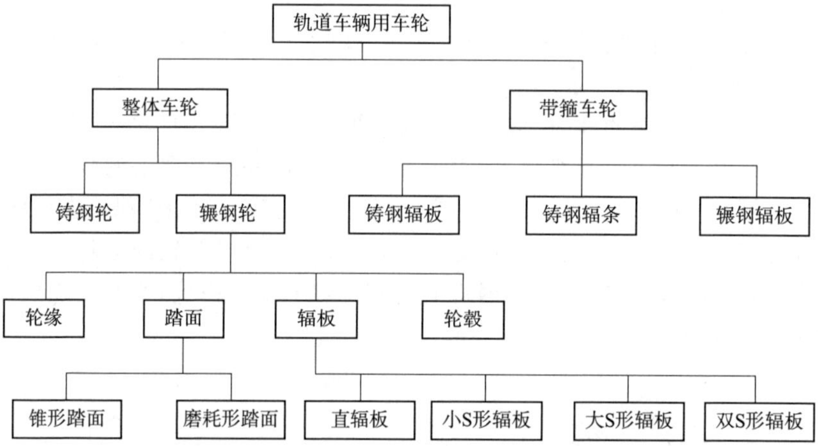

图 3-8 轨道交通车辆轮对分类

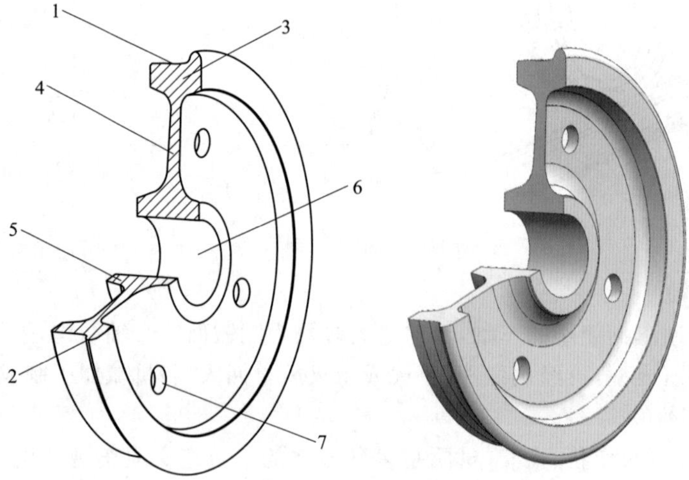

图 3-9 整体辗钢轮

1—踏面；2—轮缘；3—轮辋；4—辐板；5—轮毂；6—轮毂孔；7—辐板孔

踏面与钢轨接触，轮辋为可磨耗区域，轮毂与车轴之间为过盈配合会产生残余应力，连接轮毂和轮辋的辐板，传递并承受车轮的各种载荷，起到承上启下的重要作用。国内已服役的八个地铁车轮品种中涉及三种辐板形式，即直辐板、S形辐板和双S形辐板。S形辐板车轮具有更大的承载能力和良好的抗热裂性能，中国在20世纪90年代就以S形辐板取代了斜辐板。四种常见辐板如图3-10所示。

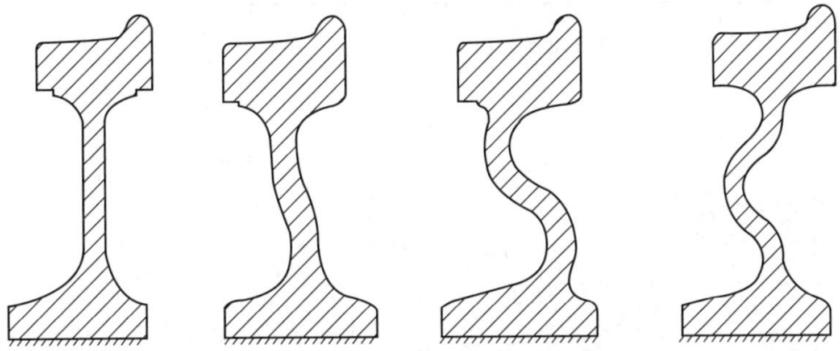

(a) 直辐板　(b) 小S形辐板　(c) 大S形辐板　(d) 双S形辐板

图3-10 四种常见辐板

车轮踏面一般做成一定的斜度，称为锥形踏面，如图3-11(a)所示。踏面锥形的作用为：在直线运行时使轮对能自动调中；在曲线运行时，由于离心力的作用使轮对偏向外轨，由于踏面是锥形，使外轨上滚动的车轮以较大的滚动圆滚动，在内轨上以较小的滚动圆滚动，从而减少车轮在钢轨上滑动或空转，使轮对顺利通过曲线；车轮踏面有斜度，运行时车轮与钢轨接触的滚动直径在不断地变化，致使轮轨的接触点也在不停地变换位置，从而使踏面磨耗更为均匀。

除了锥形踏面外，近年来，在研究轮轨磨耗的基础上提出了磨耗形踏面，这两种踏面的尺寸如图3-11所示。

锥形踏面车轮的初始形状，运行中将很快磨耗，当磨耗成一定形状后，车轮与钢轨的磨耗都变得缓慢，磨耗后踏面形状将相对稳定。如果把车轮踏面一开始就做成类似磨耗后的稳定形状，即磨耗形踏面，可明显地减少轮轨的磨耗，延长使用寿命，减少换轮、旋轮的检修工作量，其经济效益是十分明显的。磨耗形踏面可减小轮轨接触应力，提高车辆运行的横向稳定性和抗脱轨安全性。

3.3.2 车轮轮缘的关键参数

车轮是保证轨道车辆安全运行的关键部件，对于城市轨道交通而言，由于列车的启动、加速、制动、过弯非常频繁，因此，对车轮的寿命影响很大，引起的车轮缺陷给安全运营造成一定隐患。轮缘是车轮上的重要组成部分，使车轮能可靠

单位为毫米

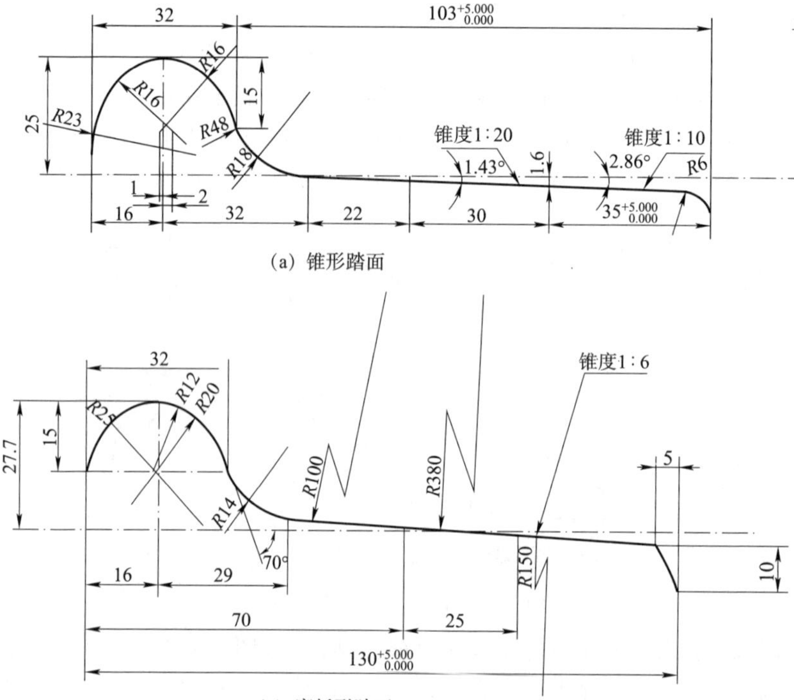

(a) 锥形踏面

(b) 磨耗形踏面

图 3-11 车轮踏面尺寸示意

地通过曲线和道岔,对列车行驶中的安全性及稳定性具有重要的作用,轮缘的异常磨耗往往会使正常的轮轨关系发生改变,降低了车辆动力性能和乘车的舒适度,大大增加了维修工作量和运营成本,因此,车轮轮缘的基本数据是车辆维修部门需要重点掌握的数据。车轮轮缘的关键数据主要有轮缘高度、轮缘厚度以及轮缘综合值三个参数,如图 3-12 所示。

单位为毫米

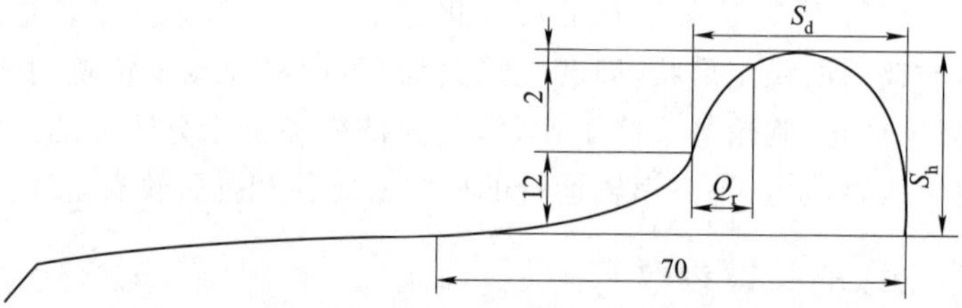

图 3-12 车轮轮缘关键参数示意

1. 轮缘高度

轮缘高度是一个轮缘的重要参数,其作用为保护列车在行驶中的安全性及稳定性,防止列车在过弯及爬坡可能引起的脱轨。

轮缘高度一般用 S_h 表示,正常情况下轮缘高度的磨损往往由过道岔时车轮爬轨造成。在实际车辆运行过程中,轮缘高度的数值大小会出现如下 3 种情况:轮缘高度数值过小,车辆过弯及上坡时容易脱轨,尤其是当轮缘异常磨损并逐渐锋利后,在轮对通过道岔时,会挤开尖轨而造成脱轨事故;轮缘高度数值过大,即发生"轮缘虚增高"现象,会使车轮较难通过道岔,并且有可能切断鱼尾板螺栓而造成车辆颠覆,轮缘虚增高一般是轮缘踏面磨耗速度不匹配造成的,踏面磨耗远大于轮缘高度磨耗,使轮缘尺测量基点发生偏移,导致轮缘测量点更靠近轮缘根部,从而造成测量轮缘高度数值偏大;同轴两轮的轮缘高度差过大,即轮对的一侧车轮轮缘磨损过大,会影响另一侧车轮与钢轨的安全搭载量,同样可能造成脱轨事故,给行车安全带来一定隐患。

2. 轮缘厚度

轮缘厚度是另一个轮缘重要参数,其作用主要在于防止列车在行驶过程中的出现过大的横向移动,从而实现对蛇行运动的抑制。

轮缘厚度一般用 S_d 表示,正常情况下当车辆经常通过曲线时会造成轮缘厚度的磨损。在实际车辆运行过程中主要出现过大、过小两种情况:轮缘厚度数值过小,则轮缘磨损过量,使轮对与钢轨间的导向间隙过大,增加列车在运行时发生的横向移动,引起较剧烈蛇行运动,对列车运行的稳定性、舒适性造成一定影响;轮缘厚度数值过大,即发生"轮缘虚增厚"现象,造成的主要原因和"轮缘虚增高"现象类似,仍然是轮缘踏面磨耗速度不匹配,踏面的异常磨耗带来轮缘厚度增加,造成的直接后果是车辆在曲线运行时车轮与钢轨容易发生"卡死"现象,造成较大的异常转弯噪声。

3. 轮缘综合值

轮缘综合值是车辆运用安全的一个关键指标,目的主要是为了判断线路车轮的踏面和轮缘磨损速度是否一致,其定义为滚动圆踏面基准线向上 12 mm 引垂线与轮缘内侧有一交点,轮缘顶部向下 2 mm 引垂线与轮缘内侧有一交点,这两个交点之间的水平距离即为轮缘综合值。因此,可以将轮缘综合值理解为和轮缘高度有关的轮缘厚度值。

轮缘综合值一般用 Q_r 表示,轮缘综合值过大,则相比起轮缘磨耗,踏面磨耗更大;轮缘综合值过小,相比起踏面磨耗,轮缘磨耗则大得多,两种情况都会使列车安全性下降;此外,如果同轴两轮轮缘综合值一边偏大一边偏小,则轮对一边踏面磨损过大,可能会使列车倾斜运行并最终导致脱轨。

3.3.3 轴箱装置

轴箱装置一般包括轴箱体、轴承、轴圈等。轴箱体一般为整体铸钢结构，如图 3-13 所示。

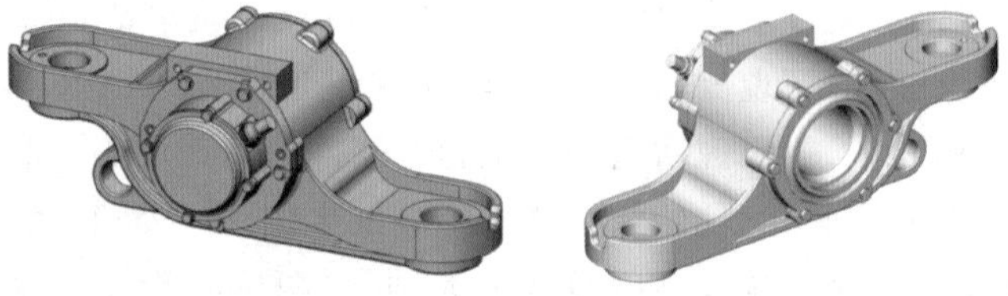

(a) 正面　　(b) 背面

图 3-13　轴箱三维模型

轴箱装置的作用是：

(1)将轮对和构架联系在一起，是一系悬挂装置的定位基础。

(2)使轮对沿钢轨的滚动转化为车体沿路线的平动。

(3)把车辆的重量以及各种载荷传递给轮对。

(4)保证良好的润滑性能，减少磨耗，降低运行阻力。

对轮对轴箱的要求是：

(1)具有良好的密封性，防止尘土、雨水等物侵入及甩油，从而避免破坏油脂的润滑。

(2)轴箱可容纳接地装置，提供列车所有电气设备的接地保护和负极接地。

(3)是速度信号的采集部位。在转向架上的轴箱装置中，安装有 EBCU(电子制动控制单元，Electrical Braking Control Unit)、ATC(列车自动控制系统，Automatic Train Control)速度信号传感器装置。

轴箱装置按其采用的轴承形式可分为：滚动轴承轴箱和滑动轴承轴箱。

目前，轨道交通车辆采用滚动轴承结构的轴箱装置。所谓滚动轴承(Rolling Bearing)，是将运转的轴与轴座之间的滑动摩擦变为滚动摩擦，从而减少摩擦损失的一种精密机械元件。滚动轴承一般由内圈、外圈、滚动体和保持架四部分组成。内圈的作用是与轴相配合并与轴一起旋转；外圈作用是与轴承座相配合，起支撑作用；滚动体是借助于保持架均匀的将滚动体分布在内圈和外圈之间，其形状大小和数量直接影响着滚动轴承的使用性能和寿命；保持架能使滚动体均匀分布，引导滚动体旋转起润滑作用。

滚动轴承的滚动体形状分类主要有圆柱滚动轴承、圆锥滚动轴承、球面滚动轴承等几种。由于轴承在车辆运行中承受着巨大的静、动载荷的作用，因此，要求轴承具有承载能力大、强度高、耐振、耐冲击、寿命长等特点。目前,城市轨道车辆均采用圆柱滚动轴承或圆锥滚动轴承的轴箱结构,如图 3-14 所示。

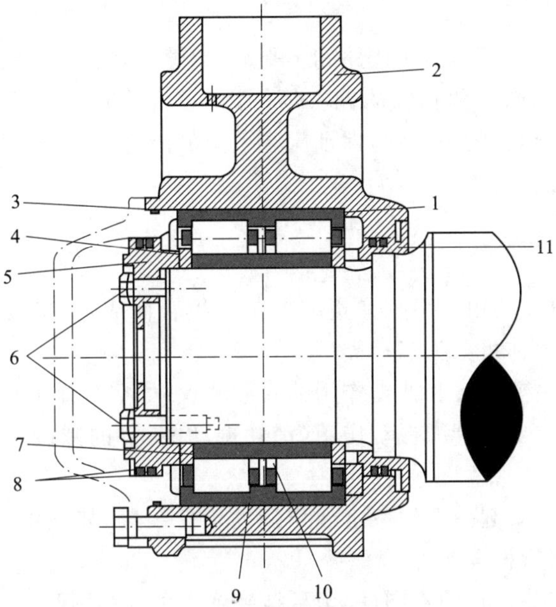

(a) 圆柱滚动轴承轴箱结构

1—双排单列圆柱滚动轴承;2— 轴箱体;3— 密封圈;4— 法兰垫圈;5— 端盖板;6— 端盖板定位螺钉;7— 轴承内圈;8— 层流环;9— 轴承外圈;10—润滑脂;11—曲折密封圈

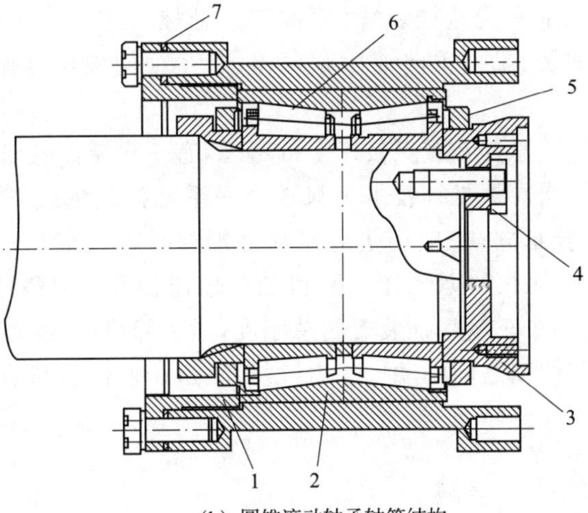

(b) 圆锥滚动轴承轴箱结构

1—轴箱后盖;2—轴承圈;3—前盖;4—防松片;5—油封组成;6—圆锥滚子;7—密封圈

图 3-14 轴箱结构

3.4 弹簧悬挂装置

车辆在轨道上运行时，由于线路的不平顺、轨隙、道岔、轨面的缺陷和磨耗以及车轮踏面的斜度、擦伤和轮轴的偏心等原因，必将伴随产生复杂的振动和冲击。为了提高车辆运行的平稳性，保证旅客乘坐的舒适度，目前城市轨道交通车辆上均设有弹簧悬挂装置。

3.4.1 弹簧悬挂装置的分类

弹簧悬挂装置主要由一系列弹簧减振装置组合而成，如果按照其作用的不同，弹簧减振装置大体可分为三种类型。

(1)第一类是主要起缓和冲击作用的缓冲装置，如空气弹簧和轴箱弹簧等。

(2)第二类是主要起衰减振动作用(消耗振动能量)的减振装置，如垂向、横向液压减振器等。

(3)第三类是主要起弹性约束定位作用的定位装置，如轴箱定位装置，横向缓冲止挡及抗侧滚扭杆等。

如果按照其安装位置的不同，弹簧悬挂装置也可分为两类。

(1)第一类为一系弹簧悬挂装置(简称一系悬挂)，主要位于轮对和构架之间，主要包括轴箱弹簧、一系垂向液压减振器等。

(2)第二类为二系弹簧悬挂装置(简称二系悬挂)，主要位于构架和车体之间，主要包括空气弹簧、二系垂向液压减振器、二系横向液压减振器、抗侧滚扭杆、横向止挡等。

此外，车辆在弹簧悬挂在减振技术上的考虑，有一次减振悬挂技术和两次减振悬挂技术两种：一次减振悬挂技术为只选择一系悬挂装置或二系悬挂装置的某一种作为弹簧悬挂形式，一般用于对振动性能要求不高的货运轨道车辆上。而两次减振悬挂技术采用一系悬挂装置和二系悬挂装置的串联形式，两次减振悬挂技术可以减小整个车辆悬挂装置的总刚度，增大静挠度、改善车辆垂向运动平稳性，减小车辆与线路之间的动作用力，城市轨道车辆目前都采用两次减振悬挂技术。

3.4.2 一系弹簧悬挂装置

一系弹簧悬挂装置主要功能是将轮对定位在构架上，从而连接轮对与构架、传递牵引力和制动力、缓冲牵引力及制动力的冲击、支承构架及车体质量。

1. 轴箱弹簧

一系弹簧悬挂装置的定位和承载功能主要通过轴箱弹簧(一系弹簧)来实现,通过轴箱弹簧的作用可以约束轮对与轴箱之间的相对运动,实现轴纵、横向不同定位刚度的要求,达到较为理想的定位性能,从而可避免车辆在运行速度范围内蛇行运动失稳,保证在曲线运动时车辆具有良好的导向性能,减轻轮缘与钢轨间的磨耗和噪声,确保车辆运行安全和平稳性。

目前轴箱弹簧的选择一般有钢质弹簧和橡胶弹簧两种。钢质弹簧在垂向定位上能较好满足轴箱定位要求,但在横、纵方向上需要一定的装置辅助才能满足定位要求,这种装置通常称之为轴箱定位装置。橡胶弹簧由于可以自己确定其在三维方向的形状,所以在垂、纵和横向上,都能较好满足轴箱的定位要求,不需要额外的轴箱定位装置。城市轨道交通车辆常见的轴箱弹簧形式如下。

(1)采用转臂式轴箱定位方式的钢制螺旋圆弹簧

转臂式定位通常又被称为弹性铰定位,其固定的轴箱弹簧通常为钢制螺旋圆弹簧形式。定位转臂一端与圆筒形的轴箱体固接,另一端以橡胶弹性节点与焊接在构架上的安装座相连接,如图 3-15 所示。

图 3-15 转臂式轴箱定位

(2)采用拉杆式轴箱定位方式的钢制螺旋圆弹簧

拉杆两端分别与构架轴箱连接,拉杆可以容许轴箱与构架在垂向有较大的相对位移。拉杆中的橡胶关节分别限制轴箱与构架之间的横向与纵向的相对位移,该定位方式适用于轴箱弹簧为两组钢制螺旋圆弹簧的结构形式,如图 3-16 所示。

图 3-16 拉杆式轴箱定位

(3)圆锥形橡胶弹簧

随着橡胶元件的发展,逐步出现了采用圆锥形橡胶弹簧取代钢圆弹簧一系轴箱悬挂装置。该圆锥形橡胶弹簧能起到垂向承载的作用,又能较好地提供适合的横向和纵向定位刚度,如图 3-17 所示。

图 3-17 圆锥形橡胶弹簧定位

(4)人字形橡胶弹簧(V 形橡胶弹簧)

在构架与轴箱之间装设压剪型层叠式橡胶弹簧,其设计的垂向刚度一般较小,使轴箱相对构架有较大的上下方向位移,从而保证车辆的垂向运行舒适性。而它的纵、横方向具有适宜的刚度以实现良好的弹性定位,如图 3-18 所示。

2. 一系液压减振器

城市轨道车辆上的减振器目前均采用液力传动的方法,称为液压减振器。

城市轨道交通车辆的弹簧悬挂装置往往将液压减振器与一系弹簧或二系弹

图 3-18 人字形橡胶弹簧定位

簧相互配合的形式,分别称之为一系液压减振器和二系液压减振器。在这种弹簧悬挂装置中,弹簧主要起缓冲作用,缓和来自轨道的冲击和振动的激扰力,而减振器的作用是衰减振动,它的作用力总是与振动的方向相反,起着阻止振动、消耗振动能量的作用。

液压减振器按照其布置方向的不同一般又分为横向和垂向两种形式,主要用于减小垂直和水平方向上的摆动和振动。以上海轨道交通 11 号线为例,每个动车转向架和拖车转向架均装有 4 个一系垂向液压减振器、2 个二系垂向液压减振器和 1 个二系横向液压减振器,并且拖车转向架和动车转向架的液压减振器布置形式完全相同,如图 3-19 所示。

一系垂向液压减振器常与一系悬挂系统的螺旋弹簧并行布置,用于减小各轮对的垂向运动,从而保证轮对的平行。此外,一系垂向液压减振器还可用作上升止挡,实现脱轨和复轨时车体的小量提升。

二系液压垂向减振器一般和空气弹簧并联使用。其中,空气弹簧作为弹簧元件起到缓和冲击作用,将车体振动能量以势能的形式存储;而二系液压减振器作为阻尼元件起到衰减振动作用,消耗车体振动能量,布置形式如图 3-20 所示。

液压减振器的减振原理主要是利用液体黏滞阻力所做的负功来吸收振动能量。它的优点在于它的阻力是振动速度的函数,其特点是振幅的衰减与幅值大小有关,振幅大时衰减量也大,反之亦然。这种“自动调节”减振的性能,非常符合客车车辆对振动性能高要求的特点,因此,城市轨道交通广泛采用液压减振器作为阻尼元件吸收振动能量,减少车辆振动,提高车辆运行舒适性。

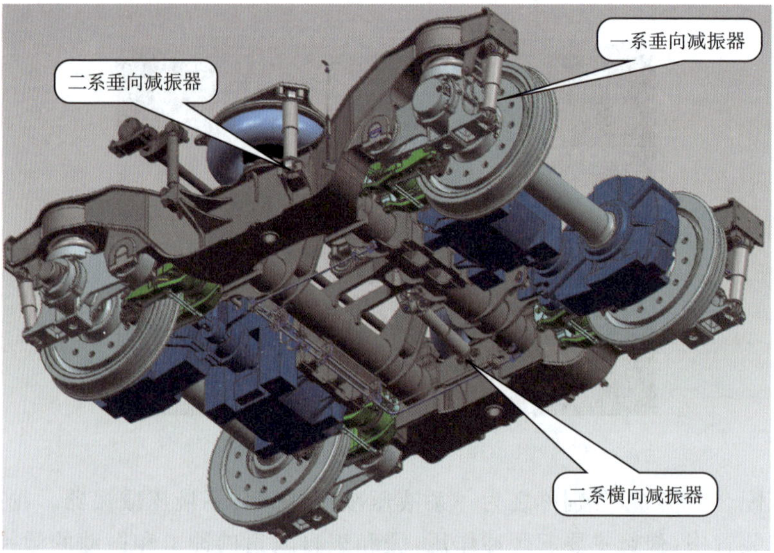

图 3-19 减振器在转向架上的一般布置形式

图 3-20 液压减振器和空气弹簧并联减少车体振动

3.4.3 二系弹簧悬挂装置

二系弹簧悬挂装置如图 3-21 所示，包括空气弹簧系统、二系垂向液压减振器、二系横向液压减振器、抗侧滚扭杆、横向止挡等。

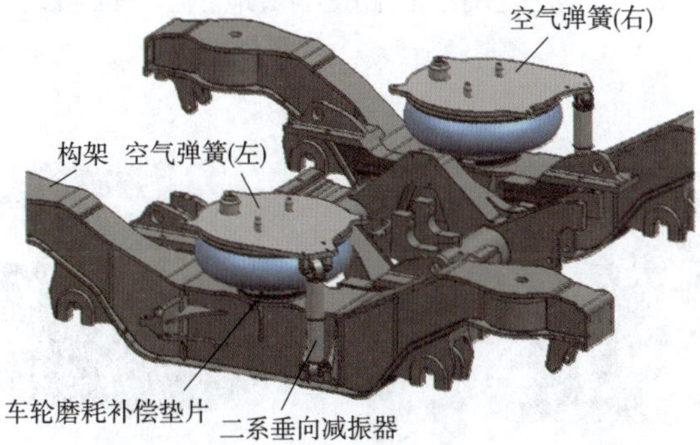

(a) 三维整体模型

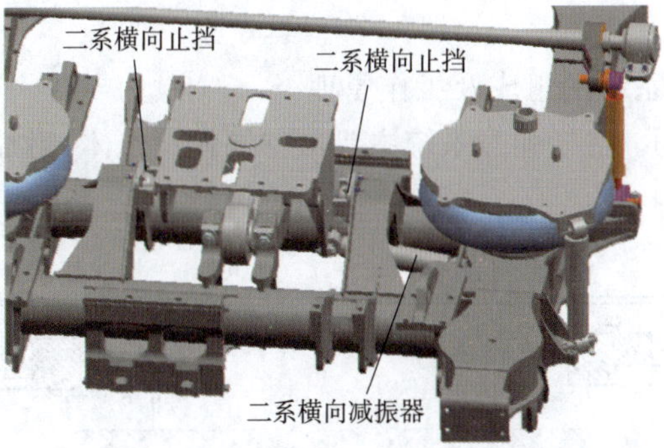

(b) 三维局部模型

图 3-21 二系弹簧悬挂装置

二系弹簧悬挂装置主要功能包括支承车体重量；减小振动、避免共振，提高车辆的运行平稳性；通过高度阀调节确保车辆地板面高度始终处于一个合理的高度范围等。

下面，将重点介绍二系弹簧悬挂中空气弹簧系统、抗侧滚装置、抗侧滚扭杆等装置的结构和原理。

1. 空气弹簧系统

空气弹簧系统是城市轨道车辆控制振动的关键部件之一，每台转向架设置两个空气弹簧，分别安装在构架的左、右两个侧梁上面，车体重量通过这两个空气弹簧进行支撑。每一空气弹簧包含一个橡胶气囊和一个应急弹簧，当空气弹簧气囊泄气时，应急弹簧可作为保护装置，保证车辆能够继续前行至线路终点，但乘坐舒适度会有所降低；当车体负载变化时，空气弹簧通过高度阀调节进行充放气，确保车体地板高度限制在允许的范围内，从而保证车辆运行的平稳性和舒适度。目前空气弹簧已广泛应用于铁路客车、地铁、轻轨和动车组上，如图 3-22 所示。

(a) 实物　　(b) 三维模型

图 3-22　空气弹簧

(1)空气弹簧系统的组成及工作原理

如图 3-23 所示，空气弹簧系统主要由空气弹簧本体、附加空气室、高度控制阀、差压阀等组成。

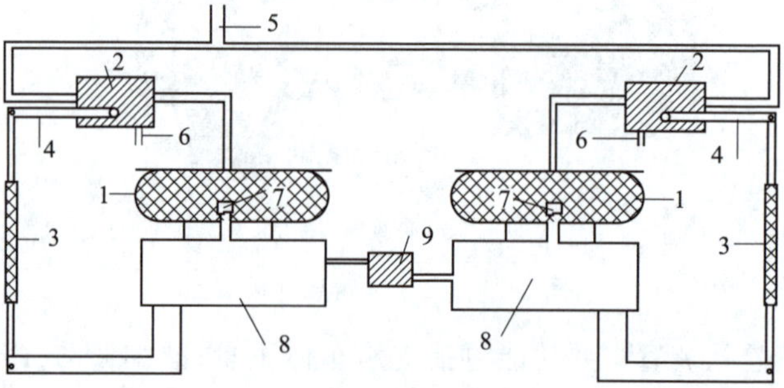

图 3-23　空气弹簧系统组成

1—空气弹簧；2—高度控制阀；3—高度调整连杆；4—高度调整杠杆；
5—供风管；6—排气口；7—节流阀；8—附加空气室；9—压差阀

①高度控制阀

在空气弹簧悬挂系统中，高度控制阀起着重要的作用。高度控制阀一般有机械式和电磁式两种；按组成的不同又可分为有延时机构和无延时机构；按引起高度控制阀产生进、排气作用的传动方式还可分为直顶式和杠杆式。

高度控制阀的工作原理如图 3-24 所示，正常载荷时，车体与转向架距离等于 H，高度控制阀关闭各通路 L、V、E，气囊保压，维持车体高度不变；载荷加大到一定程度时，车体与转向架距离小于 H，高度控制阀导通主风管道与空气弹簧气囊通路，即 V、L 之间导通，气囊充气，直至车体升高到标准位置；在载重减少到一定程度时，车体与转向架距离大于 H，高度控制阀导通空气弹簧气囊与大气通路，即 L、E 之间导通，气囊排气，直至车体降低到标准位置。

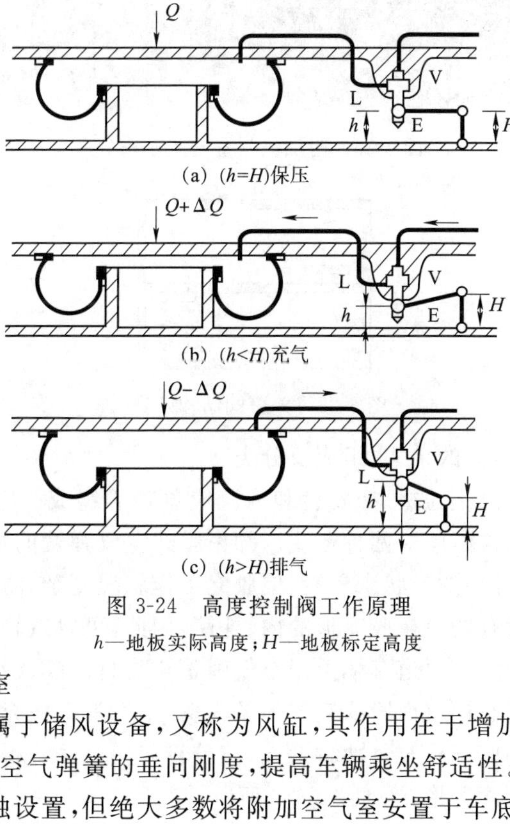

图 3-24 高度控制阀工作原理

h—地板实际高度；H—地板标定高度

②附加空气室

附加空气室属于储风设备，又称为风缸，其作用在于增加空气弹簧胶囊容积，从而显著降低空气弹簧的垂向刚度，提高车辆乘坐舒适性。附加空气布置有时候在车体上单独设置，但绝大多数将附加空气室安置于车底上，并靠近空气弹簧，如图 3-25 所示。

③差压阀

在空气弹簧悬挂系统中，差压阀(图 3-26)保证一个转向架两侧空气弹簧的内压之差，不能超过为保证行车安全规定的某一定值，若超出时，则差压阀自动沟通左右两侧的空气弹簧，使压差维持在空气弹簧内压标准值以下。因此，差压阀在空气弹簧悬挂系统装置中起安全保证、防止车辆倾斜作用。

图 3-25 附加空气室安置于车底

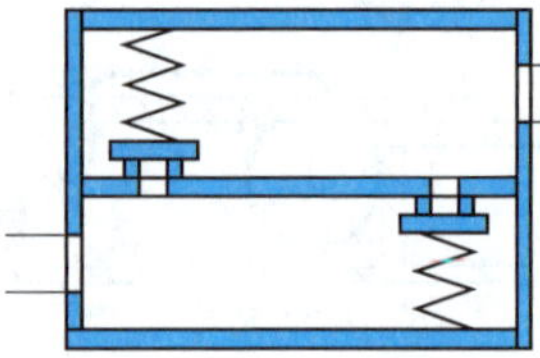

图 3-26 差压阀结构示意

(2)空气弹簧本体的结构、组成及分类

空气弹簧主要由上盖板、橡胶囊和橡胶应急簧等组成。空气弹簧目前主要可分为约束膜式和自由膜式两种形式。约束膜式空气弹簧的弹性特性曲线容易通过约束裙(内、外筒)的形状来控制,但胶囊工作状况复杂,耐久性较差;自由膜式空气弹簧由于没有约束橡胶变形的内、外筒,因此,可以减轻橡胶囊的磨耗,提高使用寿命。目前城市轨道车辆上用空气弹簧均为自由膜式空气弹簧。

以上海轨道交通用自由膜式空气弹簧为例,空气弹簧按充气孔位置,可分为中心孔充气和偏心充气孔充气两种形式;按胶囊与应急簧是否可拆分,又可分为可拆分与不可拆分两种形式,如图 3-27 所示。

另外,空气弹簧按其密封形式,又可分为:压力自封式(自由膜式)和螺钉紧封式(约束膜式)。

(3)空气弹簧的主要优点

①空气弹簧的刚度可选择较低的值,从而降低车辆的自振频率。

②空气弹簧具有非线性特性,可以根据车辆振动性能的需要,设计成比较理想的弹性特性曲线。在平衡位置振动幅度较小时(正常运行时的振幅),刚度较

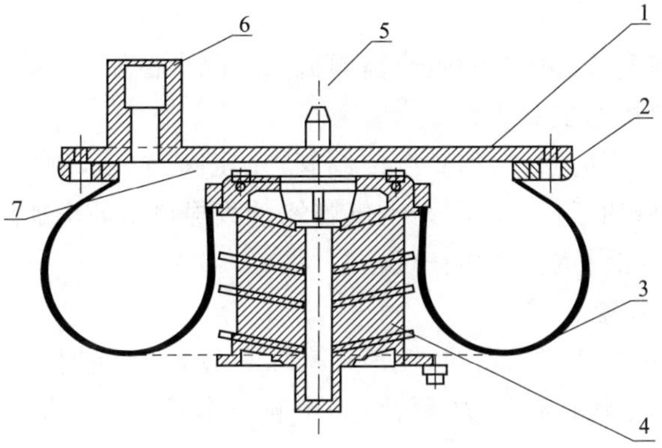

(a) 可拆分，偏心充气空气弹簧

1—上盖板;2—扣板;3—胶囊;4—应急簧;5—定位销;6—充气孔;7—气隙

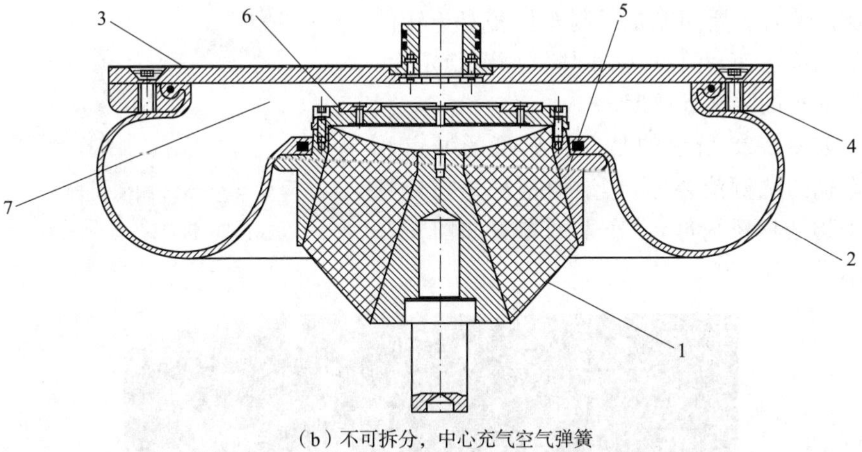

(b) 不可拆分，中心充气空气弹簧

1—橡胶堆;2—胶囊;3—上盖组成;4—扣环;5—支撑座;6—摩擦块;7—气隙

图 3-27 上海轨道交通两种常用空气弹簧

低,若位移过大,刚度显著增加,以限制车体的振幅。

③空气弹簧的刚度随载荷而改变,从而保持空、重车时车体的自振频率几乎相等,使空、重车不同状态的运行平稳性几乎相同。

④空气弹簧用高度控制阀控制时,可使车体在不同静载荷下,保持车辆地板面距轨面的高度不变。这一性能应用在地铁和轻轨上则可保持车辆的地板面与站台面的高差始终不变。

⑤同一空气弹簧可以同时承受三维方向的载荷。利用空气弹簧的横向弹性特性,可以代替传统的转向架摇动台装置,从而简化城市轨道车辆转向架的结

构,减轻自重。

(4)空气弹簧具有良好的吸收高频振动和隔音性能。

(5)空气弹簧的主要缺点

由于空气弹簧的附件(如高度控制阀、差压阀)较多,所以成本较高,同时增加了维护与检修的工作量。另外空气弹簧垂直静挠度的增加降低了车辆系统的抗侧滚刚度,需加设抗侧滚扭杆机构。

2. 抗侧滚装置

当车辆通过曲线或道岔时,侧滚运动尤为显著,严重时导致车体的外形轮廓超出限界,影响车辆运行安全,因此,城市轨道车辆的转向架上普遍采用抗侧滚装置。

抗侧滚装置,又称抗侧滚扭杆,主要由扭转杆、连杆以及连接二者之间的扭转臂组成。抗侧滚装置主要功能是限制车体相对于转向架的侧滚运动,并且加强车体抗倾覆稳定性,提高列车的乘坐舒适度。

如图 3-28 所示的是一种典型的城市轨道车辆的抗侧滚装置,其结构特征是扭转杆位于构架横梁内部,在车上的布置如图 3-29 所示。

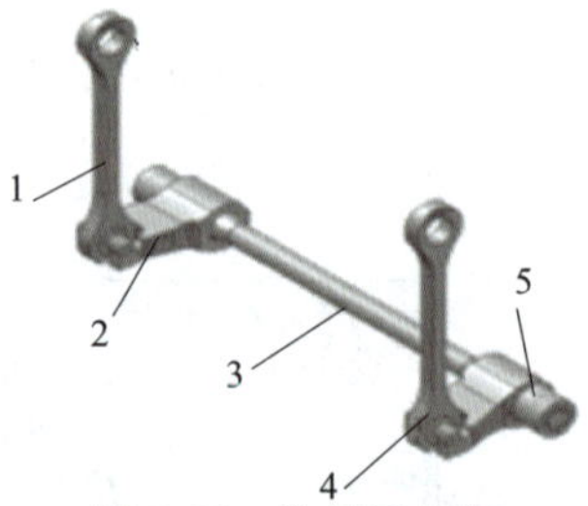

图 3-28 抗侧滚扭杆

1—连杆;2—扭转臂;3—扭转杆;4—关节轴承;5—支承座

图 3-29 抗侧滚扭杆在车上的布置

抗侧滚扭杆的作用原理如下：

(1)当车体发生垂向振动时，两个连杆受力方向相同，整个装置绕两个支承座转动，扭杆轴不受任何力的作用，也不产生扭矩，因而不影响车体的垂向振动。

(2)当车体发生侧滚时，两个连杆受力大小相等，方向相反，一个扭转臂向上，另一个扭转臂向下，从而扭杆轴扭曲弹性变形，同时扭杆轴自身产生的反力抵抗车体的侧滚，达到力矩平衡。

(3)当车体发生横摆时，由于连杆两端都装有关节轴承，允许连杆横向运动，所以该装置不会影响车体的横向振动。同样对车体的点头、摇头及伸缩等振动不会产生影响。

如图 3-30 所示为另一种抗侧滚装置结构，其结构特征是扭转杆位于构架和车体之间。它在转向架上的布置情况如图 3-31 所示。它由牵引杆组件、牵引座等组成。牵引杆组件是一个推拉杆，一端安装在构架横梁上的牵引杆安装座上，

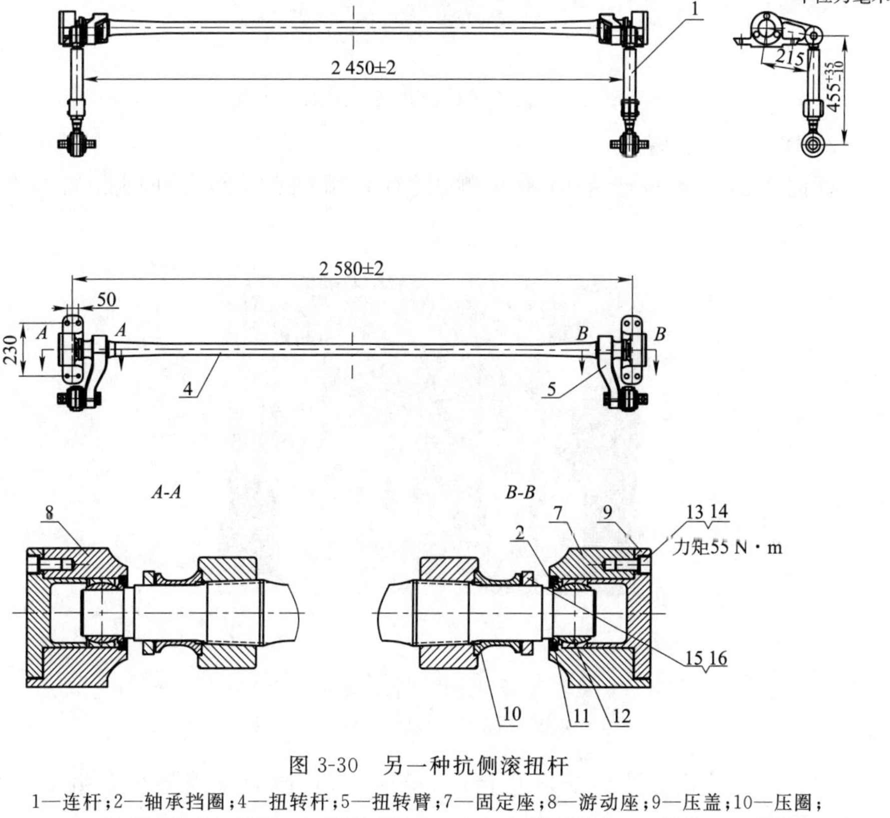

图 3-30 另一种抗侧滚扭杆

1—连杆；2—轴承挡圈；4—扭转杆；5—扭转臂；7—固定座；8—游动座；9—压盖；10—压圈；11—骨架油封；12—轴承；13—螺栓(55 N · m)；14—弹性挡圈；15—螺母；16—垫圈

另一端安装在牵引座上，牵引座则安装在车体上。牵引杆的作用相当于一个推拉杆，它借助于牵引橡胶关节将车体和转向架构架连接起来。由于牵引橡胶关节是橡胶件，所以它能够缓冲车体和转向架构架之间的相对运动。

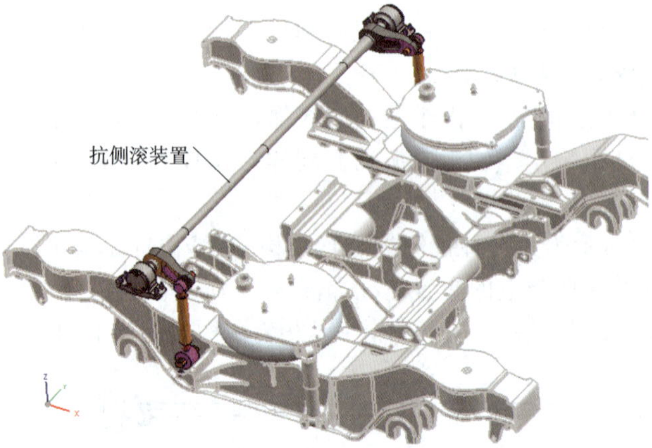

图 3-31　抗侧滚扭杆在转向架上的布置

3. 横向止挡装置

横向止挡装置位于牵引座两侧，设有自由间隙和弹性间隙，如图 3-32 所示。

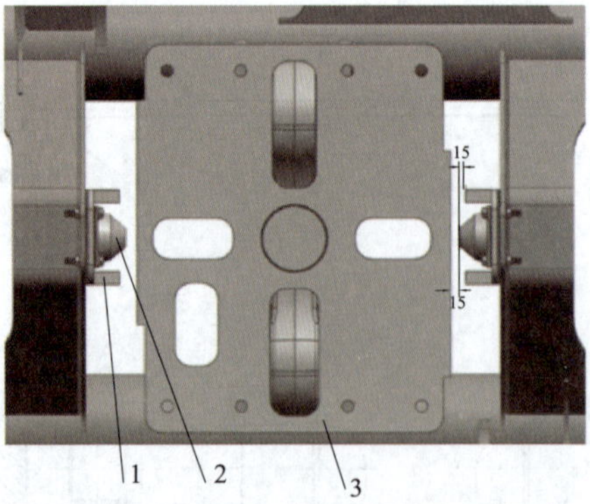

图 3-32　横向止挡在转向架上的布置

1—横向止挡座；2—横向止挡；3—牵引座

横向止挡装置主要由横向止挡座、横向止挡、横向止挡垫片等组成，如图 3-33所示。

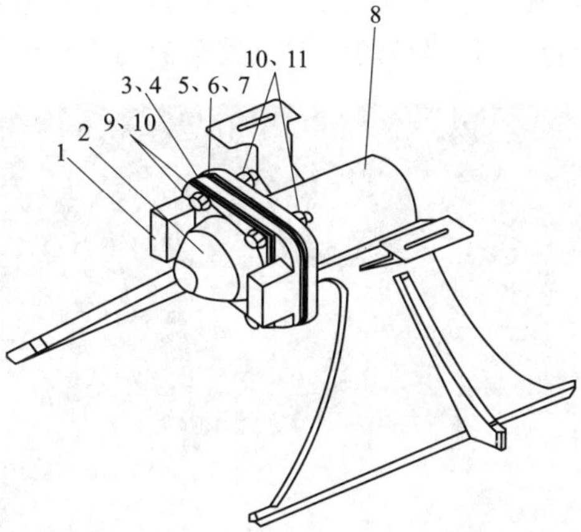

图 3-33 横向止挡

1—横向止挡座；2—横向止挡；3、4—横向缓冲器垫、横向缓冲器垫片；
5、6、7—横向止挡垫片；8—构架；9—六角螺栓；10、11—高压安全垫、六角螺母

横向止挡装置限制了二系悬挂装置横向变形，避免其超出正常自由范围；其弹性阻尼元件用来减小横向冲击。

4. 二系垂向液压减振器

二系垂向液压减振器与二系悬挂系统的空气弹簧并行布置，用来提高运行质量。二系横向液压减振器用于减少车体的横向运动，二系液压减振器在转向架上的具体位置在图 3-21 有指示，这里不再赘述。

3.5 中央牵引连接装置

与传统的铁路车辆不同，城市轨道车辆普遍采用了无摇枕结构的转向架。由于没有摇枕，车体直接坐落于空气弹簧上，因此，必须靠转向架中央牵引装置，来实现摇枕所具有的传递纵向力和转向功能，所以要求牵引连接装置具备以下功能：

(1)能够传递纵向的驱动力和制动力，同时允许二系弹簧在垂向和横向上柔软地动作；

(2)纵向具有适当的弹性以缓和由于转向架点头、车轮质量不平衡等引起的纵向振动；

(3)结构上应便于车体与转向架的分离和连接；

(4)使转向架能够相对于车体旋转,使列车自由通过曲线。

如图 3-34 所示的是一种典型的城市轨道车辆的中央牵引连接装置。

图 3-34 某型号转向架的中央牵引连接装置

这种结构的特点是采用中心销(图 3-35)连接车体和转向架。中心销的上端用螺栓固定在车体枕梁上,下部插在能够传递纵向力的转向架的牵引梁孔中,能够自如地垂向运动和回转,因此,这种中央牵引连接装置称为“中心销式”中央牵引连接装置。

图 3-35 中心销

牵引梁与构架横梁之间设有牵引叠层橡胶,它的特性是纵向较硬、横向柔软,所以既能有效地传递纵向力,又能随空气弹簧做横向运动。

如图 3-36 所示的是另一种“牵引拉杆式”中央牵引连接装置结构。

单位为毫米

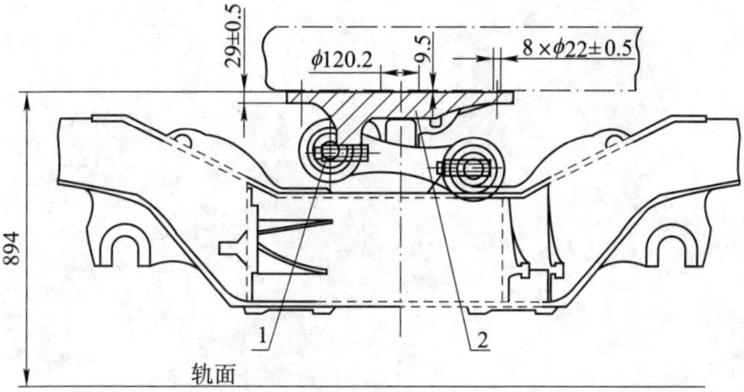

(a) 转向架牵引装置组成

1—牵引杆组装;2—牵引座

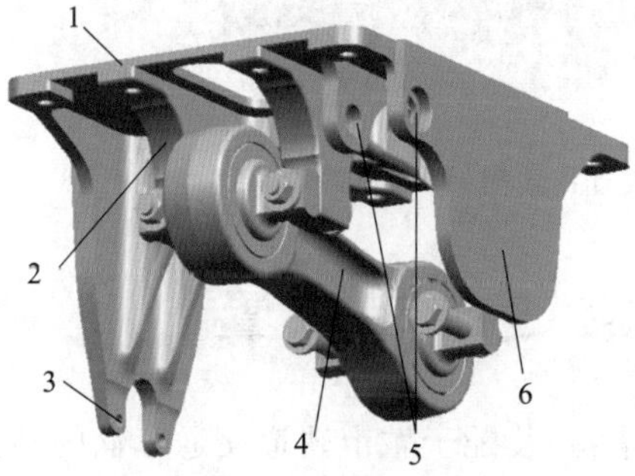

(b) 中央牵引连接装置组成

1—与车体接触面;2—牵引座;3—横向减振器安装座;4—牵引杆;5—起吊销孔;6—横向止挡接触面

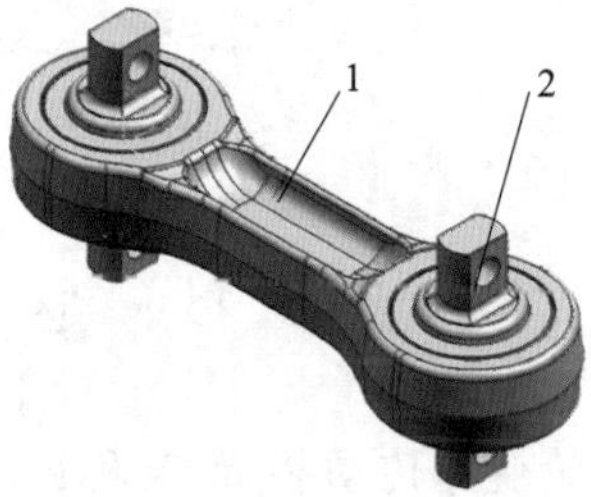

(c) 牵引杆组成

1—牵引杆;2—牵引橡胶关节

图 3-36 “牵引拉杆式”中央牵引连接装置

这种中央牵引连接装置结构是由牵引杆组件、牵引座等组成的。牵引杆组件是一个推拉杆,一端安装在构架横梁上的牵引杆安装座上,另一端安装在牵引座上,牵引座则安装在车体上。因此,这种中央牵引连接装置称为“牵引拉杆式”中央牵引连接装置。

牵引拉杆式中央牵引连接装置在转向架上的布置如图 3-37 所示。牵引杆的作用相当于一个推拉杆,它借助于牵引橡胶关节将车体和转向架构架连接起来。由于牵引橡胶关节是橡胶件,所以它能够缓冲车体和转向架构架之间的相对运动。

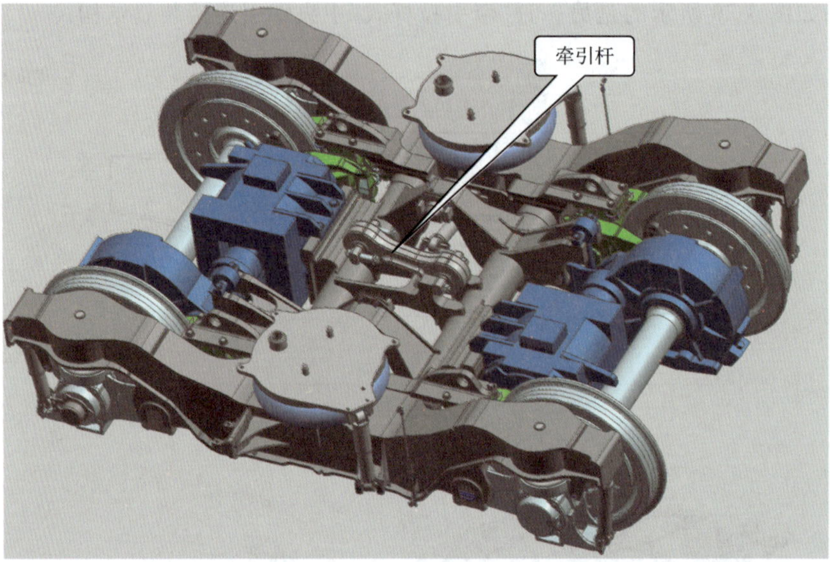

图 3-37　牵引装置在转向架上的布置

3.6　齿轮变速传动装置

齿轮变速传动装置(又称齿轮变速箱)装配于城市轨道交通车辆的动力转向架上,主要由牵引电机(交流电机或直流电机)、联轴器、齿轮变速箱三大部分组成,如图 3-38 所示。工作过程中,牵引电机将电机轴高速、低扭矩的旋转运动通过联轴器传递至齿轮变速箱,再经过齿轮变速箱减速后转换为轮对低速、高扭矩的旋转运动,然后利用轮轨接触面之间的黏着作用使轮对沿钢轨滚动,从而带动车辆行驶。

齿轮变速传动装置的设计、制造和装配应满足如下要求:

(1)传动装置应保证能使牵引电机性能得到有效发挥;

(2)牵引电机安装时应采取良好的减振措施;

(3)牵引电机轴应尽量与车轴位于同一高度,从而尽可能地减少轨道不平顺导致的车轴振动对齿轮变速箱内齿轮的损害;

(4)传动装置中各部件应尽量简单、可靠,且尽可能地减少磨耗件的使用;

(5)当牵引电机发生损坏时,应易于拆卸。

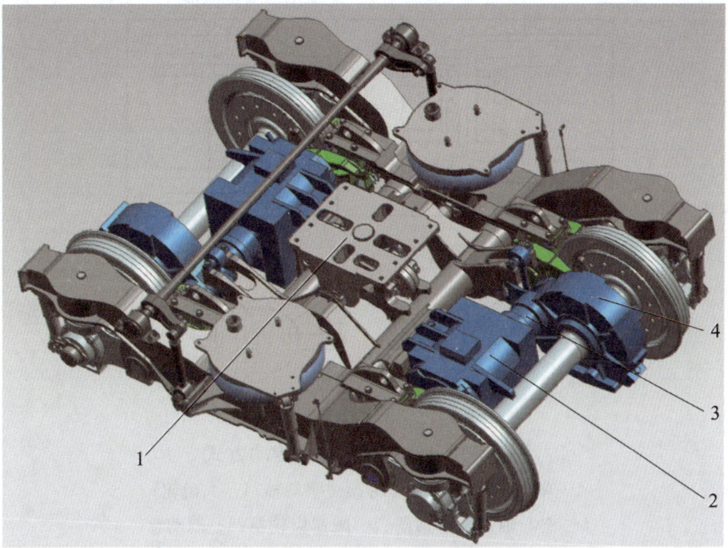

图 3-38 中央牵引连接装置及齿轮变速传动装置在转向架上的布置

1—中央牵引连接装置;2—牵引电机;3—联轴器;4—齿轮变速箱

3.7 动力转向架的传动系统

地铁和轻轨的动力转向架,不论是采用直流电机或交流电机,均需通过机械减速装置,将电机的扭矩转化为转向架轮对转矩,利用轮轨的黏着作用,使车辆沿着钢轨运行。目前,城市轨道交通车辆动力转向架的传动系统主要是横向牵引电机传动方式。

该传动装置将牵引电机支承于构架横梁上,如图 3-39 所示,它采用电机轴和高弹性的联轴器驱动齿轮减速箱,牵引电机重量由转向架构架全部承担。

3.8 车辆牵引原理

城市轨道交通电力牵引系统的能量传动过程一般为车辆通过受流装置从牵引网络获得电能,当牵引供电方式为接触网供电时,受流装置为受电弓,当牵引供电方式为第三轨供电,受流装置为受电靴。

当车辆为牵引工况时,受流装置获得的电能一部分供给辅助供电,其余电能通过车载的变流装置将电能调制成所需要的电能后供给牵引电机使用,此时牵

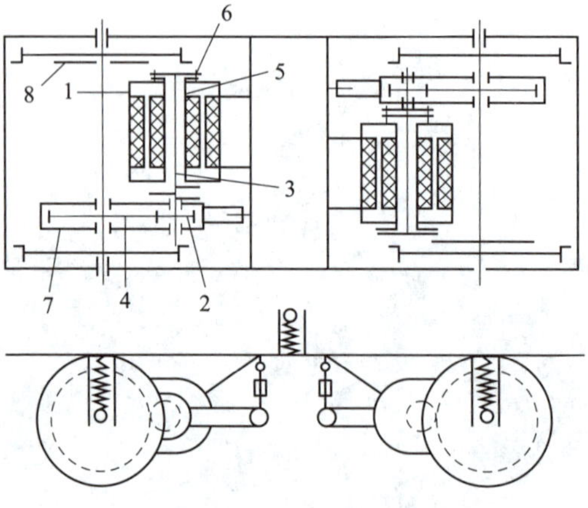

图 3-39 横向牵引电机传动方式

1—牵引电机；2—小齿轮；3—驱动轴；4—大齿轮；
5—空心轴；6—联轴器；7—减速齿轮箱；8—制动盘

引电机将电能变成机械能，以一定的转速和转矩从电机机械端口输出。

当车辆处于电制动工况时，则牵引电机将车辆的机械能变成电能，从而产生制动力。通常由电机机械端口输出的机械能需要通过齿轮传动箱减速之后驱动轮对转动，轮对通过与钢轨之间建立的黏着从而驱动车辆运行。牵引电机作为同时具有电气端口与机械端口的机电能量变换装置，将城市轨道车辆电力牵引系统分为了电气传动部分和机械传动两部分，城市轨道车辆电力牵引系统能量流如图 3-40 所示。

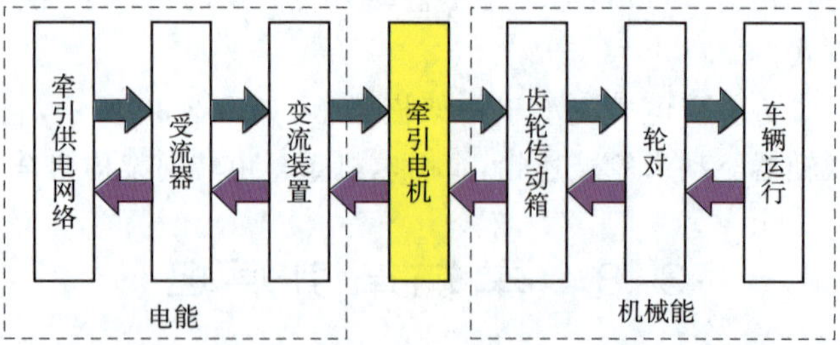

图 3-40 城市轨道车辆电力牵引系统能量流图示意

图 3-41 即以上海轨道交通 1 号线列车为例的一个三节编组单元列车的电气传动部分示意图。其中该单元包括一节不带牵引装置的 Tc 车，一节带受电弓及牵引装置的 Mp 车和带牵引装置的 M 车，故 Tc 车称为拖车，Mp 车及 M 车为动车。Mp 车及 M 车的牵引主电路通过高速断路器进行通断，M 车牵引回路

的电能通过车钩的电气接口从 Mp 车获得。

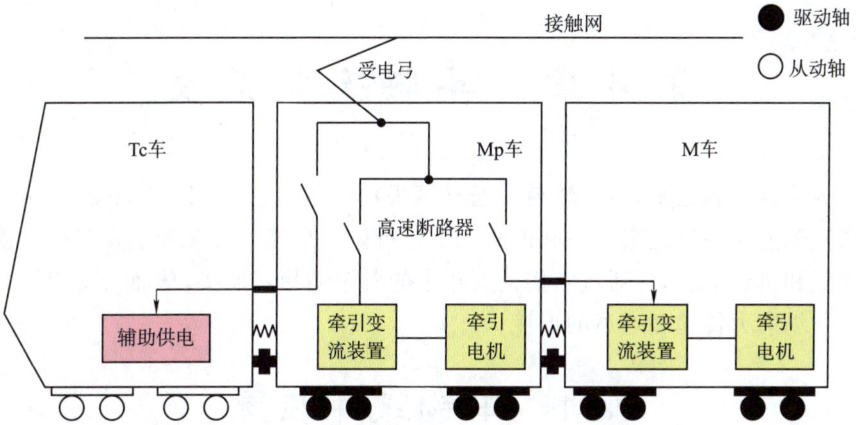

图 3-41 城市轨道车辆电气传动示意

获得的电能通过牵引变流装置进行电力变换后供给牵引电机产生机械能，通过机械传动装置最终驱动列车运行。在动车上一个牵引电机驱动一对轮对，因此，一节具有两个转向架的动车由 4 个牵引电机驱动，具有牵引电机驱动的轴被称为驱动轴，没有牵引电机驱动的轴被称为从动轴。图 3-42(a)、图 3-42(b)分别为上海轨道交通列车为例的机械传动局部图与整体示意图。

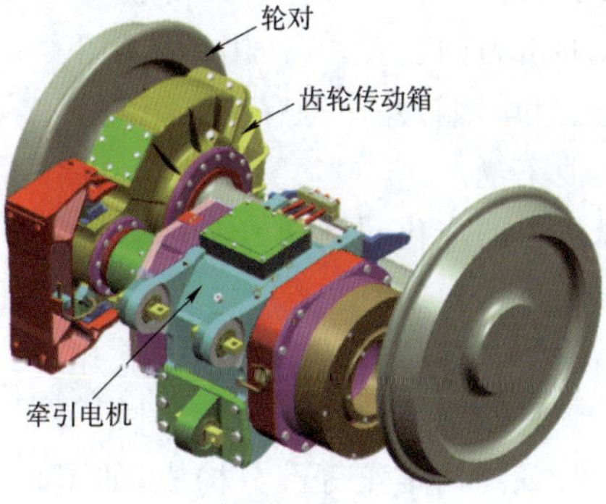

(a) 机械传动局部

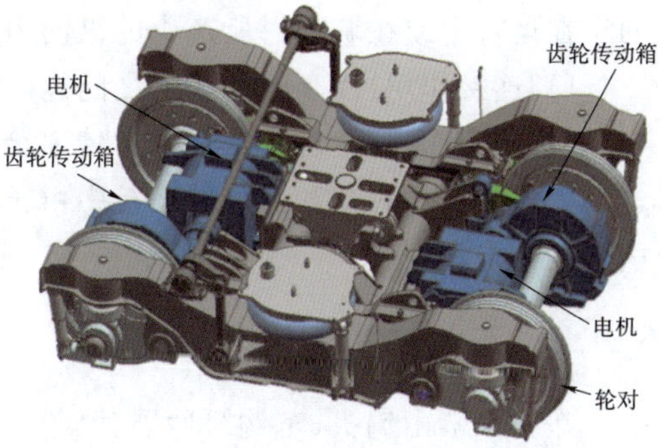

(b) 机械传动整体

图 3-42 城市轨道车辆电力牵引机械传动示意

第4章　车辆连接装置

为了提高客运量，城市轨道交通车辆采用编组运行，因此，各车辆之间需要依靠车辆连接装置连接在一起形成一个运行体。车辆连接装置主要包括车钩缓冲装置和贯通道装置，通过它们使列车中的各车辆相互连接，从而实现相邻车辆之间的纵向力传递和通道的连接。

4.1　车钩缓冲装置

在各种城市轨道车辆上，都有车钩缓冲装置（以下简称车钩），它用来连接列车各车辆，实现车辆之间机械、电气和气路的连接。车钩缓冲装置是车辆最基本的，也是最重要的部件之一。

4.1.1　车钩的作用

车钩是用来连接列车中各车辆，使之彼此保持一定的距离，并且传递和缓和列车在运行中或在调车时所产生的纵向力或冲击力的装置，其作用具体如下。

(1)连接作用：使车辆和车辆之间能够连挂和解编，并保持有一定距离。

(2)牵引作用：把动车的牵引力传递给其他车辆。

(3)缓冲作用：缓和与衰减运行中由于牵引力的变化和制动力前后不一致而引起的冲击和振动。

4.1.2　车钩的基本组成

车钩一般由钩头、车钩缓冲器、电气连接装置和钩尾座等部分构成，如图4-1所示。

钩头主要作用在于机械连接并完成牵引力和冲击力的传递，通过钩头内的机械连接装置完成待挂、连接、解钩的三态动作；缓冲器用来缓和列车运行过程中车辆之间的冲击，并吸收冲撞能量；电气连接装置是实现车辆之间电路连接的装置；钩尾座是车钩与车体相连的部件。

下面，详细介绍一下车钩缓冲器的情况。

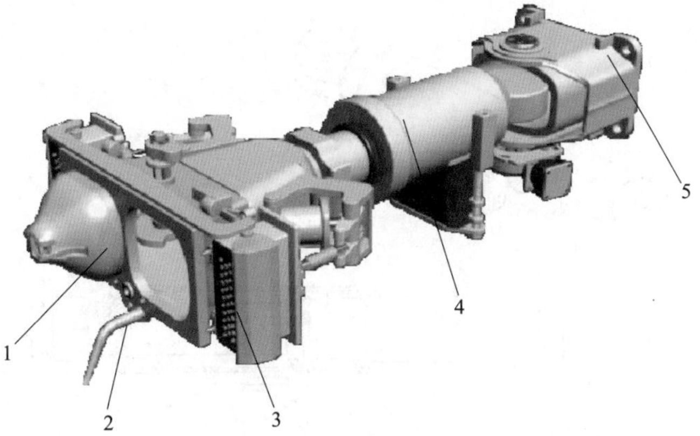

图 4-1　车钩基本组成

1—钩头;2—空气连接管;3—电气连接装置;4—车钩缓冲器;5—钩尾座

(1)车钩缓冲器的基本工作原理和作用

车钩缓冲器是车钩缓冲装置的重要组成部分,位于钩头与车体之间。缓冲器的基本工作原理是借助于弹性元件来缓和冲击作用,同时在变形过程中借助摩擦和阻尼吸收冲击能量。其作用是缓和列车在运行中牵引力变化或制动及调车作业时,车辆之间相互碰撞而引起的冲击和振动,吸收能量以缓和车辆之间的冲击力,减少车辆之间的纵向动力作用,从而提高列车运行的平稳性和乘坐的舒适性。

(2)车钩缓冲器的分类

根据车钩缓冲器的结构和工作原理,一般可将其分为以下几种类型:弹簧式缓冲器、摩擦式缓冲器、橡胶缓冲器、摩擦橡胶式缓冲器、液压缓冲器等。

城市轨道车辆中常用的液压车钩缓冲器结构如图 4-2 所示。

(3)车钩缓冲器的主要性能参数

缓冲器的性能直接制约着列车的运行速度、牵引质量等,决定缓冲器特性的主要参数是缓冲器行程、最大作用力、容量、能量吸收率等。

行程:是缓冲器受力后结构所允许的最大变形量。最大变形时弹性元件处于压死状态,若作用力继续增大,变形量也不再增加。

最大作用力:缓冲器产生最大行程时所对应的作用力。

容量:缓冲器在全压缩过程中,作用力在其行程上所做功的总和称为容量,它是衡量缓冲器能量大小的主要指标,如果容量太小. 则冲击力过大时将会产生刚性冲击。

能量吸收率:缓冲器在压缩过程中,有一部分能量被阻尼所消耗,其所消耗

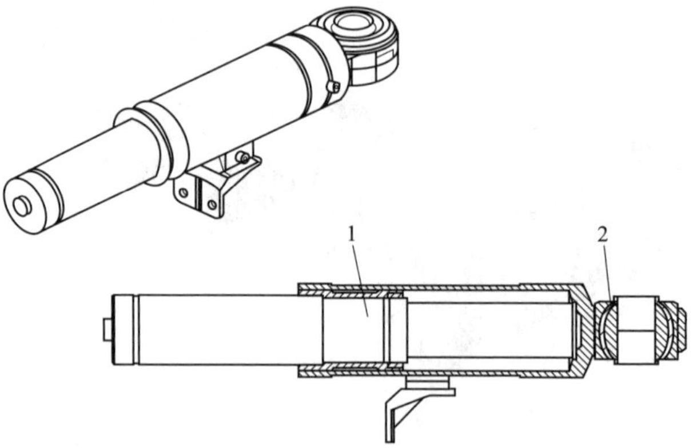

图 4-2 液压车钩缓冲器

1—液压缓冲器；2—支承座

部分的能量与容量之比称为能量吸收率。吸收率越大，则表明缓冲器吸收冲击能量的能力越强，反冲作用越小，否则，缓冲器必须往复多次才能将冲击能量消耗掉，恶化了结构部件的工作条件，并加剧列车纵向冲击。

液压车钩缓冲器的主要性能参数见表 4-1。

表 4-1 液压车钩缓冲器主要性能参数

最大作用力	最大行程	缓冲器容量
1 100 kN	150 mm	约 145 kJ

4.1.3 车钩的分类

目前，城市轨道交通车辆使用的车钩基本上分为自动车钩、半自动车钩和半永久车钩三种类型，以上海轨道交通六节编组列车为例，它们在列车上的一般配置形式如图 4-3 所示。

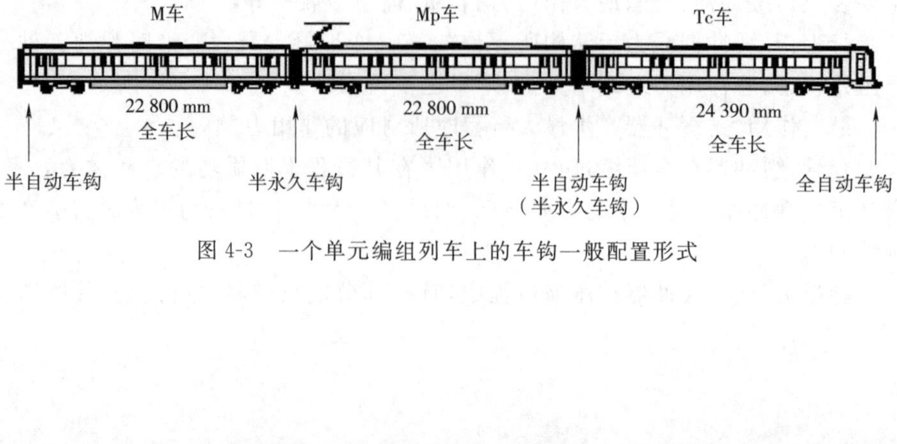

图 4-3 一个单元编组列车上的车钩一般配置形式

全自动车钩(AC,Automatic Front Coupler),位于 Tc 车的前端,一般用于列车与列车间的相互连挂,其机械部分、电路部分和气路部分能够全自动相连接,连接方便,主要是为了方便故障列车的救援及库内调车。

半自动车钩(SAC,Semi Automatic Coupler),一般用于一列车的两个或三个单元之间的连接,连接单元与单元之间。比如,若 Tc-Mp-M 视为整体视为一个单元,则与另一个 M-Mp-Tc 单元的 M 车之间用半自动车钩连接。其机械部分和气路部分能够全自动相连接,但是电路部分需要人工连接。

半永久车钩(SP,Semi Permanent Coupler),又称为"半永久牵引杆",一般用于单元内部相连,即主要为了实现 Mp 车与 M 车能组成一个固定的单元。比如,若 Tc-Mp-M 视为整体视为一个单元,其单元内部的 Mp 车与 M 车一般不分离,往往采用半永久车钩。其机械部分、电路部分和气路部分均需要人工相连,连接工作量大,因此一般用于单元内部的不常分离的车厢之间的连接,往往在车间维修时才进行分解。

于是,"四动两拖"六节编组的轨道车辆,其车钩配置方式可以写作:"＝Tc＋Mp＋M＊M＋Mp＋Tc＝";其中,"＝"代表全自动车钩(AC);"＋"代表半永久车钩(SP);"＊"代表半自动车钩(SAC)。Tc 车代表司机室的拖车车辆;Mp 车代表带受电弓的动车车辆;M 车代表不带受电弓的动车车辆。

"六动两拖"八节编组的轨道车辆编组的车钩配置方式类似,这里不再赘述。

4.1.4　典型车钩

不同厂家设计生产的车钩会在钩头的结构设计上、缓冲器种类的选择上有所不同;同一厂家设计生产的车钩也会在缓冲器与钩头和车辆连接座的配置上有所不同。中国城市轨道车辆使用的车钩主要有两种形式:一种是 Scharfenberg(夏芬博格)式车钩,另一种是柴田式密接式车钩。它们主要区别在于缓冲器与钩头形式(表 4-2)。

表 4-2　两种典型车钩基本机构比较

车钩品牌	钩头形式	缓冲装置
Scharfenberg 式	棱锥式	金属环弹簧缓冲器/橡胶元件缓冲器
柴田密接式	圆锥式	橡胶元件缓冲器

1. 夏芬博格车钩

(1)夏芬博格车钩基本结构

夏芬博格(Scharfenberg)全自动车钩,如图 4-4 所示,主要由钩头、电气连接装置、气路管道、缓冲装置组成，能够实施钩头、连接列车线的电气连接装置和气路管道的自动连接与分解。全自动车钩的电气连接装置位于钩头的两侧或是上侧，采用电气连接盒形式，这种形式的电气连接盒，一侧连接低压电缆，另一侧连接信号和通信电缆。

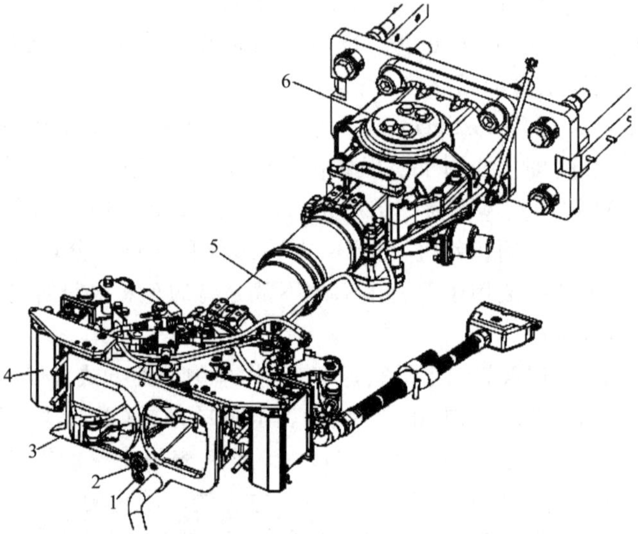

图 4-4 全自动车钩

1—空调 UC 管；2—空气连接管；3—钩头；

4—电气连接盒；5—压溃管；6—缓冲装置

夏芬博格式半自动车钩，如图 4-5 所示，主要由钩头、电气连接装置、气路管道和缓冲装置组成，能够实施钩头和气路管道的自动连接与分解，但连接列车线的电气连接装置需手动连接与分解。半自动车钩电气连接装置采用跨接电缆型式，跨接电缆分别从各自所在车的一端连接到邻近车一端的热流道插头上，或者连接到位于车钩结合面处两侧的连接盒后侧的接线端子，连接盒前端设有热流道插座。由于跨接电缆具有成本低、连接可靠的特点，目前大部分半自动车钩电气连接均采用跨接电缆的型式。

夏芬博格式半永久车钩，如图 4-6 所示，由牵引杆、电气连接装置、气路管道和缓冲装置组成，牵引杆、连接列车线的电气连接装置、气路管道均为手动连接与分解。这项作业一般在车辆段维修车间进行。半永久车钩的电气连接装置一般均采用跨接电缆的型式。

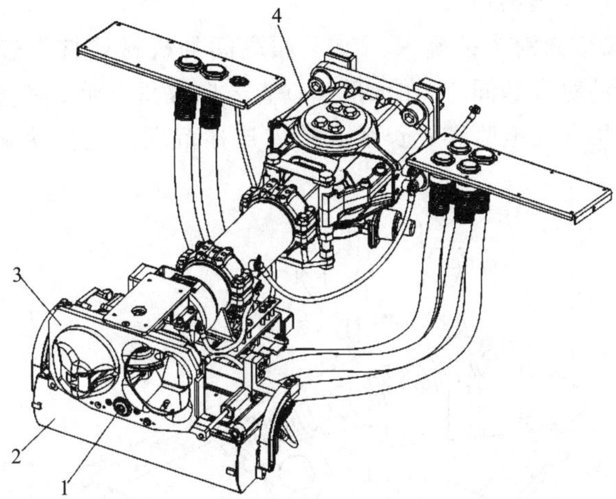

图 4-5　半自动车钩

1—空气连接管；2—跨接电缆连接盒；3—钩头；4—缓冲装置

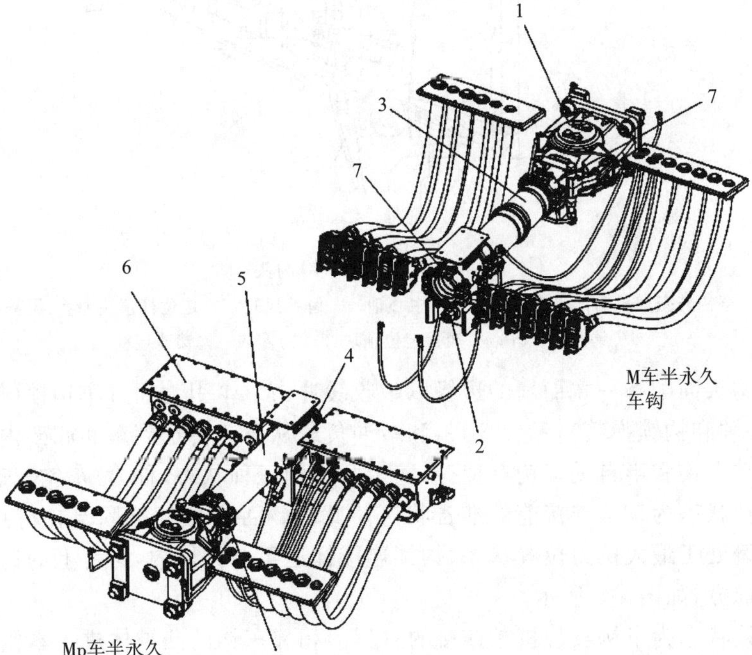

图 4-6　半永久车钩

1—缓冲装置；2—气路连接管；3—变形单元；4—导锥孔；5—牵引管；6—跨接电缆连接盒；7—套筒接头

(2)夏芬博格式车钩钩头

夏芬博格式车钩钩头锁确保两节车厢之间的机械连接。表面有凸锥和凹锥,保证车钩自动对齐和同心,在水平和垂直方向提供一个大的连挂范围。在车钩表面一侧,采用导向喇叭和延长线来扩展连挂范围。全自动车钩钩头结构如图 4-7 所示。

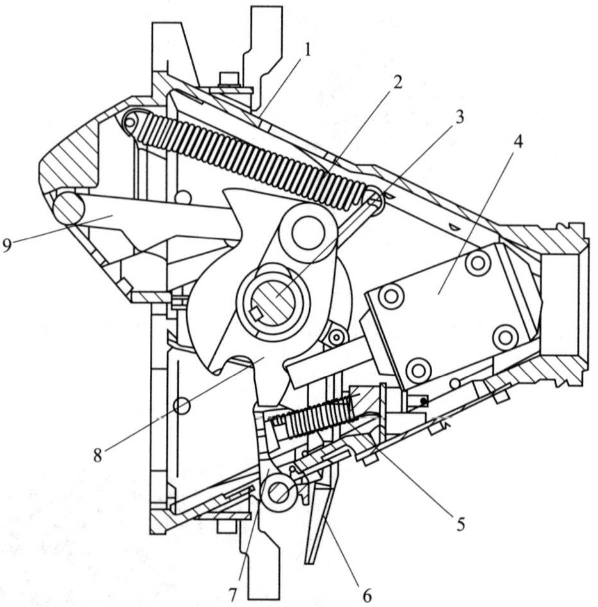

图 4-7 全自动车钩钩头

1—车钩外壳;2—钩锁弹簧(拉簧);3—中心轴;4—解钩风缸;5—定位杆顶块弹簧(压簧);6—钩舌定位杆;7—钩舌定位顶块;8—钩舌;9—钩锁连接杆

车钩头面配有一宽而扁的边缘以吸收缓冲力。牵引力通过车钩锁(钩板、钩舌、中心轴和钩锁弹簧)传递。牵引和缓冲负载从车钩传送到车厢底架内部。

自动车钩和半自动车钩有待挂、连接和解钩三种状态,称为“车钩三态”。

待挂状态为车钩连接前的准备状态。此时钩舌定位杆被固定在待挂位置,钩锁弹簧处于最大拉力位置状态,钩锁连接杆退至凸锥体内,钩舌上的钩嘴对着钩头正前方,如图 4-8 所示。

连接状态为车钩实现机械连接的过程。相邻车钩的凸锥体进入本钩的凹锥孔并推动定位杆顶块,定位杆顶块推动钩舌定位杆离开待挂位置。由于钩锁弹簧的回复力使钩舌做逆时针转动,带动钩锁连接杆伸进相邻车钩钩舌的钩咀,完成两钩的连接锁闭。这时连挂两钩的钩锁连接杆和钩舌形成平行四边形,车钩

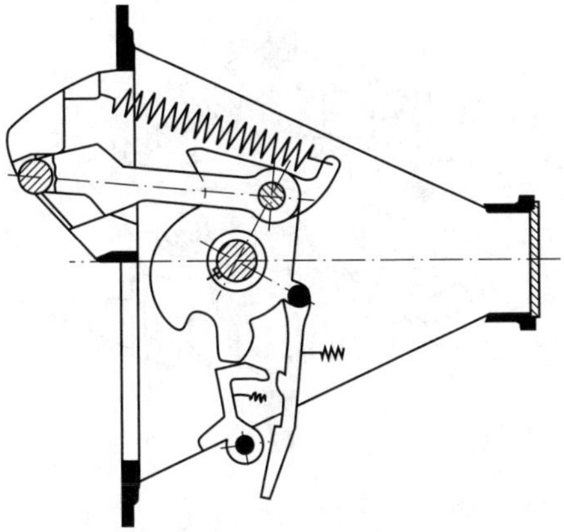

图 4-8　待挂状态

受牵拉时，拉力由两钩锁连接杆均匀分担，使钩舌始终处于锁紧位置。当车钩受冲击时，压力通过两车钩壳体连接法兰传递，如图 4-9 所示。

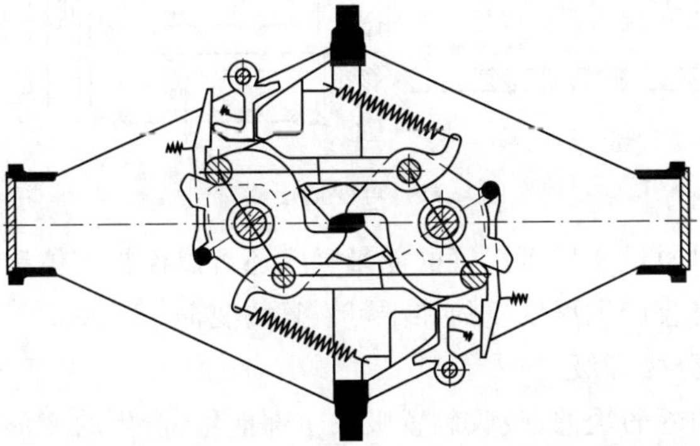

图 4-9　连接状态

解钩状态为车钩从连接变为待挂的过程。司机操纵解钩按钮控制电磁阀，使解钩风缸充气，风缸活塞推动钩舌顺时针转动，使相邻车钩的钩锁连接杆脱开钩舌，同时使自身的钩锁连接杆克服钩锁弹簧拉力缩入钩头凸锥体内，脱离相邻车钩的钩舌，这时定位杆顶块控制钩舌定位杆使钩舌处于解钩状态。当两钩分离后，定位杆顶块由于弹簧作用复位，钩舌定位杆回至待挂位，车钩又恢复到待挂状态，如图 4-10 所示。

(3)夏芬博格车钩缓冲器

①可变形压溃管

可变形压溃管，如图 4-11 所示，作为车钩缓冲装置的重要部件，用来吸收车

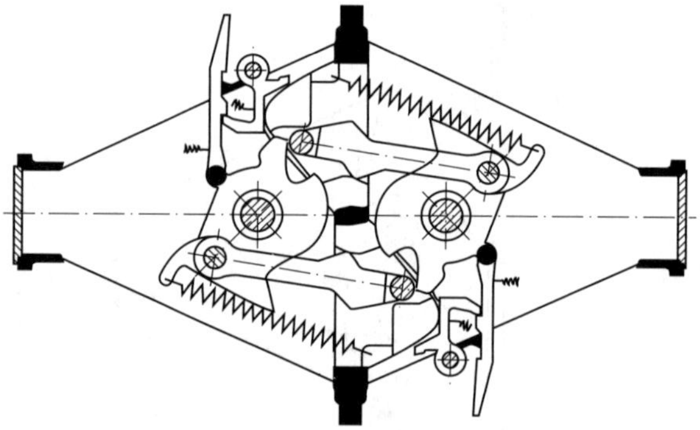

图 4-10 解钩状态

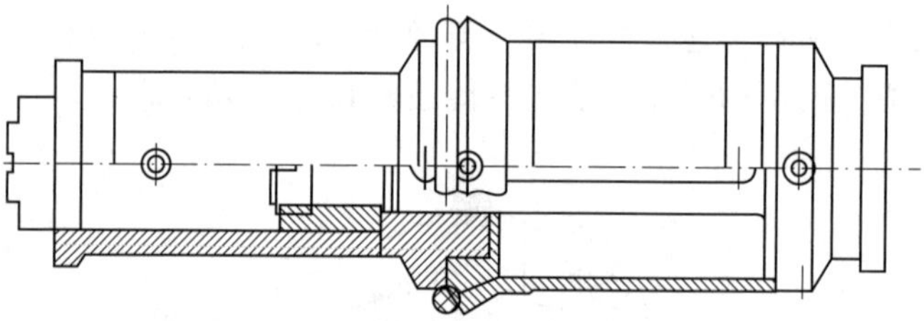

图 4-11 可变形压溃管

辆冲击能量，同时通过变形压溃管的能量吸收还可以保护车体钢结构免受破坏。当两车相撞时，将会产生可恢复的和不可恢复的变形。

能量吸收可分为三级：

第一级，车钩内的缓冲、吸收装置吸收全部能量，产生的变形可以恢复；第二级，可压溃变形管产生的变形不可恢复；第三级，车钩的过载保护系统产生不可恢复的变形，车辆前端参与能量吸收以保护乘客。

一旦冲击速度过大，导致可变形压溃管变形时，压溃管必须更换。

②橡胶环形缓冲器

橡胶缓冲装置是最常见的一种缓冲器，它采用免维护结构，安装在车钩安装座上，结构如图 4-12 所示，在全自动车钩、半自动车钩上均可采用相同的安装方法来固定。

该缓冲装置结构之间不存在间隙，在承受拉伸和压缩载荷的同时，可以承受较大的剪切力。同时该缓冲装置允许车钩做垂向摆动和扭转运动。缓冲装置的轴承框被 4 个螺栓固定在车底架上。

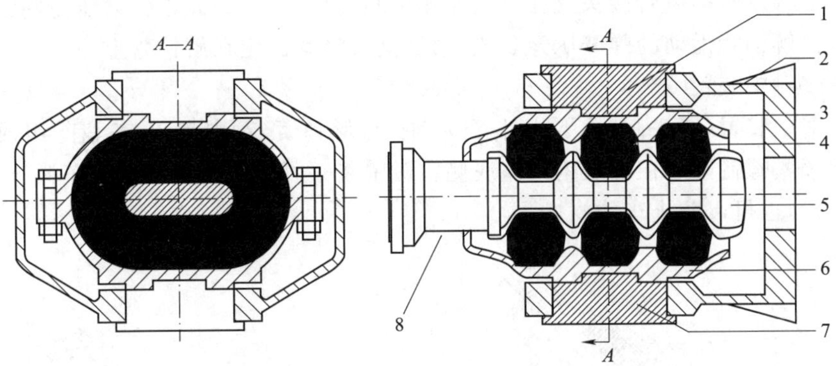

图 4-12　橡胶环形缓冲器

1—轴颈；2—轴承框；3—上壳体；4—橡胶缓冲体；5—芯棒；6—下壳体；7—轴颈；8—牵引杆

(4)车钩附属装置

①风管连接器

主风缸管和解钩风管的风管接头安装在车钩端面，位于汽缸筒内，它主要由接口管、总储气管、胶管、弹簧压阀杆及止动弹簧等组成，如图 4-13 所示。

接口管一般略高出车钩端面，在整个风管连接过程中起到密封作用。止动弹簧的作用是防止接口管从汽缸筒内滑出。

当两车钩连接时，接口管间相互作用，推动弹簧压阀打开，实现气路联通；当车钩解钩时，由于弹簧阀上弹簧的回复力作用，弹簧压阀关闭，实现气路断开。

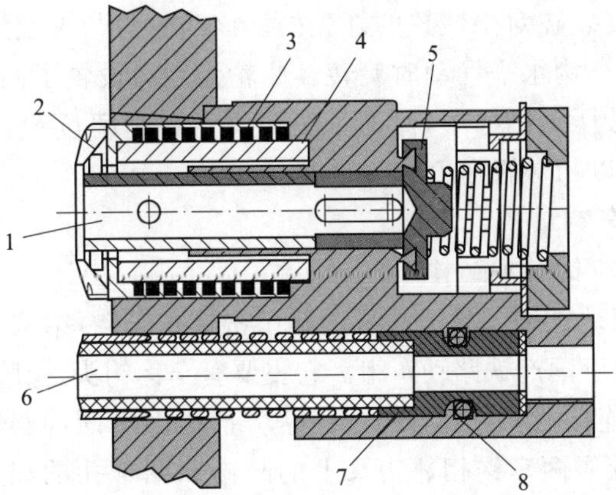

图 4-13　风管连接器

1—总储气管；2—接口管；3—止动弹簧；4—胶管；

5—弹簧压阀；6—解钩管；7—弹簧压笼；8—支叉

解钩风管的风管接头仅在解钩操作期间传导空气，因此不包含压力阀，另设有可沿解钩管滑动的弹簧压笼装置，通过支叉将其固定在解钩管上。

②对中装置

对中装置(图 4-14)主要由外壳、心轴、盘形弹簧、对中销、凸轮盘等组成，被三根锁紧螺钉固定在橡胶钩尾座底侧。对中装置可确保在解钩时将车钩保留在其中点，也可以防止车钩横摆。

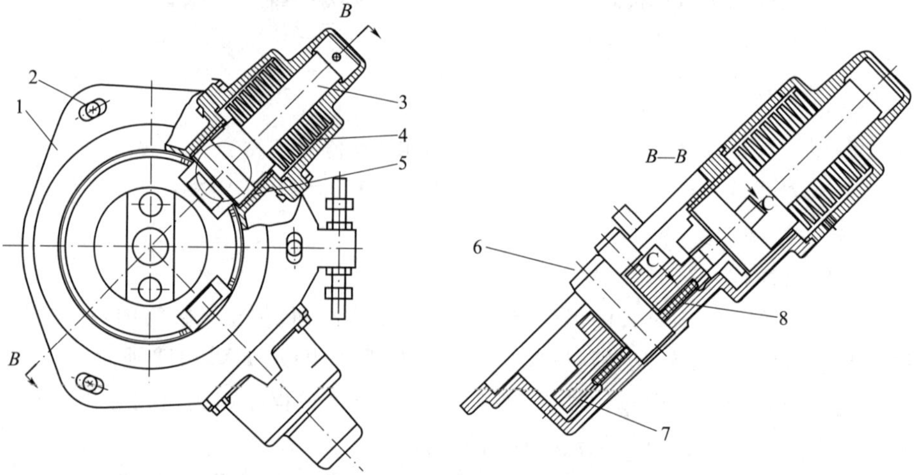

图 4-14 对中装置

1—外壳；2—锁紧螺钉；3—心轴；4—盘型弹簧；5—垫圈；6—对中销；7—滑动盘；8—凸轮盘

旋转凸轮盘安装在对中装置的外壳内。该凸轮盘与橡胶垫牵引装置的下方轴颈刚性连接，在车钩水平摆动时旋转。凸轮盘周边设置了两条凹槽，两根带滚轴的弹簧式轴柄被压入凹槽中，保证了车钩固定在中间位置。解钩并将车辆分离后，车钩可自动以±15°的摆角重新对中。

2. 柴田密接车钩

(1)柴田密接车钩基本结构

我国早期北京地铁和天津地铁采用柴田密接式车钩，结构如图 4-15 所示，这种车钩现广泛应用于国产铁路动车组。它主要有车钩钩头、橡胶金属片式缓冲器、风管连接器、电气连接器和风动解钩系统等几部分组成，缓冲器位于钩头的后部。

车辆连挂时依靠两车钩相邻钩头上的凸锥和凹锥孔的相互插入，实现两车钩的紧密连接；同时，自动将两车之间的电路和空气通路接通。在两车分离时，亦可自动解钩，并自动切断两车之间的电路和空气通路。

橡胶金属片式缓冲器通过缓冲器体内的金属片，缓解车辆受到压缩或牵引

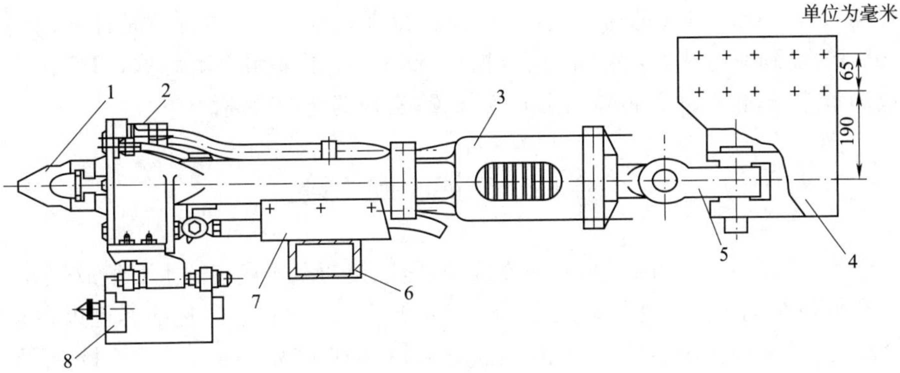

图 4-15　国产密接式车钩

1—密接式车钩钩头；2—风管连接器；3—橡胶缓冲器；4—冲击座；
5—十字头；6—托梁；7—磨耗板；8—电气连接器

载荷时所产生的冲击。

(2)柴田密接车钩钩头

柴田密接车钩的工作原理如图 4-16 所示。密接式车钩前端为钩头，它有一个凸锥和凹锥孔，内部还有钩舌(半圆盘)。

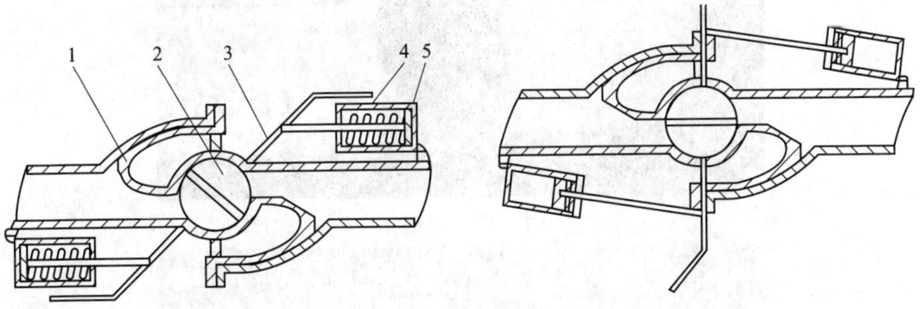

(a) 连接　　(b) 解钩

图 4-16　柴田密接车钩工作原理

1—钩头；2—钩舌；3—解钩杆；4—弹簧；5—解钩风缸

两钩连挂时，凸锥插进对方相应的凹锥孔中，这时凸锥的内侧面在前进中压迫对方的钩舌转动，使解钩气缸的弹簧受压，钩舌沿逆时针方向旋转 40°。当两钩连接面相接触后，凸锥的内侧面不再压迫对方的钩舌，此时，由于弹簧的作用，使钩舌恢复到原来的状态，即处于闭锁位置。

两钩分解时，需由司机操纵解钩阀，压缩空气由总风管进入前车(或后车)的解钩风缸，同时经解钩风管连接器送入连挂的后车(或前车)解钩风缸，活塞杆向前移并带动解钩杆，使钩舌转动至开锁位置，此时两钩即可解开。两钩分解后，解钩风缸的压缩空气迅速排出，解钩弹簧得以复原，带动钩舌顺时针方向转动40°而恢复到原始状态，为下次连挂做好准备。如果采用手动解钩，只要用人力扳动解钩杆，也能使钩舌转动至开锁位置，实现两钩的分离。

4.2 贯通道

贯通道装置位于两节车厢的连接处，是连接两车辆通道的重要组成部分，它是车辆与车辆之间的连接通道，如图4-17所示。贯通道装置使乘客可以在车厢之间走动，从而使乘客均匀分布；通过它可以实现车辆之间的柔性连接，是车辆通过曲线时的关节部位，如图4-18所示。

图4-17 贯通道

图4-18 贯通道的柔性连接作用

根据城市轨道车辆对贯通道要求，需要达到如下技术要求：最小曲线半径为 150 m，净通过宽度≥1 300 mm，净通过高度≥1 900 mm，防火要求符合 DIN 5510-2：2009-05 标准或同等国际标准，按照 ISO 140 和 ISO 717 标准测量，隔声性能应大于或等于 30 dB(A)，折棚寿命至少 15 年。

当然，不是所有轨道车辆都设有贯通道的，有的线路就没有贯通道，比如上海轨道交通 5 号线，如图 4-19 所示。

图 4-19　上海轨道交通 5 号线无贯通道

4.2.1　贯通道的基本功能

贯通道装置具有良好的防雨、防风、防尘、隔音、隔热等功能，所以也称风挡装置。贯通道风挡包含两个单体风挡，是车辆上灵活可动的部分，可以让相邻的两个车厢相对运动，并提供乘客一个安全舒适的通道。贯通道是基于风挡的结构，它拥有一个较长的使用寿命。

4.2.2　贯通道的组成

贯通道分为整体式和分体式。上海、广州、深圳等城市的地铁车辆均为宽体封闭式贯通道，采用分体式结构，如图 4-20 所示，即风挡装置的一半装在每辆车的端部；包括两个配对的可分解的波纹形折棚、两个渡板（车辆侧面）和车辆连挂的滑动支撑等。

(1)波浪折棚

波浪折棚是由灵活的棚布波浪组成，底部的双层波浪以及顶部和侧面的双

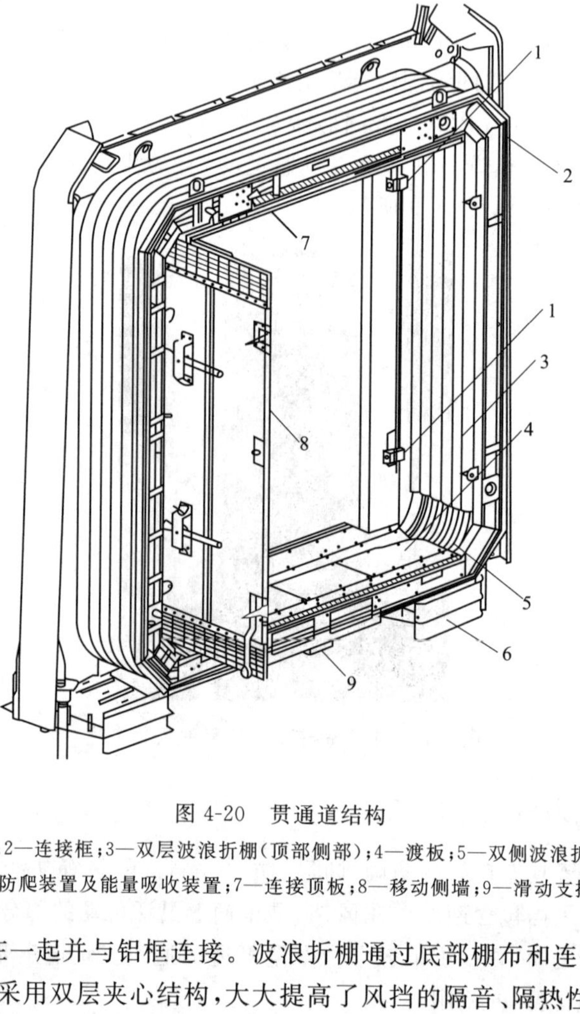

图 4-20 贯通道结构

1—紧锁装置；2—连接框；3—双层波浪折棚(顶部侧部)；4—渡板；5—双侧波浪折棚(底部)；6—防爬装置及能量吸收装置；7—连接顶板；8—移动侧墙；9—滑动支撑

层波浪折棚缝在一起并与铝框连接。波浪折棚通过底部棚布和连接框及螺钉框连接起来，棚布采用双层夹心结构，大大提高了风挡的隔音、隔热性能。

(2)连接框

连接框与螺钉框相同，都是由焊接的铝合金型材制成。在连接框顶部装有两个支架，用以连接连接框侧顶板铰接组件。连接框包含一个集成的锁紧装置和对中系统。连接框侧渡板拴在连接框上并放置在安装到车厢连挂处滑动支撑的支撑架上。

①锁紧装置

每个单体风挡都包含一个锁紧装置。锁紧活动通过锁杆完成。锁紧装置安装在垂直于连接框的部分，锁柄放置在连接框内。

②对中系统

每套单体风挡都包含两个定位销和定位座。在连挂阶段，定位销和定位座相嵌合。

③限制装置

限制装置禁止单体风挡的自由运动和摆动，尤其是连接框在未连挂的状态下。限制装置包含四个限制绳，每个限制绳上都装有安全钩。每一根限制绳通过吊环螺母安装到连接框上。

(3)连接顶板

连接顶板总成包含每个连接框和螺钉框侧的顶板部件。连接框侧的单层顶板嵌在螺钉框侧双层顶板的槽中。将连接顶板直接装在连接框的优点就是在连挂和解挂过程中，这些组件不会分开。车厢侧连接顶板通过铰链连接到螺钉框的平面支架上。连接顶板部件可以消除两车厢之间的高度差。

(4)移动侧墙

移动侧墙板是贯通道内部的重要部件(图4-21)由铝合金型材板制成的。两块侧墙板通过销轴装置进行相互运动，以便能适应车厢的相对运动。侧墙板通过固定在其端口的支架栓到车厢一侧铰接面进行连接。在另一侧，车厢铰接面的连接通过装在车厢铰接面的上下锁紧装置的销来完成。

图4-21　贯通道内部

(5)滑动支撑

坐落在车钩的贯通道支座上，实现支撑贯通道的功能，它的上部与支撑金属板相连。

(6)渡板,车厢和连接框侧

车厢侧渡板如图 4-22 所示,包含三个支架,两块不锈钢渡板和一个铰链。可移动渡板通过铰接与固定渡板连接。车厢侧渡板支架连接在螺钉框上,并且车厢侧渡板的地板连接在车厢地板上。接框侧渡板总成包含一个支撑架,一块地板,五个铰链,一个固定支架和四个翻板,每个翻板上安装有一个滑动支架。地板通过铰链与支撑支架相连。四块翻板通过铰链与地板相连。滑动支架安装在翻板的底端。

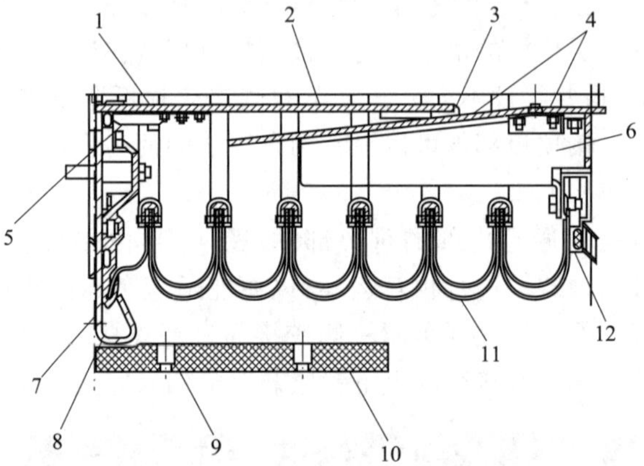

图 4-22 渡板装置组成示意

1—渡板(连接框侧地板);2—渡板(连接框一侧铰链板,四翻板);3—滑动支架;4—渡板(车厢一侧);5—固定支架;6—支架;7—连接框;8—支撑架;9—连接到车厢连接处固定板;10—滑动支撑;11—底部双层波浪折棚;12—螺钉框

第5章　车　　体

车体是容纳乘客和司机的部分，又是安装和连接其他机电设备和部件的基础，它是城市轨道车辆最长的部件，是城市轨道交通车辆最重要的部件之一。车体底架下部及车顶上部安装有大量的机电设备，比如制动设备、风缸、蓄电池、车钩、受电弓、空调等，构成车辆的主体。车体设计要求其具有较好的隔音、减振、隔热、防火等性能，在事故状态下尽可能保证旅客安全，同时车体自身的质量要求也较为严格。

5.1　车体的作用和基本特征

车体搭载乘客，实现乘客的交通运输目的，同时，车顶部安装空调、受电弓，车下安装牵引、制动等所需要的机电设备，因此，车体的作用可以总结为载人、装物。

城市轨道车辆是用作城市或近郊客远的专门客运交通工具，因而车体有独有的特征：

(1)电动车组有单节、双节和三节，有头车和中间车，动车和拖车之分；

(2)车内布置较为简单；

(3)重量限制较为严格，要求轴重小；

(4)使用轻型化材料，提高车体轻量化程度；

(5)对车体防火有严格要求，车体的结构和选材上采用防火设计和阻燃处理；

(6)对车辆隔音和减噪有严格要求；

(7)对车辆的外形和色彩都有美化和与城市景观相协调的要求，凸显了城市轨道交通车辆是城市名片的功效。

5.2　车体的结构

城市轨道交通车辆的车体采用模块化设计，由底架、侧墙、端墙、车顶四大部分组成的封闭筒形薄壳整体承载结构，如图 5-1 所示，拖车车体前端布置司机室，后端为端墙；动车车体具有前后两个端墙。车体其部件间的连接方式主要是手弧焊接、接触点焊、螺栓、铆钉连接等。车体的主要承载件,如地板梁、侧梁、侧墙板、车顶板等均由断面较复杂且承载能力较强的大型中空挤压型材制成。

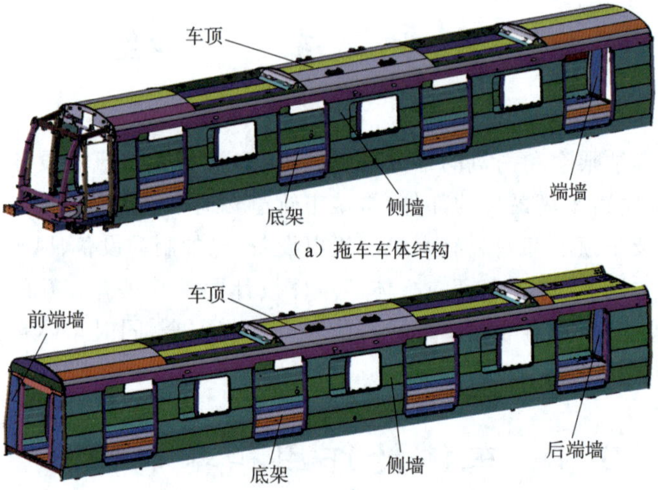

(a) 拖车车体结构

(b) 动车车体结构

图 5-1 车体结构

5.2.1 车顶

车顶结构主要由车顶边梁、车顶板、端板组成。

车顶为满足运行需求,设有受电弓安装座和 HVAC 井(Heating, Ventilation and Air Conditioning,供热通风与空气调节)。

以上海轨道交通运用车辆为例,Tc、Mp 或 M 车的车顶是不同的。Tc 车车顶,如图 5-2 所示,形式与 M 车相同,但它的长度与 M 车不同,因为 Tc 车带有驾驶室。

Mp 车的车顶与 Tc 车的车顶形式不同,因为 Mp 车带有受电弓,受电弓需要附加的容器来容纳它,如图 5-3 所示。

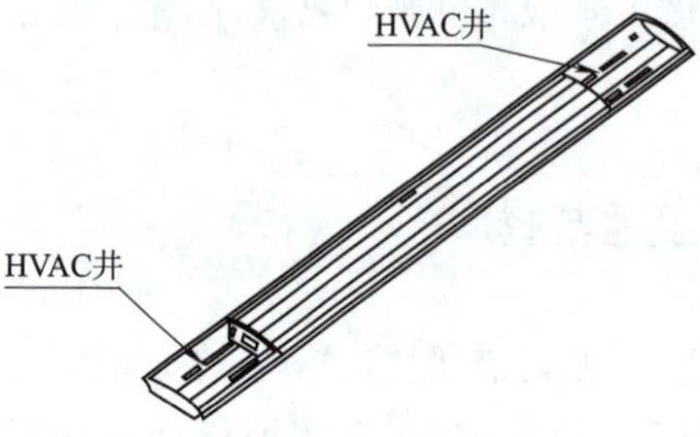

图 5-2 Tc 车车顶

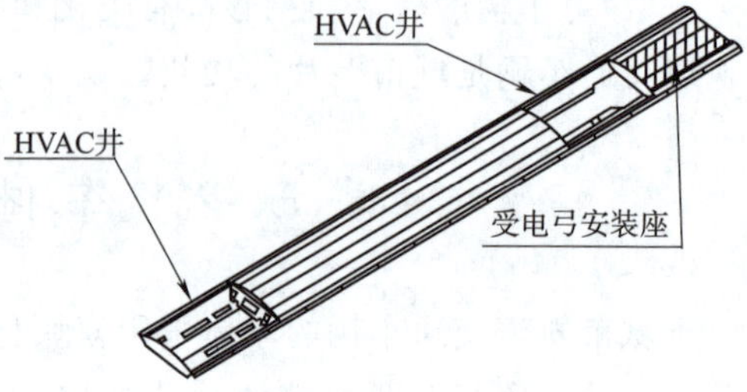

图 5-3 Mp 车车顶

5.2.2 底架

底架设有地板梁、枕梁、端梁、侧梁、牵引梁、线槽、支架等，从而实现车钩缓冲装置、各种机电设备、制动设备的安装要求。

(1)地板梁、侧梁和支架

其中最重要的承力部件是沿底架两端梁间全车纵向布置的 2 根侧梁，如图 5-4 所示，主要有两个作用：

一是作为底架结构中的主要承力部件和连接构件，底架的枕梁及全部横梁的端部都与侧梁焊接，地板梁也与侧梁的上翼缘表面搭接；

二是作为侧墙结构中的主要承力部件和安装基础，侧墙的立柱、侧墙板分别焊在侧梁的上翼缘表面和腹板外表面。

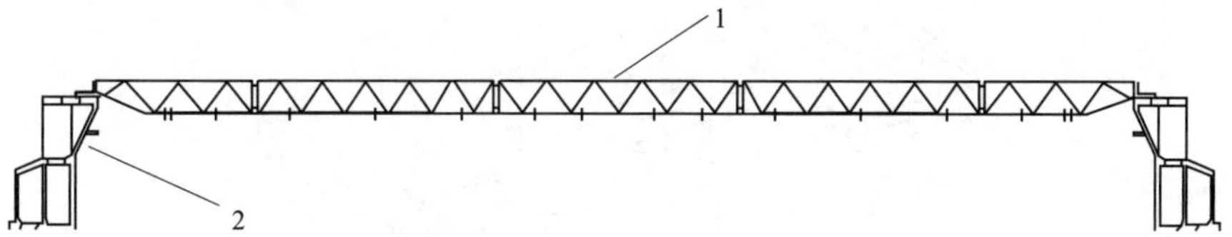

图 5-4 底架横断面

1—地板梁；2—侧梁

设备和车身底架箱的支架固定于车底侧梁上，车底设备通过两边支架的支承挂于地板梁下，如图 5-5 所示。

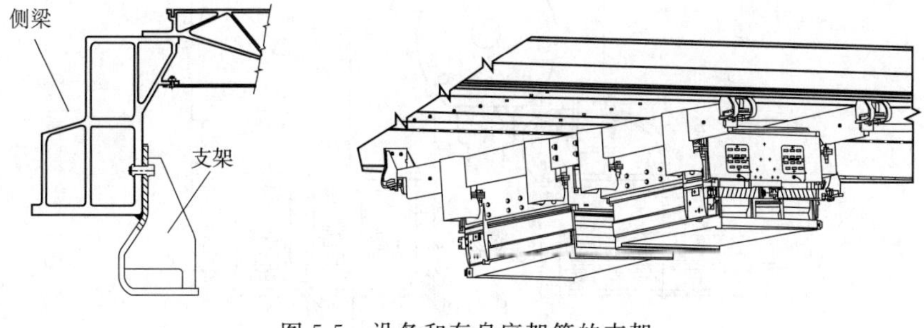

图 5-5 设备和车身底架箱的支架

(2)枕梁、端梁和牵引梁

枕梁如图 5-6 所示，用来连接支撑转向架上的中央牵引连接装置及空气弹簧。端梁，如图 5-7 所示，用来支撑各个车体的车钩装置以及能量吸收装置。

在底架两端部中央、枕梁与车地板间还设有两段牵引梁，如图 5-8 所示，用于安装车钩装置并传递纵向力。

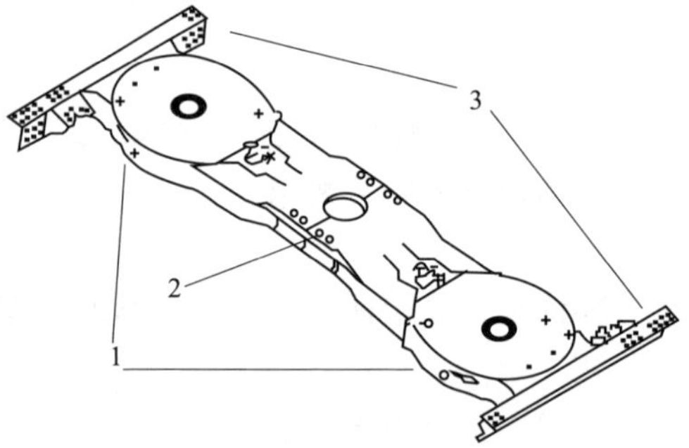

图 5-6 枕梁

1—空气弹簧的支架;2—中央牵引连接;3—侧梁连接

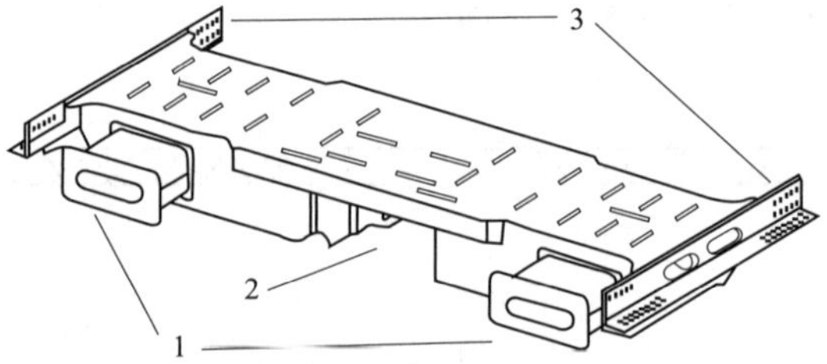

图 5-7 端梁

1—能量吸收装置预先布置;2—车钩预先布置;3—侧梁连接

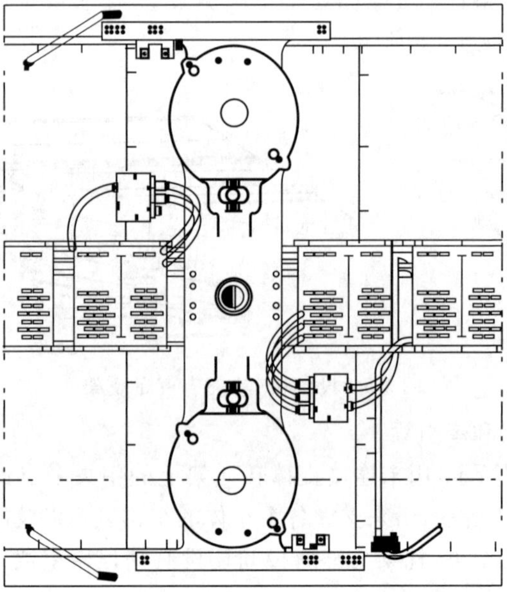

图 5-8 牵引梁

Mp 车和 M 车的底架形式相同，但与 Tc 车的底架形式不同。Mp 车、M 车底设有前后一对枕梁和一对端梁，而 Tc 车设有一对枕梁和一个端梁，如图 5-9 所示。

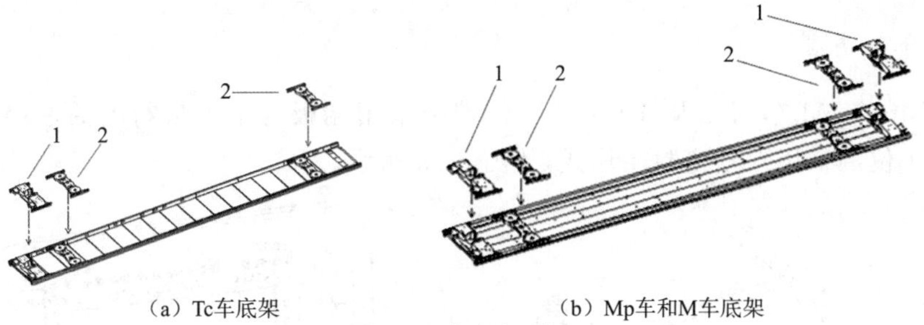

图 5-9 车底架形式

1—端梁；2—枕梁

5.2.3 侧墙

侧墙由边梁、水平纵向梁，立柱以及覆盖在其上的平板焊接而成，如图 5-10 所示；侧墙为满足车辆运行要求，需设有车窗、车门。

侧墙中的下边梁同时也是底架的主要承载件，起着承上启下的作用，如图 5-11 所示。

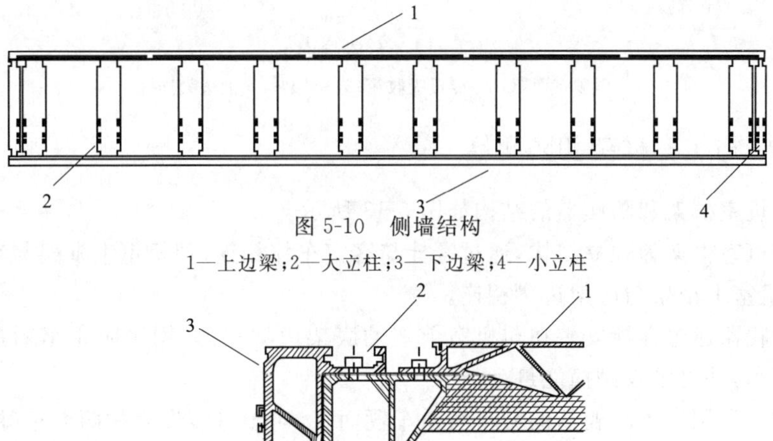

图 5-10 侧墙结构

1—上边梁；2—大立柱；3—下边梁；4—小立柱

图 5-11 侧墙与底架连接处

1—底架；2—紧固铆钉；3—下边梁；4—底架侧梁

必须强调一点：立柱与所有纵梁、上边梁、下边梁组成的框架必须与侧墙板很好地焊接成一个整体，这样才能顺利传递各种载荷。

5.2.4 端墙

Mp 车、M 车两端及 Tc 车的 2 位端都采用端板为金属板封闭的端墙；Tc 车的 1 位端采用驾驶室封闭形式，如图 5-12 所示。

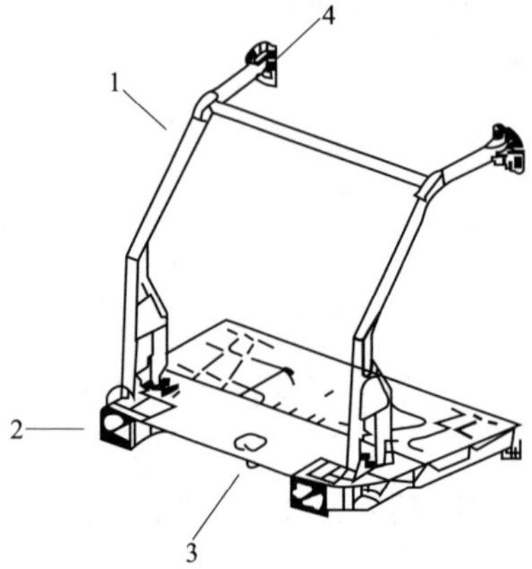

(a) 驾驶室端面

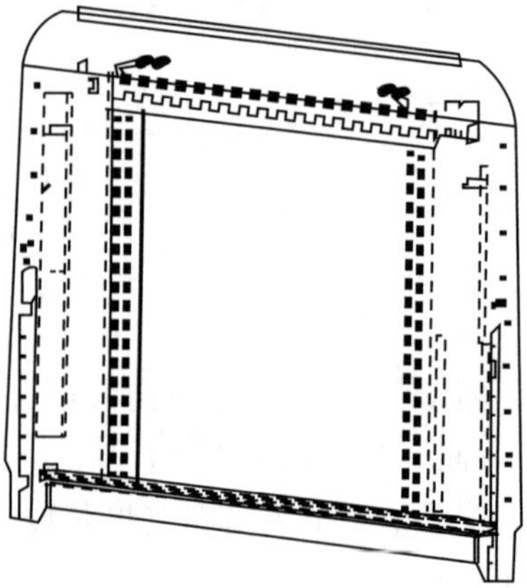

(b) 端墙

图 5-12 车体端面

1—驾驶室面罩；2—能量吸收箱；3—端梁；4—上边梁连接

5.2.5 司机室框架和防爬器

司机室框架和防爬器的结构如图 5-13 所示。

司机室框架为独立结构，通过螺栓与客室车体相连，司机室上框架与车顶相连，司机室上框架与底架边梁相连。

防爬器通过螺栓安装在司机室前端的底架边梁端部，用于防止车辆在碰撞中的爬车，并可吸收碰撞能量。

对于采用车体防爬器的城市轨道车辆而言，对于可能发生的两节车碰撞，防爬器以及司机室框架起着至关重要的作用。

(1)当两列车空载工况(AW0)运行，以小于等于 5 km/h 相对速度相互挂钩时，所产生的碰撞能量，全部由车钩缓冲器吸收，车体结构不变形，不受损。

(2)当两列车满载工况(AW2)运行，以 5 km/h 相对速度相互碰撞时，所产生的碰撞能量，由可复原的缓冲器吸收，同时必须保证列车及其所有的车载设备绝对安全。

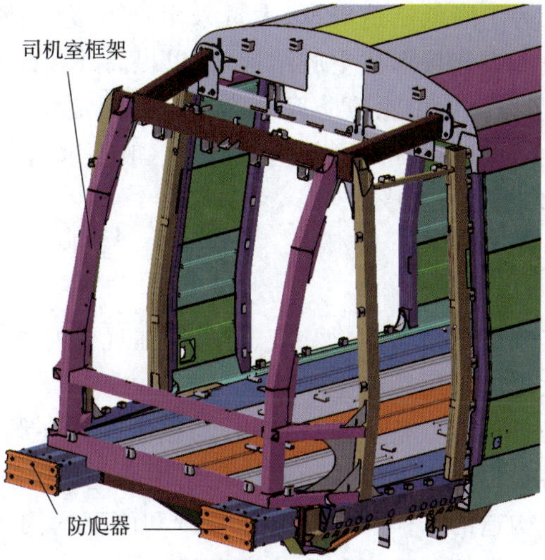

图 5-13　司机室框架和防爬器

(3)当两列满载工况(AW2)运行,以 15 km/h 相对速度相撞时,所产生的碰撞能量,由防爬器及碰撞变形能量吸收区参与吸收,但车体不能爬起,车体变形能量吸收区不变形、不受损。

5.3　车体的类型

车体按照所使用的材料不同可分为碳素钢车体、铝合金车体和不锈钢车体等类型,早期的城市轨道车辆车体材料基本上是以碳素钢(包括普通低碳钢和耐候钢)为主,耐腐蚀性能不佳,自重较重。为了减少车体自重,目前车体材料主要使用铝合金和不锈钢材料,而最先进的车体材料是碳纤维复合材料。

5.3.1　碳素钢车体

碳索钢车体使用中腐蚀十分严重,为了提高车体的耐腐蚀性,延长车体的使用寿命,现在较多应用的是含铜或含镍铬等合金元素的耐腐蚀的低合金钢材料(或称耐候钢)。耐候钢车体其板材、型钢要进行预处理,清除表面锈垢或氧化皮,预涂底漆;车体组焊后要及时修补预涂底漆;车体完工后再喷涂防锈底漆。

5.3.2　不锈钢车体

不锈钢车体结构起初是用于置换钢制车体,后来发展到采用板梁组合整体承载全焊接结构。为了降低制造成本，大量采用将薄板（一般为 0.8 mm ）轧压或补强型材与外板点焊连接形成空腔结构，借以提高外板的刚度、强度。采用全不锈钢车体，免除了车体内壁涂覆防腐蚀涂料和表面油漆，在保证强度、刚度的前提下，板厚可减小，同时也提高了使用寿命。一般不锈钢车体自重比普通碳素钢可减轻 1～2 t（约 10%～20%）。

5.3.3 铝合金车体

为了进一步实现车体轻量化，德、日、英等国在近代的高速列车、地铁车辆和轻轨车辆上开始大规模采用铝合金车体。

铝合金车体是一种轻型整体承载结构，与钢制车体在结构形式上有很大的差异。其主体材料是铝合金型材采用模块化结构或全焊接组装而成。铝合金材料密度小、比强大，构造的车体在满足车体强度和刚度的同时，因大幅度减轻车体的质量而备受轨道车辆制造商和运营商青睐。

在铝制车体结构设计中，车体主要承载构件，如底板、侧墙、车顶等均采用大型中空截面的挤压铝型材拼焊而成，以提高构件的刚度，充分发挥材料的承载能力，并达到最大限度地减轻车体自重的目的，如图 5-14 所示。与钢制车体相比，铝合金车体的焊接工作量减少约 40%，制造工艺大为简化，质量可减轻 3～5 t，并可保证车体承载结构在使用期内（25～30 年）不维修或少维修。此外，铝合金在和空气接触时会自然形成一层氧化膜，这不仅提高了其耐腐蚀能力，而且使铝表面美观，因此可以省去涂漆工序，从而减轻自重。

图 5-14 中空截面铝型材

综上，铝合金车体优点在于以下三点：

第一,采用中空截面铝型材,可以制造出最合理的截面几何形状,使材料得到更合理利用,车体自重大为减轻;

第二,焊缝数量大为减少,比钢制车体减少 40%~60%,焊接变形易于控制,工艺简单。

第三,耐腐性好,延长了车体寿命。

如图 5-15 所示为整体焊接铝合金车体的横截面,其形状类似鼓形,这种外形可以使车辆在圆形隧道内获得最大截面积(或称之为充塞比),增大车内空间;另一方面有利于提高车辆在圆形隧道内的活塞效应,加强隧道的自然通风能力。它是由底板(Underframe)、侧墙(Side wall)、车顶(Roof)、端墙(End wall)等组成的封闭桶形薄壳型整体承载结构。

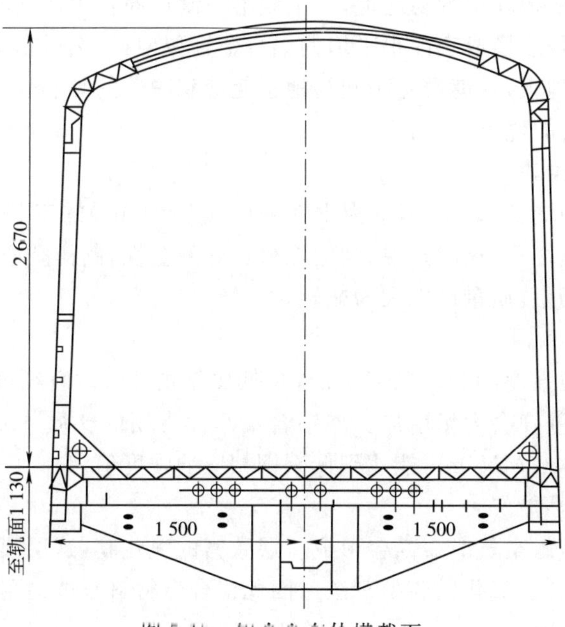

图 5-15 铝合金车体横截面

1. 车顶

车外顶板两侧小圆弧部分采用形状复杂的中空截面挤压铝型材,中部大圆弧部分为带有纵向加强杆件的挤压成型的车顶板,其长度与车顶等长,车顶组装时仅留下几条与车顶等长的纵向长焊缝。

2. 侧墙、端墙

以上海轨道交通 9 号线的 Tc 车为例,车体的侧墙左右各有 5 扇车门和 4 个车窗,侧墙被分隔成 6 块带窗框、窗下间壁及左右窗间壁或门间壁的分部件,全车共 12 块，在组装时分别各自与底板、车顶拼接，各块分部件亦为整体的挤压铝型材。

客室内的侧墙、端墙都采用阻燃的密胺树脂胶合板，内侧均涂抹阻尼层并贴有保温材料，所以侧墙、端墙都具有隔热保暖的功能。

3. 地板

直流传动车辆与交流传动车辆的客室地板的结构是不同的。直流传动车的地板是先在底板上纵向布置 4 mm 厚的橡胶条，再铺设 16 mm 厚的多层夹板，用螺钉将多层夹板固定在底架上，然后在多层夹板上粘接 2.5 mm 厚的灰色 PVC 材料地板。PVC 是一种理想的具有耐磨、阻燃和防滑功能的地板面材料。由于粘接塑料地板的黏结剂在潮湿的环境中很容易丧失胶性，因此当多层夹板一旦受潮，塑料地板就很容易起泡，甚至脱落。制造商在生产交流传动车时做了改进，将多层夹板改换成表面很平坦的铝合金轻型型材，然后在铝型材表面直接粘贴 PVC 塑料地板，这就避免了塑料地板起泡和脱落的弊病。

铝合金材料的优点在于：

(1)质轻且柔软

铝的密度为 2.71 g/km^3，约为钢密度(7.87 g/km^3)的三分之一，杨氏模量也约为钢的三分之一，这就是说，利用铝材良好的塑性，制作空心型材，不仅刚度可以与钢制车相似，质量可以大为减轻。

(2)强度好

纯铝的抗拉强度约为 80 MN/m^2，是低碳钢的 1/5。但经过热处理强化及合金化强化，其强度会大幅增加。如铝合金车体常用的材质 6005A-T6，它的最低抗拉强度为 360 MN/m^2，能达到低碳钢相应的强度值。

(3)耐腐蚀性能好

铝合金在接触空气时表面会形成一层致密的氧化膜，这层膜能防止腐蚀，相当于车体总在实施“氧化铝膜处理法”，因此铝合金材料车体的耐蚀性能较好。

(4)加工性能好

铝材既可以轧成板材，又可以挤压成断面形状复杂的型材。切断、加工、弯曲也很容易。连接方式既可铆接、栓接，也可焊接。与钢制车体相比，焊接工作量减少约 40%，制造工艺大为简化。车体的轻量化无论对于节省能源、提高轨道寿命，还是提高运输舒适性及安全性都有显著效果。

(5)易于再生

铝的熔点低(660 ℃)，再生简单。在废弃处理时也无公害，有利于环保，符合可持续发展战略。

下面，从质量、密封与隔热隔音、事故处理、腐蚀、制造成本、寿命周期成本这六个角度对比普通碳素钢车体、不锈钢车体以及铝合金车体的特点。

(1)质量

从各国铁道行业的统计来看，耐候结构钢的车体质量最大，铝合金车体最轻。但是都没有一个准确的、同一种城市轨道车辆、同一种车辆长度及相当断面的不同材料的车体质量比较数据。此外，车体重量也不是制造厂及用户追求的唯一目标。例如，全双壳化的铝合金车体出现后，为了实现模块化内装饰，车体各部件采用螺栓/铆钉连接，这又使得车体重量增加不少。而且无论何种材质的车体，都在不断实现轻量化，即使高耐候结构钢也是如此。根据各种材料综合分析，一种B型车(长19 m、宽2.8 m、高3.515 m)车体，耐候钢车体自重约9.5～10 t，轻量不锈钢约7～8 t，铝合金车体6～7 t。

(2)密封与隔热隔音

车体焊接时，耐候钢、铝合金型材采用连续焊，不锈钢采用点焊，但不锈钢焊接应用了化工材料的密封技术，焊接后车体的密封性与其他材料焊接而成的车体相同。

由于不锈钢焊接采用化工材料新技术，三种材质的隔热隔音可达到相同的效果。

(3)事故处理

无论车辆在线路上，还是在检修场内，总有可能发生一些碰撞损坏事故。按修复性来说，碳钢车最好修，铝合金车比较难办，特别是两面封闭的双壳结构的铝合金车体，表面变形很难处理。但是，由于铝合金车体本身塑性好，因此发生碰撞事故能够吸收较大能量，变形区域相对较小。

(4)腐蚀

从防腐的角度看，高耐候结构钢车体表面必须实施油漆防腐，而不锈钢车体及铝合金车体外皮无须油漆。铝合金车体虽然比较耐腐蚀，但耐腐蚀性能不如不锈钢车车体。不涂漆的铝合金车，经过一段时间后，由于大气中的腐蚀条件(如水、洗涤剂的作用及使用环境中与金属粉尘接触)，表面会出现面蚀、点蚀、变色，影响美观，故其大部分车仍需涂漆。在早期，国外不锈钢车体不进行油漆防腐，因此不锈钢表面颜色单调，铝合金表面氧化膜也不亮丽，为了给旅客增加美感，现在不少国产车用户要求对不锈钢与铝合金两种车体进行类似贴膜处理。

(5)制造成本

根据欧洲、日本等车辆制造业发达国家的资料统计，三种类型的车体其制造成本大致相当。在中国，受材料和劳动力成本等方面因素的影响，目前三种材质车体制造成本比例大致为:耐候钢∶不锈钢∶铝合金型材＝1∶4.5∶4.65。但是随着中国城市轨道车辆生产规模的不断增加、机械化加工程度的不断提高,可以预见,三种材质车体的制造成本将逐步趋于接近。

(6)寿命周期成本

从制造成本上看,三种材质车体的制造成本大体相当。电客列车在30年的使用寿命期间,碳素钢车体各个门口、门柱下部及墙板,均可能挖补截换,再加上调平、重新油漆以及由于自重的增加而增加的电能损耗,总体需增加相当费用。所以按照寿命周期成本核算,碳素钢车体最高。但是如果按照国产三种车体的制造成本计算,再加上高耐候钢车体防腐技术的提高,以及电能损耗并不单纯取决于列车总重,还与空气阻力密切相关,另外随着车辆技术更新速度的不断加快,车辆使用寿命周期将会缩短,则三种车体的使用寿命周期成本又当别论。

总之,从科学技术、工艺水平和劳动力成本等因素的角度来看,不同车体材料的优越性及发展趋势主要体现在质量、密封性、隔热性、隔音性、耐腐蚀性、事故处理、制造成本、寿命周期成本等方面,铝合金车体和不锈钢车体因为具有较好的综合性能,是目前广泛采用的城市轨道车辆车体形式。

5.3.4 碳纤维复合材料车体

2018年9月18日下午,在德国举行的柏林国际轨道交通技术展(InnoTrans 2018)上,中国中车(缩写“CRRC”)正式发布新一代碳纤维地铁车辆“CETROVO”,如图5-16所示。这款地铁车辆的出现,标志着碳纤维复合材料车体正式进入城市轨道交通大家族。

图5-16 新一代碳纤维地铁车辆“CETROVO”

碳纤维复合材料是由有机纤维经过一系列热处理转化而成，含碳量高于90%的无机高性能纤维，是一种力学性能优异的新材料，具有碳材料的固有本性特征，又兼备纺织纤维的柔软可加工性，是新一代增强纤维。

碳纤维复合材料的主要特点在于高强度（是钢铁的5倍），出色的耐热性（可以耐受2 000 ℃以上的高温），出色的抗热冲击性，低热膨胀系数（变形量小），热容量小（节能），比重小（钢的1/5），优秀的抗腐蚀与辐射性能。

目前，碳纤维复合材料主要用于在密度、刚度、重量、疲劳特性等有严格要求的领域，在要求高温、化学稳定性高的场合。

碳纤维复合材料是20世纪50年代初应火箭、宇航及航空等尖端科学技术的需要而产生的，现在还广泛应用于体育器械、纺织、化工机械及医学领域。随着尖端技术对新材料技术性能的要求日益苛刻，促使科技工作者不断努力提高。20世纪80年代初期，高性能及超高性能的碳纤维相继出现，这在技术上是又一次飞跃，同时也标志着碳纤维的研究和生产已进入一个高级阶段。

在航空航天领域，由碳纤维和环氧树脂结合而成的复合材料，由于其比重小、刚性好和强度高而成为一种先进的航空航天材料。由于航天飞行器的重量每减少1 kg，就可使运载火箭减轻500 kg，因此，许多国家在航空航天工业中争相采用先进复合材料。据报道，某垂直起落战斗机，它所用的碳纤维复合材料已占全机重量的1/4，占机翼重量的1/3。另外，美国航天飞机上3只火箭推进器的关键部件以及先进的MX导弹发射管等，都是用先进的碳纤维复合材料制成。

在汽车领域，现在的F1（世界一级方程锦标赛）赛车，车身大部分结构都用碳纤维材料。顶级跑车的一大卖点也是周身使用碳纤维，用以提高气动性和结构强度。碳纤维可加工成织物、毡、席、带、纸及其他材料。传统使用中碳纤维除用作绝热保温材料外，一般不单独使用，多作为增强材料加入树脂、金属、陶瓷、混凝土等材料中，构成复合材料。碳纤维增强的复合材料可用作飞机结构材料、电磁屏蔽除电材料、人工韧带等身体代用材料以及用于制造火箭外壳、机动船、工业机器人、汽车板簧和驱动轴等。

在城市轨道交通领域，新一代立车采用先进的碳纤维技术，车体、转向架构架、司机室、设备舱及设备机体等均使用碳纤维复合材料制造，实现了碳纤维复合材料在车体、转向架构架、司机室等车辆主承载结构上的全面应用。与采用钢、铝合金等传统金属材料相比，新一代碳纤维地铁车辆的车体、司机室、设备舱分别减重30%以上，转向架构架减重40%，整车减重13%。虽然在制造成本上要高于传统金属材料，但碳纤维复合材料更加轻量化，节能优势明显，并且具有优异的耐疲劳、耐候、耐腐蚀性能，可有效保证列车在30年服役期内不发生疲劳、腐蚀等失效，减少了维护量，因此能够降低全寿命周期成本，并且，车身变轻后，也减少了对线路的损害。

但是，碳纤维复合材料的主要缺点是可获取性相比于钢铁、铝合金和镁合金而言，是非常差的，全球碳纤维的产量远远小于钢铁和铝合金的产量，并且，加工工艺复杂(热压罐、拉挤、OOA液体成型)，大规模应用碳纤维复合材料尚面临复杂件结构设计、制造成型等关键技术的挑战，再加上成本的原因，碳纤维复合材料的应用受到一定的限制，解决了这些瓶颈，碳纤维复合材料车体将会在轨道交通领域具有广阔的应用空间。

第6章　车　　门

城市轨道车辆的车门因其数量多、操作频繁而成为城市轨道交通车辆最重要的组成部件之一，车门系统的质量和可靠性对保障城市轨道交通安全以及准时具有重要的作用。车门的结构和控制如果在设计上不够安全可靠，将会影响运营的效率，有的甚至直接危害乘客的人身安全。因此，非常有必要掌握车门的结构特点，并对车门的常见故障以及应对措施有所了解。

6.1　车门的要求和结构

6.1.1　车门的要求

根据城市轨道交通的特点，城市轨道车辆的车门应方便乘客或司机，并尽量缩短乘客上、下车时间，满足列车运行密度的要求。以A型车客室门为例，车门应满足如下要求：

(1)要有足够的有效宽度(一般为1 300～1 400 mm)。

(2)车门要均匀分布，以方便乘客上下车。

(3)要有足够数量的车门(一般4～5对/辆)。

(4)车门附近要有足够的空间和面积，方便上下车乘客的周转。

(5)要确保乘客的安全。

6.1.2　车门的结构

图6-1为城市轨道车辆一种典型的客室车门系统结构图。一般情况下，城市轨道车辆的客室车门系统具有以下几个关键部件。

1. 门页

每个客室车门由左右两个门页所组成，其中每个门页又包括以下部件。

(1)一个门板；

(2)一个门窗；

(3)一套密封条；

(4)一个下导轨。

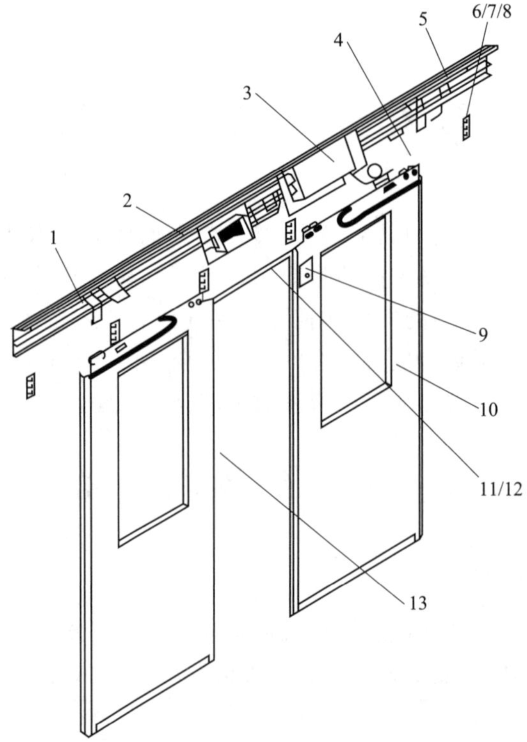

图 6-1 车门系统结构

1—承载驱动机构；2—驱动部件；3—EDCU 部件；4—内操作装置；5—电机；6—安装螺母板；7—安装板；8—垫片；9—隔离锁；10—右门扇；11—上密封毛刷；12—压板；13—左门扇

2. 上部执行器

上部执行器主要功能是确保门页做对称运行和协调运行，即确保车门的正常工作状态，该执行器又包括以下部件。

(1)车门吊挂系统。

(2)车门驱动系统，主要包括一个电机(一般为直流无刷电机)或传动风缸组件，一个驱动组件(一般为滚珠丝杠机构)，一个紧急解锁机构和一套校验设备(如：两个闭锁限位开关和一个关门限位开关)。

(3)车门锁紧和解锁装置：城市轨道车辆的车门一般具有自动锁紧、自动解锁和紧急解锁的功能。

(4)电子门控单元

电子门控单元(EDCU，Electrical Door Control Unit)是车门的核心控制单

元,自身配备有微处理器,电子门控单元具备以下功能。

①驱动系统控制功能。

②内、外部通信功能。

接受来自司机室并通过列车控制总线传递的车门控制指令,每节车车门的电子门控单元都与列车控制总线相连,在列车运行过程中,电子门控单元与列车控制系统完成大量的信息交换工作,如车门开启和闭合信息、紧急装置被操作信息、门位置传感器故障诊断信息等。

另外 EDCU 与车门系统内部组件也进行相应的通信工作,从而完成相应的车门动作。

③车门工作状态监控与诊断功能。

主要包括障碍物检测和防夹功能,车门是否能够正常开启和关闭监控功能,车门系统相关部件的故障诊断功能等。

④故障显示与存储功能。

每个 EDCU 都具有故障显示和储存功能(记录并显示故障代码及故障发生实际时间等纪录),可通过车辆供应商提供相应的软件对每个 EDCU 的故障进行读取,从而作为车门日常维修、维护的重要依据。

3. 车门控制板

在司机室每侧的门柱上安装有控制客室车门的按钮,可根据选定侧打开同侧车门。在城市轨道车辆正常运行状态下,只有在运行司机室才能够控制车门。

4. 车门切除系统

每一扇车门都安装了一个锁紧/切除装置,目的是当某车门出现故障时可以将该车门从服务状态切除,并机械锁紧。不能再使用紧急解锁功能打开该门。可以在车内和车外,通过旋转双位方形钥匙(锁紧位、切除位)来实现。

6.2 车门的类型

6.2.1 常见的轨道交通车门

目前世界各国城市轨道车辆的车门种类较多,按功能来分,车门分为司机室车门、司机室通道门、紧急逃生门和旅客车门四种。

1. 司机室车门

司机室车门是司机上下车的通道,如图 6-2 所示,主要供司机到站之后离开驾驶室,观察其他车门关闭情况,确保乘客安全进入车辆之后,司机将会利用司机室车门进入工作岗位。

图 6-2 司机室车门

2. 司机室通道门

司机室通道门位于司机室和旅客室之间，通常为常闭状态，只有紧急情况下，才由司机操作开启，方便乘客逃生用。

3. 紧急逃生门

在轨道车辆驾驶室前端还设有紧急逃生门，紧急逃生门的主要功能是可以在紧急情况下使旅客安全地离开列车，如图 6-3 所示。

(a) 下开式

图 6-3

（b）上开式

图 6-3 紧急逃生门

通常情况下，紧急逃生门处于锁闭状态。因紧急疏散或按计划对门进行维护需要时才打开。该紧急逃生门系统为手动铰链式，如图 6-4 所示。其打开方式为解开保险拉索，转动紧急锁止扳手并向外翻转。一旦门锁开启车门能自动倒向路基，并且有缓冲器，从而不会导致车门开启的加速度过大而致使门损坏。

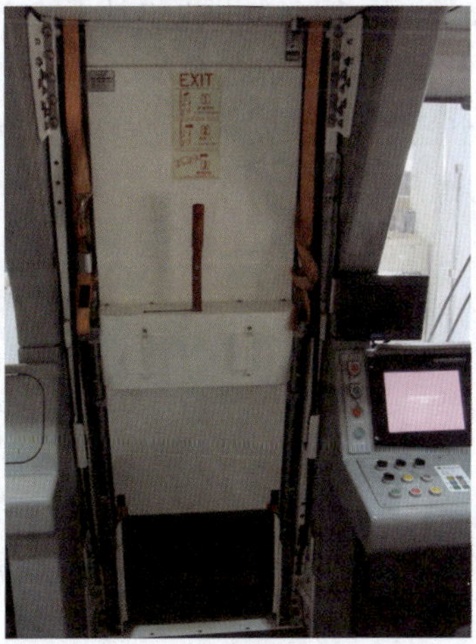

图 6-4 紧急逃生门开启方式

紧急逃生门主要由门框、门扇、保险锁、气弹簧及铰链等零部件组成。紧急逃生门一般为可伸缩的套节式踏级板机构，两侧设有扶手栏杆，中间铝合金踏板上涂有防滑漆，故乘客在上面行走时不会滑跌。

4. 旅客车门

旅客车门是供旅客长下车使用的，旅客车门可按其驱动方式和开启方式分类，下面，将分别在 6.2.1 节和 6.2.2 节中进行详细介绍。

6.2.2 车门的分类方法

如果按照驱动方式的不同，即传递车门开启和关闭信号的介质是压缩空气或者电，可将车门分为气动门和电动门；如果按照车门的开启方式的不同，还可将车门分为内藏门、外挂门和塞拉门。

1. 按驱动方式分类

(1)电气风动门(气动门)

电气风动门由压缩空气驱动传动气缸，再通过机械传动系统和电气控制系统完成车门的开关动作。机械传动系统的作用是将传动气缸活塞杆的运动传递至车门，使车门动作。电气控制系统具有开、关门控制、车门动作监视和列车控制电路联锁等功能。

电气风动门的优点是气动阀门具有一定的缓冲能力，承受载荷大；缺点是气动系统的密封性要求较高，排气噪声大，难以满足现代社会节能降噪的环境要求。

(2)电控驱动门(电动门)

电控驱动门，如图 6-5 所示，由一套电机组件、一套驱动组件(如：螺杆、传力螺母、臂叉和球面轴承等)、一个紧急解锁机构、一套校验设备(如：闭锁限位装置和关门限位开关)和一个控制器组成。通过电机驱动螺杆，并配合连接于门页与螺杆间的组件(如：传力螺母及驱动臂的臂叉)，将滑行运动传送给门页。

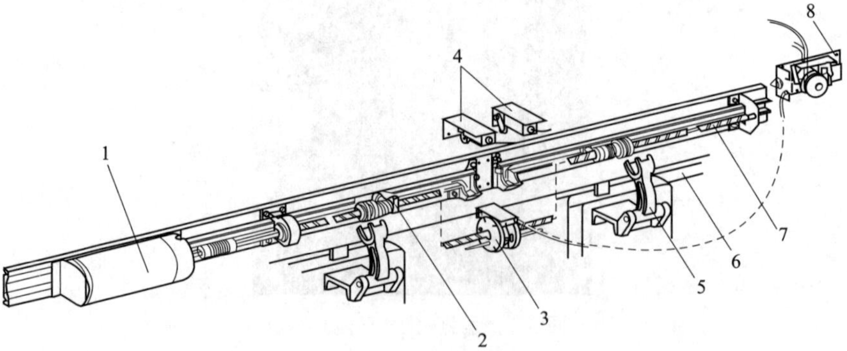

图 6-5 电控驱动门

1—电机；2—传力螺母；3—关门限位装置；4—闭锁限位开关；
5—臂叉；6—门页；7—螺杆；8—紧急解锁机构

电控驱动门由于采用电机进行调速，因此在车门开关速度方面较电气风动门更容易控制。另一方面电控驱动门也避免了电气风动门在布置时需额外铺设气路管道，及其在运行过程中可能会出现漏气等问题，而电动门的动力源完全来自电力系统，噪声低，控制算法也比气动相对容易；故障率低，与整车的匹配也相对容易。因此，随着节能环保要求的提高，以及电力驱动技术的发展，电动门越来越得到社会的认可，市场占有率越来越高。

2. 按开启方式分类

(1)内藏门

开关车门时门翼在车辆侧墙的外挡与内护板之间的夹层内移动，传动装置设于车厢内侧车门的顶部，装有导轮的门翼可在导轨上移动并与传动装置的钢丝绳或皮带相连接，借助汽缸或电动机驱动传动机构，从而使钢丝绳或皮带带动门翼动作。内藏门外观如图6-6所示。

图6-6　内藏门外观

内藏门的驱动机构、传动机构等均处于车体内部，一般采用直线驱动，机构简单，质量轻，成本也比较低，便于手动操作，但占用一定的车内空间，对影响车内乘客乘坐空间具有一定的影响，但是内藏门可靠性非常高、故障率较低。

内藏门具有如下特点：

①驱动机构占用车辆上的空间较小，这与内藏门的运动方式有关，内藏门只作沿车长方向的直线运动，没有曲线运动，因此驱动机构相对较为简单；

②质量较轻；

③手动开、关门所需力量较小。

(2)外挂门

外挂门有时也称为外移门,与内藏门区别在于开关车门时,门翼均处于侧墙的外侧。外挂门采用模块化设计和安装,门页、车门悬挂机构以及传动机构的部分部件安装于车体侧墙外侧,电子门控单元和驱动电机装于车体侧墙的内侧。外挂门占用车内空间相对小,但是,车辆高速行驶或相向会车时,外挂门容易产生较大的行驶阻力,因此,外挂门适用于预算有限、载客量较大、车速较慢的环境使用。

此外,车门还装有车门关闭行程开关、锁闭行程开关、切除开关以及紧急解锁开关。外挂门由电机带动丝杆转动,丝套在丝杆上的横向移动带动门叶在导轨上滑动。外挂门外观如图 6-7 所示。

外挂门具有如下特点:

①与其他形式的车门相比,采用外挂门形式的列车车内空间相对较大;

②由于门翼始终位于车体侧墙的外侧,因此车辆运行过程中会产生一定的运行阻力。

图 6-7 外挂门外观

(3)塞拉门

塞拉门主要由门叶、电机、支承杆、托架组件、车门导轨、传动组件、制动组件、紧急解锁机构、车门旁路系统以及 EDCU 等组成。车门还装有锁闭行程开关、切除开关、紧急解锁开关和 EDCU 复位开关,实现对车门的电气控制。塞拉门外观如图 6-8 所示。

塞拉门在关闭时,门扇有一个向车内的塞紧动作,使塞拉门可以做到密封的连续性，提高了车内空间利用率，在关闭后能保持车门表面和车体表面平齐的效果，可以保证在较大的会车压力作用下，仍然具有很好的密封性和锁闭性能。但是，塞拉门关闭过程中，如果乘客的拥挤带来的关门阻力较大，则塞拉门可能会出现关门难的问题。

图 6-8　塞拉门外观

塞拉门具有如下特点：

①塞拉门在开启状态时，车门移动到侧墙的外侧；

②在关闭状态时车门外表面与车体外墙成一平面，这不仅使车辆外观美观，而且有利于减小列车在高速行驶时的空气阻力和降低空气涡流产生的噪声，也便于自动洗车装置对车体的清洗。

将设计造型、可维修性、可靠性以及成本进行简单对比（表 6-1）。每条新线路在选型的时候，可以根据需要选取合适的车门形式。

表 6-1　三种车门对比

类别	内藏门	外挂门	塞拉门
设计造型	凹进车体	凸出车体	流线型
可维修性	差	较差	一般
可靠性	高	较高	一般
成本	高	一般	较高

6.3 车门故障分析

由于城市轨道客流较大，使得列车客室车门故障率较高，特别是在客流高峰时，车内乘客异常拥挤，车门系统频繁承受超常工况，容易引起车门的故障，客室车门的可靠性成为制约列车安全、正点运营的瓶颈之一。车门发生故障之后，主要体现在不能关闭或打开，轻则影响正常运营，重则造成夹死人恶性事故的发生。

为了避免悲剧的发生，除了要从普通乘客角度要做到“宁等 3 分，不抢 1 秒”之外，还应该从车辆工程专业的角度来对车门故障进行分析，并提出必要的整改措施。

6.3.1 车门故障因素

由于地铁列车运营线路站距短，客室车门频繁地开启和关闭，因而易导致客室车门的门控电气元件和机械零部件损坏，造成正线运营列车的客室车门故障频发。故障较轻则该车门被切除，故障较重则列车发生掉线、清客或救援。

对地铁现有车辆的三种客室车门的故障情况进行分析，可得出车门故障的主要原因：

(1)从车门结构方面分析，限位开关、继电器、门槛条、护指橡胶条、开/关门按钮、橡胶止挡、驱动气缸/电机、解锁气缸、S 钩门锁、钢丝绳等出现故障均会导致车门无法正常工作；

(2)EDCU 的软件和硬件系统故障，造成车门系统的通信功能和控制功能缺失；

(3)车体振动或乘客挤靠造成车门局部变形，导致车门无法正常开启和闭合；

(4)司机误操作、乘客擅自随意启用紧急设施、检修人员水平低下等人为主观因素。

6.3.2 车门整改措施

通过对车门系统的故障统计分析和可靠性研究，针对车门故障的产生原因以及车门系统本身的设计和制造缺陷系统地实施了多项整改。因篇幅所限，本文仅选取具有代表性的上海轨道交通 3 号线车门的整改措施作简要介绍。

1. 增加门控旁路开关

在试运营过程中，曾发生无法判断车门故障的位置和原因的现象，也曾发生无法切除故障车门的情况，这些均导致了牵引系统自动封闭，使得列车无法自行退出运营，给正线的运营带来很大影响。根据现有其他列车的运营经验，司机室内设有车门门控旁路开关，可以实现对客室车门的旁路，从而解除列车牵引系统的封闭。为此，在原有设计的基础上通过改造线路增加了门控旁路开关。当此开关动作时，列车左侧车门监控继电器触点和列车右侧车门监控继电器触点被旁路，相当于列车车门系统对于牵引系统的影响被旁路。即当出现严重车门故障时，通过使用“门控旁路开关”，列车可自行牵引退出正线，避免救援，减少故障影响正常运营的时间，有效地降低了列车车门故障对正常运营带来的不良影响。

2. 更改车门障碍物探测次数

障碍物探测功能是指当列车探测到有乘客或其他物品被车门夹住时，车门夹紧力会短暂消失，给乘客一定的时间脱身，然后再继续实施关门动作。该功能的探测次数对车门的使用性能有直接影响。塞拉门初始设计的障碍物探测次数为3次，经常发生障碍物探测3次结束后车门自动完全打开的现象，此时通常会出现大量乘客继续向车厢涌入而致使更多人挤在车门之间的情况，于是车门依旧长时间无法关闭而造成列车晚点。因此，整改方法为将探测次数改为6次，从而延长被夹乘客用于脱身的时间，并且减小探测后车门弹开的缝隙大小，防止其他乘客伺机涌入。当被夹乘客顺利进入车厢内后，该车门会在检测车门之间无障碍物的情况下及时自动闭合，保证列车尽快启动，从而降低列车晚点率。

3. 增加车门再关门功能

再关门功能是指当车门遇到障碍物并探测设定的次数后仍无法关闭时，车门会自动完全打开，此时司机可直接按关门按钮关闭未关闭的车门。该列车车门原设计不具备再关门功能，当车门按预先设定次数进行障碍物探测后障碍物仍然存在而导致车门依旧无法关闭时，该车门会自动完全打开，此时司机只有先按开门按钮打开列车该侧所有车门，然后再按关门按钮才能将未关闭的车门关闭。由于再次打开所有车门通常会导致更多的乘客挤在车门中间，此时所有车门都将无法关闭。上述现象在客流高峰时段显得尤为突出，严重影响了地铁的正点运营。车门增设再关门功能后，取消车门自锁信号，司机不用进行开门操作，只需要再次按下关门按钮，列车控制系统就会再次发出关门脉冲信号，并只对未关闭的个别车门进行再关门操作。

4. 关门夹紧力的调整

地铁列车客室车门关门夹紧力大小与乘客安全和车门故障密切相关。关门夹紧力值太小会由于乘客拥挤而造成车门无法正常关闭，车门也容易产生故障，对列车运营有比较大的影响；关门夹紧力值太大又会增加夹伤乘客的概率，对乘客人身安全造成较大威胁。

车门原设计的关门夹紧力均为150～200 N，再开门功能频繁启动，车门无法正常关闭。为了降低车门对运营的影响，同时保证乘客不会被车门夹伤，进行了一系列关门夹紧力的试验。试验发现，车门夹紧力会随着障碍物探测次数的增加而在预设夹紧力值范围内由小到大逐步增加，这样就使得乘客在车门夹紧力较小的时候就能脱身，有效降低了夹伤乘客的概率。实际运营情况和试验结果表明，较为合理的设置方法是：列车车门障碍物探测次数设为6次，每次的探测之后关门夹紧力分别设为150 N、200 N、260 N、260 N、260 N、260 N。该调整方案既可以保证乘客人身安全，也可以一定程度上降低列车车门故障率及故障导致的晚点率。

第7章　车辆制动系统

城市轨道交通站间距短，载客量大，对车辆的行驶速度有一定要求，因此，频繁的制动、减速是城市轨道车辆的特点之一，对制动的可靠性、安全性提出了非常高的要求。如果制动系统出现故障，必将会影响运营的效率，甚至危及行车安全。因此，本章在对制动的基本知识介绍的基础之上，重点介绍制动的分类，引出制动模式以及制动策略等车辆工程专业技术人员必备的制动系统相关知识。

7.1　概　　述

城市轨道交通车辆的制动系统能够保证列车安全可靠的停车、减速、防溜车，甚至通过再生制动能够实现节能作用，是轨道车辆重要的组成部分之一。其中，为了施行制动而在轨道车辆上装设的由一整套零部件组成的装置称为制动装置。列车运行时，为了防止下坡道运行由于列车的重力作用导致列车速度增加，需要对它施行制动；同时为避免停放的车辆因重力作用或风力吹动而溜车，还需要对它施行制动（称停放制动）。对已经施行制动的列车，为了使其重新启动或再次加速，必须解除或减弱其制动作用，这种做法称之为列车制动缓解。

7.1.1　制动的基本概念

1. 制动力

要改变运动物体的运动状态，必须对它施加外力。对于列车而言，由制动装置产生的，与列车运行方向相反的外力，称为制动力。制动力是人为的阻力，它比列车在运行中由于各种自然原因产生的阻力要大得多。因此，尽管在列车制动减速的过程中，列车运行阻力（自然阻力）也在起作用，但起主要作用的还是列车制动力（人为阻力）。

2. 制动距离

从列车自动控制系统自行实施制动或司机手动施行制动（将司机控制手柄拉至制动位）的瞬间起，到列车速度降为零的瞬间止，列车在这段时间内所行驶过的距离，称为列车制动距离。这是综合反映列车制动效果的主要技术指标。有的国家不用制动距离而用(平均)减速度作为其主要技术指标，其实两者的实质是一样的，只是制动距离较为具体，而减速度较为抽象而已。

3. 制动能力

列车的制动能力是指能使列车在制动系统的作用下，在规定的制动距离内安全停车的能力，一般情况下用安全制动距离来表征列车的制动能力。

4. 制动功率

从能量的角度看，制动的实质就是将列车上的动能转移出去，其转移动能的能力就是制动功率。从安全的目的出发，一般列车的制动功率要比驱动功率大5～10倍。

7.1.2 制动系统的要求

现代城市轨道交通系统的特点是站距短，行车速度快，乘客上下数量波动大，发车频率高，因此，对车辆启动、加速和制动都有很高的要求。特别是对制动，出于安全的考虑，必须做到万无一失。

为此，现代城市轨道交通车辆的制动系统应具有如下功能。

(1)操纵灵活，制动减速度大，作用灵敏可靠，列车编组前后车辆制动、缓解作用一致。

(2)具有足够的制动能力，保证列车在规定的制动距离内安全停车。

(3)制动系统应包括电制动(动力制动)和空气制动(摩擦制动)两种制动方式，需具备电制动与空气制动协调配合的制动功能。并且在正常制动过程中，应尽量充分发挥电制动能力，以减少空气制动对城市的环境污染并降低车辆维修成本。

(4)制动系统应保证列车在长大下坡道上制动时，其制动力不会衰减。

(5)电动车组各车辆的制动能力应尽可能一致，制动系统应具有载荷校正能力，根据乘客量的变化自动调节制动力，使车辆制动力保持恒定，限制列车制动时引起的冲动，从而有效保证乘客乘坐的舒适性。

(6)具有紧急制动能力。遇有紧急情况时，能在司机的操控下使城市轨道列车在规定距离内安全停车。另外紧急制动作用在必要时还可由列车上的乘客利用客室内的紧急按钮进行操纵。

(7)城市轨道列车在运行中发生诸如列车分离、制动系统故障等危及行车安全的事故时，应能自动发挥紧急制动作用。

7.1.3 制动系统的组成

根据现代城市轨道交通车辆制动系统应具备的功能要求，目前城市轨道交通车辆系统一般包括以下两个组成部分：

(1)电制动装置。它一般与牵引系统连在一起形成列车牵引系统主回路，包括再生反馈电路和制动电阻器，将动力制动产生的电能反馈给供电触网或消耗在制动电阻器上。

(2)空气制动装置。它由供风部分(又称供风系统)、制动控制部分(又称制动控制系统)和执行部分(又称基础制动装置)等组成。供风部分有空气压缩机组、空气干燥器和风缸等；制动控制部分有电子制动控制单元、空气制动控制单元和电气指令单元；执行部分包括闸瓦制动装置和盘形制动装置等。

7.2 制动的分类

列车制动方式可按制动时动能转移方式、制动力获取方式或按制动源动力的不同进行分类，如图 7-1 所示。

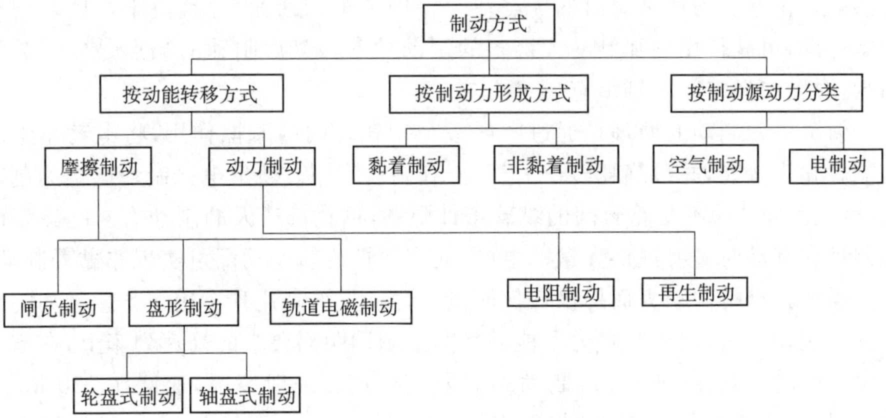

图 7-1　制动方式分类

黏着制动包括闸瓦制动、盘形制动、动力制动，非黏着制动只包括轨道电磁制动。空气制动般指的是闸瓦制动、盘形制动，电制动一般指的是动力制动和轨道电磁制动。

不同车辆采用的制动形式是不同的，但总的来说，闸瓦制动、盘形制动、轨道电磁制动、电阻和再生制动是五种常见的制动形式。

7.2.1 按车辆动能转移方式分类

具有较大质量的城市轨道车辆从一定的速度停下来，是一个动能损失的过程，必须要将自身具有的动能转化成其他性能的能量。比如，动能转化成热能释放到空气中或转成为电能给其他用电设备使用，因此，按照车辆动能转移方式的不同，可以分为以下两类。

（1）摩擦制动方式，即动能通过摩擦副的摩擦转变为热能，然后消散于大气。城市轨道交通车辆常用的摩擦制动方式有闸瓦制动（又称为踏面制动）、盘形制动及轨道电磁制动（又称为磁轨制动）。

闸瓦制动是最常用的一种制动方式，制动原理是通过闸瓦与车轮之间的摩擦作用，将车辆的动能转化为热能，起到制动作用。闸瓦种类主要有铸铁、合成闸瓦、粉末冶金闸瓦等。闸瓦制动优点在于技术成熟，这是闸瓦制动成为最常用的制动方法，其缺点在于动能转化为热能的能力大于热能散于大气的能力，制动功率较大时，容易导致闸瓦与车轮之间的温度升高，使闸瓦熔化或车轮踏面产生裂纹，因此，采用该制动方式时，对制动功率要有限制。

盘形制动的原理是通过闸片与制动盘之间的摩擦作用，将车辆的动能转化为热能。盘形制动特别突出的优点在于保护了车轮踏面，并且由于可以双向选择摩擦副，可获得比闸瓦制动大得多的制动功率。盘形制动的缺点是要安装制动盘，对转向架空间及轴承有一定要求。

轨道电磁制动的原理是通过磨耗板与钢轨之间的摩擦作用，将电动车组的动能转化为热能，并最终耗散于大气，起到制动作用。轨道电磁制动产生的制动力（滑动摩擦力 ）不受轮轨间的黏着条件限制，可获得较大的制动力。电磁型磁轨制动在制动时需要提供大量的电能，而永磁性磁轨制动即可实现非黏着制动，又不需要为维持制动力而提供任何能量。这种常被高速列车用作紧急制动的一种补充制动手段，用于黏着力不能满足紧急制动距离要求的高速列车上，在施行紧急制动时与闸瓦（或盘形）制动一起发挥作用。一般情况，速度在 120 km/h 以下时，一不采用轨道电磁制动；当速度在 140 km/h 及其以上时，可采用轨道电磁制动；当速度在 200 km/h 以上时，必须采用轨道电磁制动。

（2）动力制动方式，即把动能通过电机转化为电能，对于转化而来的电能处理方式有两种：消耗在车辆底部的制动电阻上或将收集的电能反馈给供电触网供其他列车使用，分别称之为电阻制动和再生制动。

相比摩擦制动，动力制动无任何磨耗出现，因为电阻制动技术成熟，可提供较稳定的制动力，因此，其制动优先级高于摩擦制动。但是动力制动会有热能流失，会造成一定的环境污染，并且车体下部需安装体积较大的电阻箱。再生制动既节约能源，又减少环境污染，一种较理想的制动方式，具有最高的制动优先级。但是，再生制动反馈的电能对设备有一定的冲击，对供电系统有一定要求。

7.2.2　按制动力获取方式分类

列车的制动方式可按其制动力的获取方式进行分类。从轮轨之间获取制动力的制动方式称为黏着制动，从磨耗板和轨道之间获取制动的制动方式称为非黏着制动。

1. 黏着制动

制动时，车轮与钢轨之间有三种可能的状态见表7-1。

表7-1　车轮与钢轨间的状态

状态	车轮在钢轨上运动形式	车轮与钢轨之间的制动力	特点
纯滚动	纯滚动，二者之间为静摩擦	二者之间的静摩擦力	是一种难以实现的理想状态
纯滑行	纯滑行	二者之间的动摩擦力	是一种必须避免的事故状态
黏着	滚动、滑行兼有，滚动为主	黏着力	是车辆运行常见状态

纯滚动状态：车轮与钢轨的接触点无相对滑动，车轮在钢轨上做纯滚动。这时车轮与钢轨之间为静摩擦，车轮与钢轨之间可能实现的最大制动是轮轨之间的最大静摩擦力。这是一种难以实现的理想状态。

纯滑行状态：车轮在钢轨上滑行，这时车轮与钢轨之间的制动力为二者的动摩擦力。这是一种必须避免的状态，由于动摩擦系数远小于静摩擦系数，因此一旦发生这种工况，制动力将大大减小，制动距离延长；同时车轮在钢轨上长距离滑行，将导致车轮踏面的擦伤，危及行车安全。

黏着状态：制动时车轮在钢轨上处于连滚带滑、又滚又滑的状态，这种状态制动初期以滚动为主，制动末期以滑动为主，直至车辆停下来，这个状态称为黏着状态。黏着状态下，车轮与钢轨间的最大水平作用力称为黏着力。依靠黏着滚动的车轮与钢轨黏着点之间的黏着力来实现车辆的制动称为黏着制动。黏着状态是轨道车辆运行时，车辆与钢轨间最常见的一种状态。

2. 非黏着制动

制动时，制动力大小不受轮轨黏着力限制的制动方式称为非黏着制动。即非黏着制动的制动力不从轮轨之间获取，因而它可以得到较大的制动力。

因此，闸瓦制动、电阻制动和再生制动均属于黏着制动；而轨道电磁制动则属于非黏着制动。

7.2.3 按制动源动力分类

所谓制动源动力，指的是制动过程中传递制动信号的载体。由于压缩空气和电是常用的传递信号的载体，因此，目前城市轨道车辆采用的制动方式中，城市轨道车辆制动的源动力就是压缩空气和电。

以压缩空气为源动力的制动方式称为空气制动方式，如闸瓦制动、盘形制动等都为空气制动方式。以电为源动力的制动方式称为电制动方式，如电阻制动和再生制动。

7.3 制动的模式

所谓制动的模式，也可称为制动的办法，主要指的是司机为了要实现减速、停车或者防溜车等制动的功能，解决列车制动问题而采取的办法。同一车辆司机具体制动的手段主要有五种制动模式，即常用制动模式、快速制动模式、紧急制动模式、保压制动模式和停放制动模式。

7.3.1 常用制动模式

常用制动模式是在列车正常运行情况下调节和控制列车运行速度的主要措施，作用比较缓和，制动减速度一般为 1 m/s^2，制动力可以人为调节，如图 7-2 所示，司机手柄在 0 到制动之间，均属于常用制动范畴。

图 7-2 司机操作台制动模式展示

在常用制动模式下，动力制动和空气制动一般都处于激活状态，以便于电制动和空气制动之间平滑转换。常用制动时，第一优先再生制动，这取决于接触网线路吸收能力，即与网压高低有关，第二优先电阻制动，承担不能再生的那部分制动电流，第三为空气制动，在列车运行的高速及低速区段，由于牵引电机自身的特性限制，其电制动力无法满足制动减速度的要求，因此需要提供一定的空气制动力来满足制动的要求。常用制动时还须提供防滑保护和冲击限制功能。

7.3.2　快速制动模式

快速制动模式是为了使列车迅速停车而实施的制动模式，其制动力高于常用制动，制动减速度一般为 1.3 m/s^2，甚至与紧急制动的制动力相当（上海、广州地铁的快速制动力高于常用制动的 22%）。这种制动方式是在紧急情况下、制动系统各部分作用均正常时所采取的一种制动方式，其特点与常用制动相同，制动过程可以实行缓解。与常用制动中制动优先级的选择相类似，快速制动也应尽可能充分发挥动力制动的作用。早期的城市轨道交通车辆的快速制动大多采用纯空气制动形式，如上海轨道交通 1、2 号线，而目前城市轨道车辆的快速制动一般采用动力制动和空气制动联合制动形式，如上海轨道交通 3 号线。

7.3.3　紧急制动模式

紧急制动模式是列车在出现事故等紧急情况下，仅靠空气制动来实现列车停车的一种制动模式，其目的是要求列车尽快停止运动，因此其制动作用比较猛烈，制动力为制动装置的全部制动能力。另外，紧急制动装置经常有冗余设备，其可靠性非常高，以确保在列车发生断电、车体分离等紧急情况下也能保持制动效果，这与常用制动有着一定的区别。

目前运营的地铁车辆紧急制动减速度都在 1.3 m/s^2，全部由空气制动执行。紧急制动命令不可逆，一经施加，不能撤除，降双弓，直至列车停车。

紧急制动可由以下系统触发：紧急按钮、ATP 系统（Automatic Train Protection，列车自动保护系统）、控制电源失电、司机台上紧急按钮按下、紧急制动回路失电、列车超速、车钩断钩等。

紧急制动一经触发，列车安全回路中断。触发信号同时传输给列车控制单元和牵引控制单元，牵引控制单元中断牵引系统工作。紧急制动过程中列车滑动防护和冲击保护功能失效。

紧急制动按钮如图 7-2 所示，为红色蘑菇状按钮，因此又称为红蘑菇按钮。紧急制动之后，恢复列车运行升弓、自检也需要一段时间，并对车轮和钢轨磨损较大，因此，如非发生紧急情况，尽量避免采用紧急制动方式。

7.3.4 停放制动模式

停放制动模式，又称为停车制动模式，是为了防止列车启动前发生溜车现象而实施的制动模式。列车停放制动采用弹簧力来产生制动作用，其大小不随时间变化，一般用于司机行车检查或车库停车等列车较长时间的停放。它采用"停放制动缸充气，停放制动缓解；停放制动缸排气，停放制动施加"的模式，采用每节车单独控制。另外，为了使列车在无气状态下也能缓解，停放制动还有手动缓解功能。停放制动应满足在满负载情况下车辆可以安全可靠地停放在3.8%左右的坡道上，而不发生溜车现象。

7.3.5 保压制动模式

保压制动模式是为防止列车在停车前产生冲动，使列车平稳停车而实施的制动。保压制动模式是通过EBCU内部设定的程序来实现控制的，因此在司机操作台并无物理操作设备。它分两个阶段实施：

第一阶段：当列车制动到速度小于某个临界值时，牵引控制单元触发保压制动信号，同时传输给EBCU(电子制动控制单元，Electric Brake Control Unit)，由牵引控制单元控制的电制动逐步退出，而由EBCU控制的空气制动来代替。

第二阶段：接近停车时(如：列车速度小于0.5 km/h)，一个小于制动指令的保压制动由EBCU开始自动实施，即瞬时将制动缸压力降低到一定范围，直至列车停止。

另外，保压制动模式与停放制动模式一样都具有防止列车在启动前发生溜车现象的作用。不同的是，停放制动的实施，需司机手动操纵，而保压制动是运行中的列车在停车时，通过EBCU自行实施，无须人工干预。

7.4 制动的策略

在列车制动过程中，动力制动与空气制动有效地配合关系到轨道车辆运行的安全性、经济性以及节能环保等问题，不同的车辆具有不同的制动方式，各种制动方式之间具有一定的制动的逻辑关系，或称优先级。在紧急情况，采用紧急制动模式；在正常情况下，即在常用和快速制动模式下，城市轨道车辆目前普遍采取的是电、空联合的制动控制策略。

电、空联合的制动控制策略如图7-3所示，当车辆在制动初期(高速段)和制动末期(低速段)，虽然优先采用电制动，但由于电机本身的特性决定其电制动力无法完全满足制动减速度的需求，从而需要补足一定的空气制动力来完成这两个阶段的制动要求。其中在制动末期(低速段)列车空气制动介入临界点速度的不同决定了制动能量的差异，空气制动介入临界点速度过高，导致空气制动施加在车轮上的制动能量过大，从而使车轮踏面产生异常磨耗；空气制动介入临界点速度过低，又不能实现安全、精确的停车。由此可见，空气制动介入临界点速度的合理选择是车辆制动控制策略研究中的一个重要方面。

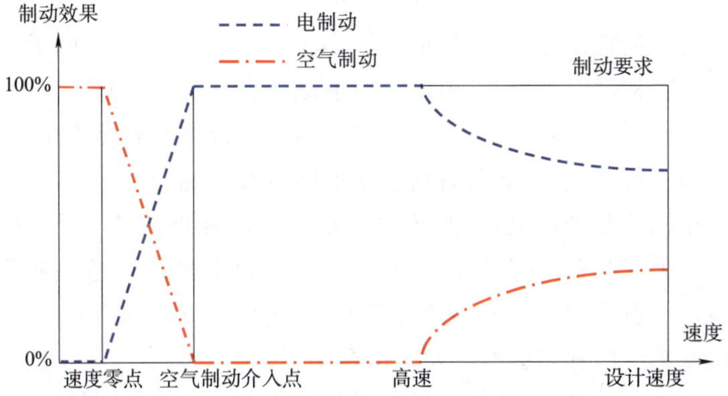

图 7-3　城市轨道列车制动策略

列车制动控制策略中空气制动力补足的方式有多种形式，如动、拖车制动力均匀补足、拖车空气制动力优先补足以及动车空气制动力优先补足等方式。

过去一般采用动、拖车制动力均匀补足的制动控制方式。采用这种均匀制动方式的列车，拖车所需的制动力将全部由自己的空气制动系统承担，因此其拖车的车轮磨耗要比动车的磨耗大得多。

目前城市轨道交通列车的空气制动力补足方式主要为拖车空气制动力优先补足或动车空气制动力优先补足两种类型，不同制动系统供应商会根据列车整体的设计方案来对空气制动力补足方式进行选择。

动车空气制动力优先补足控制方式即拖车所需制动力先由动车的电制动力承担，然后根据电、空联合制动运算，不足部分的制动力也先由动车的空气制动力补充，当其还不足以满足制动减速度要求时，最后再由拖车的空气制动力承担。

拖车空气制动力优先补足控制方式也是拖车所需制动力首先由动车的电制动力承担，但当电制动力不足时，首先由拖车的空气制动力来补充，再不足时才由动车的空气制动力补足。

7.5 基础制动装置

基础制动装置是空气制动系统的执行部件，目前城市轨道交通车辆上的基础制动装置包括闸瓦制动装置、盘形制动装置和轨道电磁制动装置。

7.5.1 闸瓦制动装置

闸瓦制动是最常用的一种制动方式，其制动原理如图 7-4 所示。制动时闸瓦压紧车轮，轮、瓦间发生摩擦，电动车组的动能大部分通过轮、瓦间的摩擦变成热能，经车轮与闸瓦最终释放出去。在闸瓦与车轮这一对摩擦副中，车轮由于主要承担着车辆走行功能，因此其材料是不能随意改变的。

要改善车辆的制动性能，只能通过改变闸瓦材料的方式。早期的闸瓦材料主要是铸铁。为了改善摩擦性能和增加耐磨性，目前城市轨道交通车辆中大多采用合成闸瓦。但合成闸瓦的导热性较差，因此目前也有采用导热性能较好，且具有较好的摩擦性能和耐磨性的粉末冶金闸瓦。

在闸瓦制动时，列车的动能在很短时间内均转化为热能，但这对摩擦副散热能力相对较小。当要求的制动功率较大时，有可能导致热能来不及散于大气，而在闸瓦与车轮踏面积聚，使它的温度升高，严重的甚至会导致闸瓦熔化或车轮踏面产生裂纹等。因此，在采用闸瓦制动时，制动功率不宜过大。

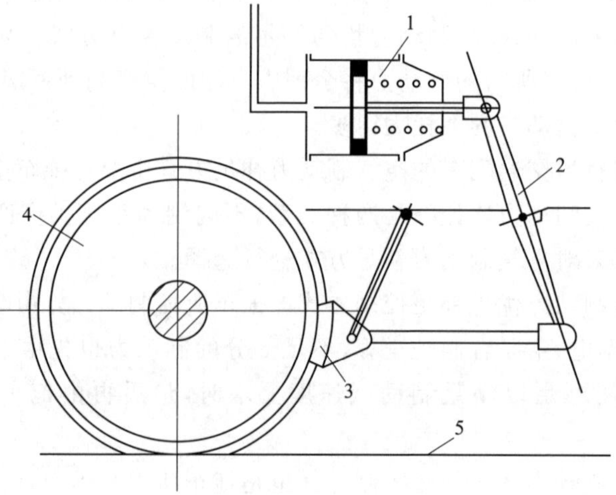

（a）原理

1—制动缸；2—基础制动装置；3—闸瓦；4—车轮；5—钢轨

图 7-4 闸瓦制动

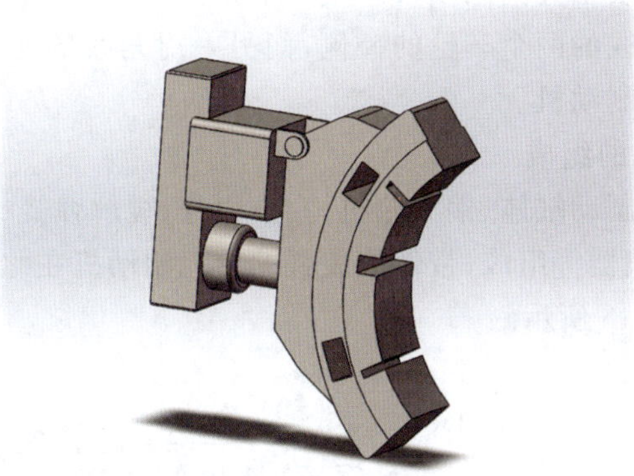

（b）闸瓦

图7-4　闸瓦制动（续）

城市轨道车辆上的闸瓦制动装置目前基本采用单元制动机形式，主要原因是转向架的安装空间有限，特别是动车的转向架，采用单元制动机形式可以有效解决传统基础制动装置的安装问题，并便于满足维修更换时的需要。

城市轨道车辆采用的单元制动机一般有两种形式：带停放的单元制动机和不带停放的单元制动机，如图7-5所示。

（a）不带停放的单元制动机

（b）带停放的单元制动机

图7-5　单元制动机

单元制动机安装于转向架横梁组成的下方。带停放单元制动机安装在每个转向架上处于对角线的两个车轮的一侧，而另一对角线的两个车轮的一侧安装不带停放制动单元制动机。

1. 单元制动机的组成

单元制动机由制动缸体、偏心轮机构、推力杆、缓解弹簧、制动缸活塞、压簧、闸瓦、闸瓦间隙调整器等组成；带停放装置的单元制动机在此基础上还设有停放压力弹簧等，如图 7-6 所示。

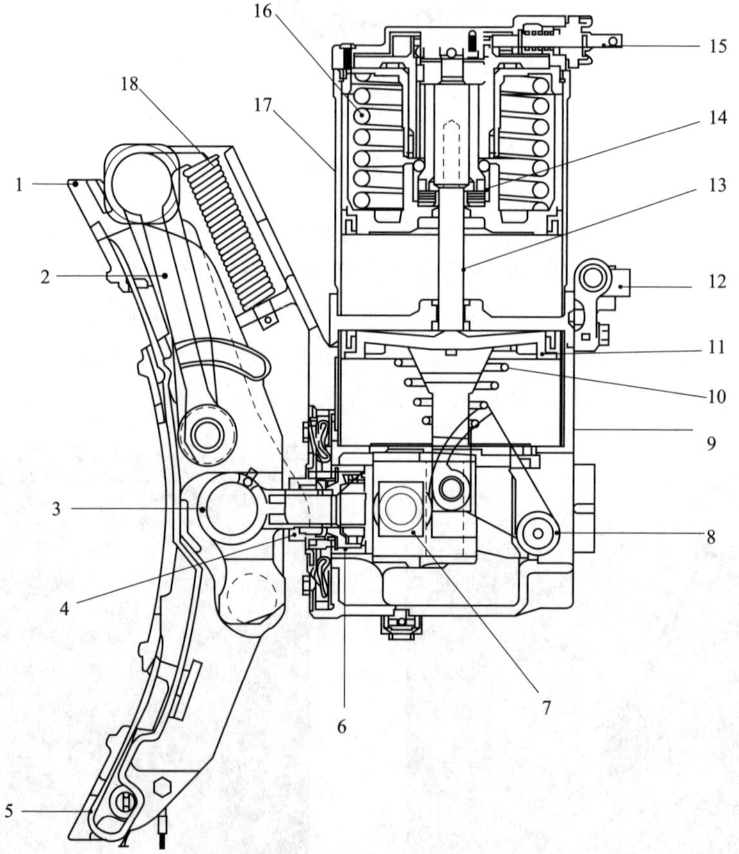

图 7-6 带停放装置的单元制动机

1—闸瓦；2—闸瓦托；3—推力杆；4—调节螺母；5—闸瓦锁定装置；6—闸瓦间隙调整器；7—滑块；8—偏心轮机构；9—常用制动缸；10—缓解弹簧；11—制动活塞；12—混合阀(进风口)；3—心轴；14—锥形离合器；15—紧急缓解装置；16—停放压力弹簧；17—停放制动缸；18—压缩弹簧

2. 单元制动机的工作原理

当列车制动时，制动缸充气，在压力空气的作用下，制动缸活塞压缩缓解弹簧下移，带动偏心轮旋转，推动固定在推力杆上的滑块，在狭槽内沿轴向左移动，而推力杆的右端则带动闸瓦间隙调整器向车轮方向推动闸瓦托及闸瓦，使闸瓦紧贴车轮。

缓解时，制动缸排气，这时闸瓦及闸瓦托上所受的推力被撤除，在制动缸缓解弹簧及闸瓦托吊杆上端头压簧的反弹作用下，闸瓦及活塞等机构复位。

3. 闸瓦间隙调整器的作用

闸瓦间隙调整器设有闸瓦和车轮踏面有无磨耗的制动过程及闸瓦和车轮踏面有无磨耗的缓解过程 4 个工作状态，能在缓解时自动调整闸瓦与车轮踏面之间的间隙，使之保持在标准范围之内，不因二者制动时的磨耗而增加。它省去了传统基础制动装置中的一系列传动部件，大大提高了传动效率。

4. 停放制动机

停放制动机是一套辅助制动装置，其设置目的是在车辆停放时，防止车辆溜行。停放制动机，由停放制动缸、停放压力弹簧、停放制动心轴、锥形离合器和紧急缓解装置等组成，停放制动机的制动施放可以通过电空阀控制缓解风缸的排气来实现，由于其制动力通过弹簧力产生，因此也称为弹簧制动机。停放制动机同时也具有低压检测功能：当列车停放时间过长，主风管和制动缸的压力慢慢泄漏时，停放制动自动取代常用制动防止列车遛车。

另外，当车辆停放制动施加后无司机操纵时，若需缓解，可通过拉动紧急缓解装置来实现。

综上所述，单元制动装置的特点是其制动效率高，作用灵敏，容易做到少维修或无维修。同时，由于单元制动装置带有闸瓦间隙调整器，因此，能使闸瓦间隙保持在规定的范围内，不需要进行人工调整，节省了劳动力。

7.5.2　盘形制动装置

盘形制动装置如图 7-7、图 7-8 所示，它有轴盘式和轮盘式之分。一般拖车采用轴盘式盘形制动装置，对于动车由于轮对中间设有牵引电机等设备，安装制动装置较困难，一般采用轮盘式盘形制动装置。制动时，制动缸通过制动夹钳使闸片夹紧制动盘，在闸片与制动盘间产生摩擦，把电动车组的动能转变为热能，热能通过制动盘和闸片散于大气。因盘形制动能双向选择摩擦副，所以可以得到比闸瓦制动大得多的制动功率。

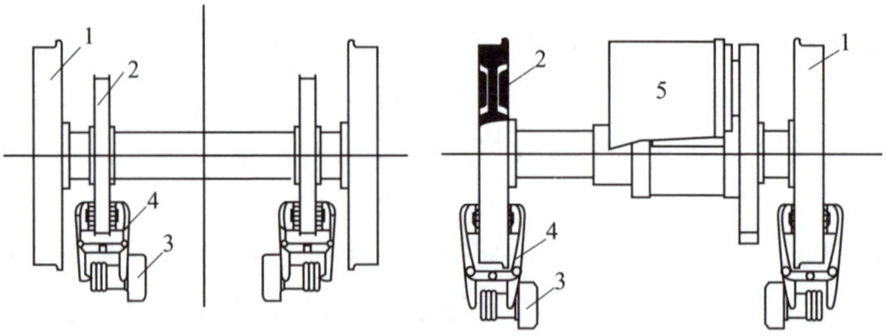

（a）轴盘式　　（b）轮盘式

图 7-7　盘形制动基本原理

1—轮对；2—制动盘；3—单元制动缸；4—制动夹钳；5—牵引电机

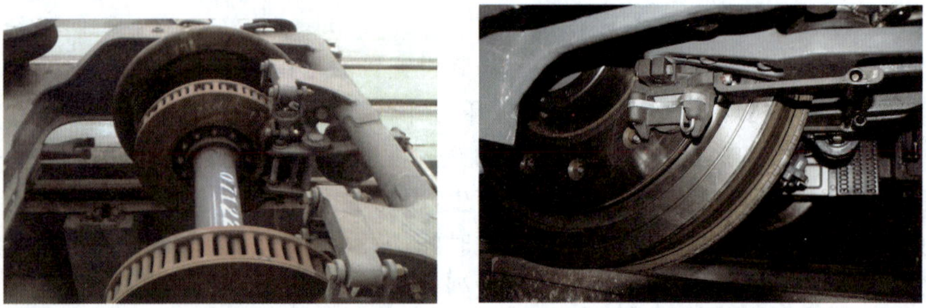

（a）轴盘式　　（b）轮盘式

图 7-8　两种盘形制动实物

盘形制动装置的特点如下。

(1)盘形制动装置代替闸瓦对车轮踏面的摩擦,减少车轮磨耗,延长了车轮的使用寿命和改善了运行品质,保证了行车安全。

(2)盘形制动装置散热性能比较好,所以摩擦系数稳定,能较容易得到较为恒定的制动力。它的热容量允许它具有较高的制动功率。

(3)由于可以相对自由地选择制动盘和闸片的材料,使这一对摩擦副具有最佳的制动参数。因此可以减小闸片压力,制动缸及杠杆的尺寸都可以减小,减轻了制动装置的重量。

(4)盘形制动的闸片面积比闸瓦制动的闸瓦面积大,承受单位面积压力小,它的磨耗也相对较轻。

(5)盘形制动代替闸瓦制动后,使轮轨之间的黏着系数会有所降低。

7.5.3　电磁轨道制动装置

电磁轨道制动也叫磁轨制动，如图 7-9 所示。在转向构架侧梁 4 下通过升降风缸 2 安装有电磁铁 1，电磁铁下设有磨耗板 5，制动时将电磁铁放下，使磨耗板与钢轨吸住，电动车组的动能通过磨耗板与钢轨的摩擦转化为热能，然后经钢轨和磨耗板最终散于大气。电磁轨道制动能得到较大的制动力，因此常被城市轨道车辆和高速铁路车辆用作紧急制动的一种补充制动手段，在中国的城市轨道车辆上较少采用。

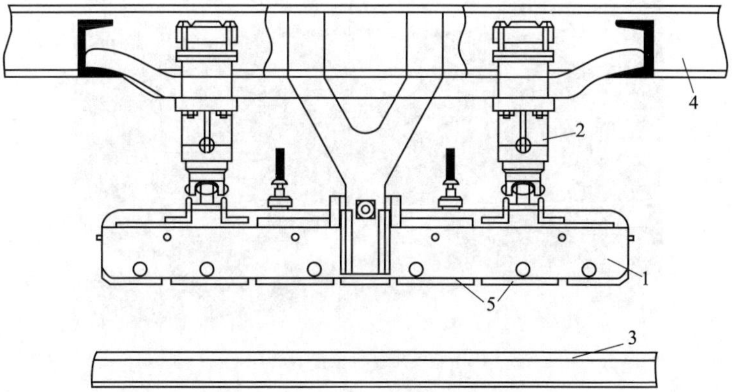

图 7-9　电磁轨道制动原理示意

1—电磁铁；2—升降风缸；3—钢轨；4—转向构架侧梁；5—磨耗板

7.6　供风系统

供风系统是向整个列车提供压缩空气的风源。它不仅针对空气制动装置，而且也为其他用气部件提供风源，例如车辆二系悬挂设备、车门控制装置、气动喇叭、雨刮器、受电弓气动控制设备和车钩操作气动控制设备等。供风系统主要由空气压缩机组，风源设备（风缸）及其他空气管路部件等组成。

7.6.1　空气压缩机组

一般城市轨道交通列车是以单元为编组的，所以供风系统一般也是以单元为单位来设置的。每一个单元设置一个空气压缩机组，安装在该单元其中一节车的底架上，有安装在每个单元 Tc 车上的，也有安装在每个单元 M 车上的形式。

一套空气压缩机组包括电动机、空气压缩机、空气干燥器和压力控制开关等。空气压缩机组弹性安装在底架上，这是因为空气压缩机组本身就是振源，通过弹性连接玄关挂于车下，隔绝了空气压缩机组自身的振动，这样有利于减小空压机的振动幅度，如图 7-10 所示。

（a）空气压缩机位置示意

（b）空气压缩机样机

图 7-10 空气压缩机组

1. 空气压缩机

空气压缩机(简称空压机)是用来产生压缩空气的装置,其布置如图7-11所示。城市轨道车辆采用的空气压缩机要求具有噪声低、振动小、结构紧凑、维护方便、环境使用性强等特点,其直流驱动电机逐渐被交流电机驱动取代。目前,城市轨道车辆中采用的主要有活塞式空气压缩机和螺杆式空气压缩机。

电动机通过弹性联轴器直接驱动空气压缩机,空气压缩机生产的压缩空气必须经过空气干燥器后才能使其成为洁净、干燥的压缩空气供各用气设备使用。

上海城市轨道车辆的空气压缩机组有直流传动车辆和交流传动车辆用空气压缩机两种类型,两类空气压缩机原理相似。直流传动车辆所用的空气压缩机共有四个气缸,分两段压缩,低压压缩和高压压缩,每个压缩阶段之后安装了一个安全阀,目的是避免空压机出现超压。低压段有三个气缸,高压段有一个气缸。外界大气通过设在空压机进气口处的油浴式过滤器的净化后,被吸入低压气缸进行压缩,为了提高压缩效率,将低压缸输出的压缩空气送到中间冷却器,冷却后再送入高压缸进行进一步的压缩,最后还必须通过冷却器,冷却后进行油水分离,使其变成洁净的、干燥的压缩空气后送到总风缸进行储存。

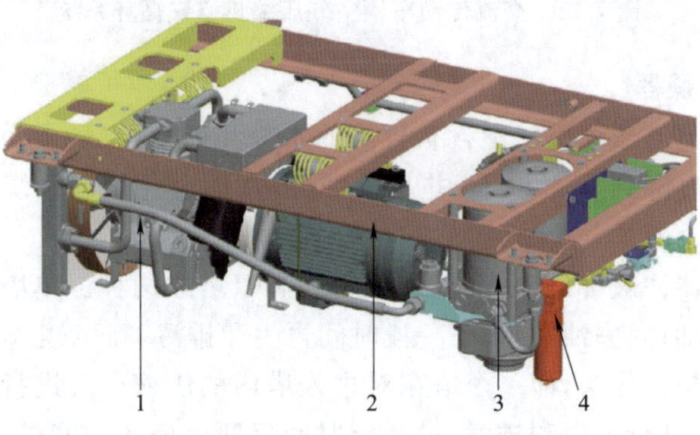

图7-11　空气压缩机组布置

1—空压机;2—框架;3—空气干燥器;4—微孔滤油器

交流传动车辆所用的空气压缩机在直流传动车辆所用的空气压缩机的基础之上做了一些改进,其结构及原理如图7-12所示。交流传动车辆所用的空气压缩机一般为三缸的形式,其中两个为低压缸,一个为高压缸。其空气过滤器采用过滤纸过滤,其效果比油浴式过滤器好,但成本较高。冷却风扇的叶片不直接安装在曲轴端头,是通过温控液力联轴器连接的。联轴器在温度较低时,联轴器内的液体黏度很低,不传递转矩,只有当联轴器内的液体达到一定温度时,它的黏度随温度上升,才能传递转矩,此种联轴器可节约能源。

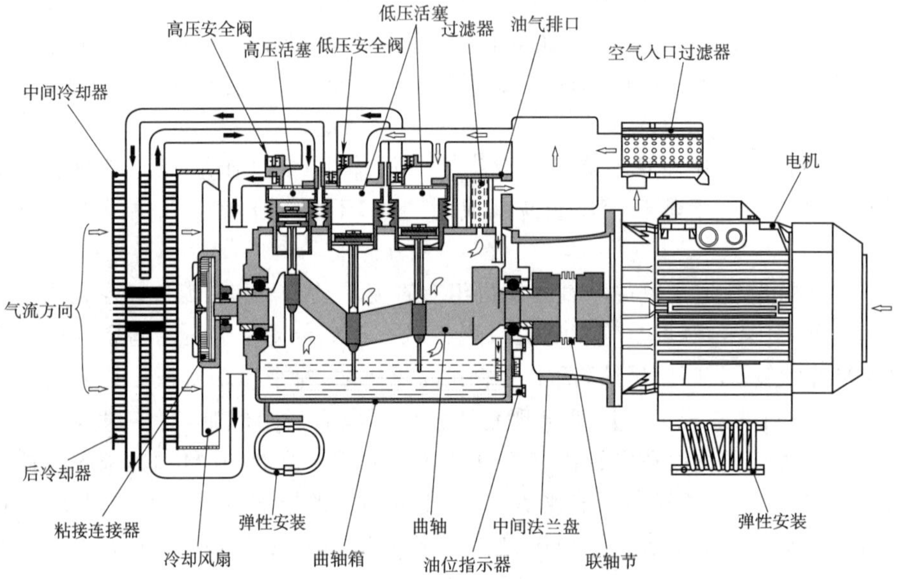

图 7-12 交流传动车辆空气压缩机空气循环系统

2. 空气干燥器

空压机输出的压缩空气中含有较高的水分和油分,空气干燥器单元使压缩空气的相对湿度降到35%以下,并排去油分,从而避免用风系统出现腐蚀及发生故障。

空气干燥器一般都是塔式的,有单塔式和双塔式两种。单塔式采用间隙工作方法,即一段时间去油吸水,下一段时间再生和排污。而双塔式空气干燥器的工作原理是轮换工作法,即一个塔在对进入塔内的压缩空气进行去油脱水的同时,另一个塔则进行再生和排污,过一定时间后两个塔的功能进行对换,以达到压缩机输出的压缩空气连续进行去油脱水的目的。

双塔式空气干燥器,如图 7-13 所示,安装了两个装有干燥剂的小室,并且还安装了一个电子计时器,其功能是在给定的记忆时间间隔内对两个干燥剂室进行开关转化,这样,空气干燥器就不需要停止压缩机从而再进行空气干燥剂的再生。

图 7-13 空气干燥器实物

7.6.2 储风设备

城市轨道车辆中,每节车辆底部一般都设有一套储风设备,又称为风缸。储风设备是指专门给用风设备供风的设备,如图 7-14 所示。

图 7-14 储风设备实物

储风设备的主要部件有主风缸、制动风缸和悬挂风缸。主风缸调节来自压缩机的压力空气;压力空气进入下一级用风系统前先储存于主风缸中,主风缸一般存储高压气体以备需要。制动风缸直接向单元制动机提供压缩空气，避免主风管路产生抽气现象。悬挂风缸直接向二系悬挂提供所需的压缩空气，一般位于转向架附件，成队出现。储风设备在车底的布置方式形式多样，如图 7-15 和图 7-16 所示的是一种集成化较高的车底设备布置方式。

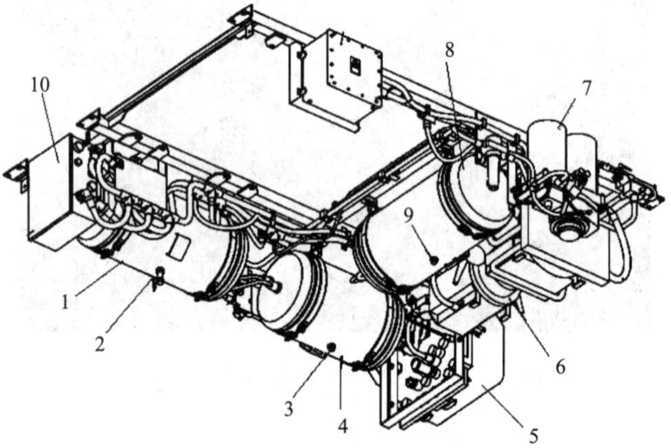

图 7-15　带空压机组的车底风缸布置

1—主风缸；2—排水塞门；3—排气堵；4—空气悬挂风缸；5—空气制动控制单元；6—空压机；7—空气干燥器；8—制动风缸；9—排气堵；10—电子制动控制单元

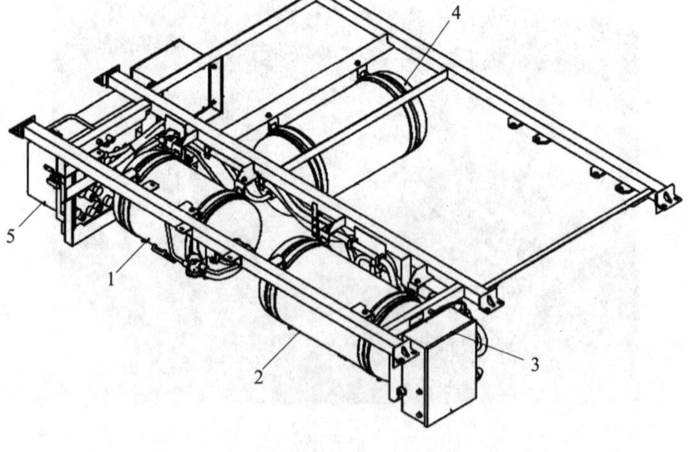

图 7-16　不带空压机组的车底风缸布置

1—空气悬挂风缸；2—主风缸；3—电子制动控制单元；4—制动风缸；5—空气制动控制单元

7.7 防滑系统

当前,城市轨道交通车辆正朝着安全性、高速性和舒适性的方向发展。目前的城市轨道交通车辆普遍配备动力制动装置,在提高车辆单轴牵引功率和制动功率的同时,也带来了因制动力过大而导致列车制动滑行的安全隐患。列车制动滑行会产生轮轨发热、轮轨擦伤等现象,严重时还会使线路失稳。因此,有效地防止列车制动滑行显得极为重要。

7.7.1 防滑控制的原理分析

分析列车的防滑控制原理时,通常必须引入轨道车辆轮轨关系中两个十分重要的概念,即"黏着"和"蠕滑"。

1. 黏着机理

由于正压力而保持车轮与钢轨接触处相对静止的现象称为黏着,黏着是表示轮轨间关系的专用术语,黏着力是指轮轨接触面切线方向传递的力。轮轨之间的黏着是轨道交通车辆形成制动力和牵引力的基本依据。

轮轨间的黏着与静力学中的静摩擦的物理性质十分相似。试验证明,黏着力的最大值 f_{max} 与动轮对的正压力 P_i 成正比,其比例常数称为黏着系数,用 φ 表示,即

$$f_{max} = \varphi P_i \tag{7-1}$$

黏着系数表示了黏着的利用程度,它的大小与滑移率 σ 的大小直接相关,主要受电动车组运行速度、气候条件、轮轨表面状态以及是否采取增黏措施等诸多因素的影响,是一个离散性很大的参数。所以目前尚未有黏着系数的理论公式。各国都分别采用大量的试验来得到经验公式。比如日本东海道新干线的黏着系数 φ 为

$$\varphi = 0.062\,4 + \frac{45.6}{v + 260} \text{(干燥表面)} \tag{7-2}$$

$$\varphi = 0.045\,4 + \frac{13.55}{v + 120} \text{(潮湿表面)} \tag{7-3}$$

式中,v 为列车运行速度(km/h)。

改善黏着条件,提高黏着利用率,可以充分发挥列车的制动和牵引性能,同时还能有效地防止滑行和空转,减少列车和线路设备损伤。无论是摩擦制动还是动力制动,都是利用轮轨间黏着力的作用。摩擦制动力过大,会把车轮抱死而

滑行。动力制动的制动力如果超过轮轨黏着力，此时车轮的反力矩过大，会导致车轮的逆转。

2. 蠕滑机理

传统理论认为：钢轮相对钢轨滚动时，接触面是一种干摩擦的黏着状态，除非制动力或牵引力大于黏着力时才会转入滑动摩擦状态。但是现代研究表明，由于车轮和钢轨都是弹性体，滚动时轮轨接触处会产生弹性变形，这种新的弹性变形会使接触面间发生微量滑动，称之为蠕滑。

蠕滑的产生是由于在车轮接触面的前部产生压缩，后部产生拉伸；而在钢轨接触面的前部产生拉伸，后部产生压缩。随着车轮的滚动，车轮上原来被压缩的金属陆续放松，并被拉伸；而钢轨上原来被拉伸的金属陆续被压缩，因而在接触面的后部出现滑动。

蠕滑是滚动体的正常滑动。车轮在滚动过程中必然会产生蠕滑现象。伴随着蠕滑产生静摩擦力，轮轨之间才能传递切向力。由于蠕滑的存在，牵引时车轮的滚动圆周速度将比其轮心前进速度要大；而制动时两者正好相反。这两种速度之间的差值称为蠕滑速度，蠕滑大小的程度可用滑移率 σ 表示，即

$$\sigma = \frac{v - \omega R_i}{\omega R_i} \tag{7-4}$$

式中，v 为车轮轮心前进速度，ω 为车轮转动的角速度，R_i 为车轮滚动圆半径。

3. 防滑控制原理

研究表明轮轨间的切向力与轮轨间的滑动是同时存在的，并且两者之间有一定的变化规律。黏着控制就是要通过对微观的滑移量的检测，给控制系统以控制信号，通过控制滑移使列车处于最佳黏着条件下运行。因此，控制滑移率，也就是为了提高黏着的利用率。

7.7.2 防滑控制系统

1. 防滑控制系统的基本结构与功能

典型的防滑控制系统主要由控制单元、速度传感器与机械部件防滑阀组成。其中控制单元是防滑控制系统的核心部分，如图 7-17 所示，为电子防滑控制装置的示意图。

防滑控制系统装置的功能是：一旦检测到因外界因素或较大的制动力引起黏着系数下降时，就立即实施控制，尽快使黏着恢复。而这种恢复应尽量接近当时条件所允许的最佳程度，即再黏着恢复必须充分提高黏着利用率。

2. 防滑控制系统工作原理

防滑控制系统的形式是多种多样的，但工作原理基本相同。列车制动时，当

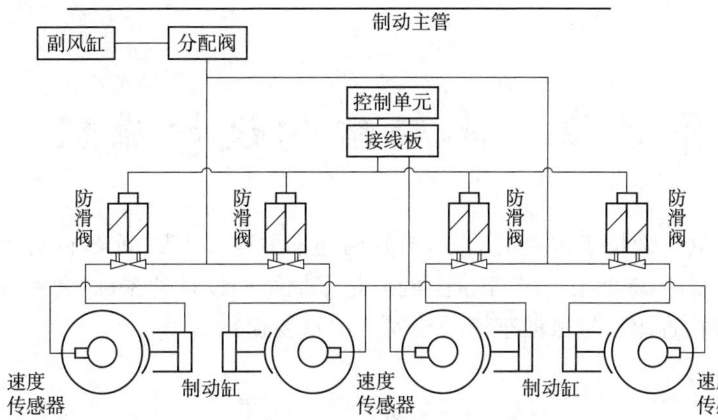

图 7-17 电子防滑控制装置

车轮由于轨道污染、气候潮湿或者制动力过大而被“抱死”，轮轨间立即产生滑行。在这一瞬间，该车轮的减速度必然大大超过列车的减速度，而达到一个相当大的值。也就是说，被“抱死”的车轮与其他正常运行的车轮之间有一个很大的速度差。防滑控制系统可以通过速度传感器检测出列车的正常速度，以及列车与“抱死”车轮间的速度差。这两个检测信号被传送到防滑控制系统的控制单元，控制单元根据比较和判断，然后发出防滑指令，使该车轮的制动力迅速下降，快速缓解车轮的滑行。当滑行消失，控制单元得到速度信号后，重新发出指令，恢复该车轮的制动力。

目前，各种防滑控制系统在判断滑行时，使用了许多判据。这些判据主要有速度差、减速度、减速度微分和滑移率。其中速度差和减速度使用最为普遍。但无论采用哪一种判据，都把防滑和充分利用黏着作为主要目的。

第8章　车辆结构设计原理

城市轨道车辆位于钢轨的上方、接触网的下方这个区域，车辆的各个部件受到的力比较复杂，掌握作用在车辆上的力是车辆结构设计的基础，利用有限元工具对承力部件的计算是保证车辆结构安全的重要途径。

8.1　概　　述

轨道车辆在各种运行条件下，其主要承载零部件承受多种载荷（或力）的作用。根据作用在车辆上的载荷及其作用性质，一般可将作用在轨道车辆的载荷分为静载荷和动载荷两大类。

静载荷在运用中具有确定不变的数值和作用方向，例如车辆的自重的大小和方向都是固定的。

动载荷是指在运用中其数值和作用方向均随时间而变化的载荷。其中包括：由于列车启动、变速、制动和调车作业所引起作用在牵引缓冲装置和车辆有关零部件上的力；车辆在运用中由于轮轨接触状态不良引起钢轨对车轮的垂直冲击和车辆簧上部分的振动，从而造成作用在车辆零部件上的垂直动载荷；车辆通过曲线时产生的离心力和轮轨之间的相互作用力；自然的风力以及车辆制造和修理工艺而造成的作用在有关零部件上的力等。

作用在车辆上的静载荷可以通过较精确的计算来确定，而动载荷则由于列车运行情况及车辆运用情况十分复杂，因此难以进行精确的计算。

在车辆受力分析的基础上就可对车体和转向架的主要受力件进行强度计算，强度计算以结构力学和材料力学的现代方法为基础，评定或校核承载结构或构件的强度、刚度和耐久性，应该依据地铁、轻轨车辆的相关标准。

例如在设计车辆车体时，必须知道车体在各种实际载荷作用下结构的应力状态。现代承载车体为复杂的超静定结构，首先要建立求载结构的计算简图，通过计算确定结构在给定尺寸及给定载荷工况下的强度储备和稳定性，以及评价车体的刚度。可以进行多种结构方案的比选。采用近代电子计算机优化设计方法确定结构各组成件最合理的尺寸。

根据车辆结构件的特征，计算简图有杆件系统，板、壳及其混合系统等，应用近代结构分析的有限元法，我们有可能采用更加接近实际结构的计算简图，从而可获得更精确与实际结构受力更吻合的结果。

8.2 作用在车体上的力

1. 垂直静载荷

作用在车体上的垂直静载荷包括车体自重、车辆载重以及整备重量。

车辆自重：包括车体侧墙、端墙、底架、车顶的重量，以及安装于车体上的车辆其他零部件和设备的重量。

车辆载重：地铁和轻轨车辆的载重按所载乘客的重量计算。包括座席上的人数和站立人数，人均计为 60 kg。

整备重量：针对铁路客车而言，包括取暖用的煤（油）以及餐车的燃料、水和燃料的重量，其数值以装满备足的情况考虑。

2. 垂直动载荷

垂直动载荷是由于轨面不平、钢轨接缝等线路原因以及车辆本身状态不良引起轮轨间冲击和车辆簧上振动而产生的。

$$P_d = K_{dy} \cdot P_{st} \tag{8-1}$$

式中，P_d 为垂直动载荷；P_{st} 为垂直静载荷；K_{dy} 为垂直动载荷系数，其数值与车辆运行速度、转向架弹簧装置的静挠度以及所要计算的零部件在弹簧悬挂装置中的位置等因素有关，并可由经验公式求得。

3. 纵向力

纵向力是当列车启动、变速、制动和调车作业时，在机车（或城市轨道车辆的动车）与车辆之间以及车辆与车辆之间所产生的牵引或压缩冲击力。纵向力通过牵引缓冲装置作用于车底架牵引梁上，使车体承受偏心的拉伸或压缩作用。纵向力的大小与机车的功率、列车重量、运行速度、制动机性能、缓冲器的特性、车体的纵向刚度、调车时车辆的碰撞速度以及司机的操纵技术等因素有关。因此要准确地决定纵向力的数值是很困难的。目前各国大都依据大量的运用和试验资料，并应用概率统计理论，定出在各种工况下的纵向力数值，作为车辆的强度计算和试验的依据。

现在各国地铁、轻轨车辆设计的纵向力标准规定不一，中国轨道车辆交通车辆承担的运量较大，编组一般为 6～8 节，车型以大、中型为主，调车冲击速度一般取 3.5 km/h，则车辆所承受的纵向力宜取 0.8～1.0 MN。

4. 侧向力

作用在车体上的侧向力包括风力和曲线运行时的离心力。

风力是按照风压强乘以车体侧向投影面积计算。

车辆运行在线路的曲线区段时，受到离心力的作用。整个车辆的离心力作用在车辆的重心上，其方向沿径向指向曲线外侧。作用在车辆上的离心力使车体产生向曲线外侧倾覆的趋势，为减缓该趋势，在铺设线路时，外轨要比内轨高出一个值，称为外轨超高量。

5. 扭转载荷

当车辆通过线路的缓和曲线区段，前面的转向架已进入缓和曲线，而后面的转向架仍然处于平直道路上时，将导致车体承受扭转变形，使之承受扭转载荷。

8.3 作用在转向架上的力

1. 垂直静载荷

车体的载荷通过转向架上的空气弹簧和中央牵引连接装置将载荷传递至转向架。

2. 垂直动载荷

作用在转向架零部件上的垂直动载荷是由于车辆运行中轮轨之间冲击和车体振动所引起的。

3. 牵引力

列车运行的牵引力来自动车。动车的本质是一个能量转换机构，它通过牵引电动机，将电能转换为机械能，传递到动车的动轮上，动轮通过与钢轨的接触与摩擦，产生对钢轨的作用力，同时钢轨对于动轮有一个与动车组运动趋势相反的反作用力，提供列车的启动和加速运动的动力。

4. 制动时的载荷

制动时的载荷即制动力，是控制列车运行的人为施加的阻力。通常由列车上安装的制动装置产生。

5. 其他载荷

其他载荷主要指的是车体的纵向力、侧向力引起的附加载荷。

8.4 车辆结构强度计算

8.4.1 强度计算原理和方法

现代地铁、轻轨车辆以及铁路客车车体一般均采用整体承载的筒形薄壳结构，它是一个出众多纵横杆件加强的带有许多门、窗切口的封闭薄壳系统、承受着作用于其上的各种载荷的作用，为一个复杂的超静定结构。采用材料力学和结构力学的现代方法可以对车体作强度分析，评定承载结构的强度、刚度和耐久性。对于转向架的重要受力件，例如构架、摇枕以及轮对等，其结构比起车体要简单得多，但是其失效形式往往是疲劳，因此对于这些零部件疲劳强度的分析更显重要。

随着计算技术的发展和电子计算机的广泛应用，以有限元法为理论基础的结构电算法，为大型结构的强度分析开辟了广阔的前景。这种方法不仅有计算速度快，精确性高的优点，而且也为车辆结构的优化设计提供条件。用有限无元法分析车辆主要承载件的强度已经在国内外得到广泛应用，它不仅对于具有众多纵横杆件加强的薄板壳型车体结构、板梁组合的车底架和转向架构架，而且对于如车钩这种厚壁的近于实体的结构都有广泛的适应性。

有限元法用于结构分析时是把结构假想地分割成为由有限个简单形状的单元组合而成的等效组合体，这些单元仅在有限个结点上相连，外载荷也仅通过结点来传递，只要解出全部结点的结点位移和全部单元的结点力，就可通过弹性力学方法求解出结构的变形和内力。有限元法一般的求解思路如图 8-1 所示。

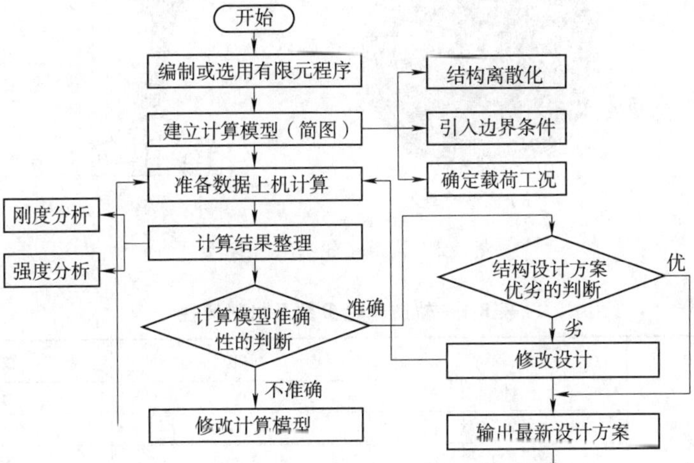

图 8-1 车辆结构和强度的有限元分析流程

8.4.2 强度计算算例——车轮

频繁的启动和制动是城市轨道交通车辆的显著特点之一，对车轮的寿命造成一定的影响。轨道车辆的车轮是保证车辆安全运行的关键部件，除了承载车辆的全部重量之外，还在制动过程中与闸瓦的摩擦产生大量的热，从而产生较大的热应力，在制动时车轮同时受到结构应力和热应力的共同作用造成车轮寿命的下降，由结构场和温度场的耦合效应引起的车轮疲劳失效问题给安全运营造成一定隐患。

下面从城市轨道交通车辆车轮的应力特性出发，对不同磨耗下的轨道车轮进行研究，考虑结构场和温度场的相互影响，探究结构场和温度场的耦合效应，重点分析热力耦合作用下轨道车轮的应力特性，进一步研究轨道车轮的应力变化规律，从而得出轨道车轮的磨损特性。

1. 轨道车轮模型

这个针对一种 S 形辐板的轨道车轮建立有限元分析模型。在建模过程中，忽略了对计算结果较小的圆弧等细节，材料为 R9T，采用 8 节点的六面体单元 SOLID185 对轨道车轮模型进行离散，共含有 18 480 个节点和 13 200 个单元，得到的轨道车轮离散模型如图 8-2 所示，其参数和材料属性见表 8-1。

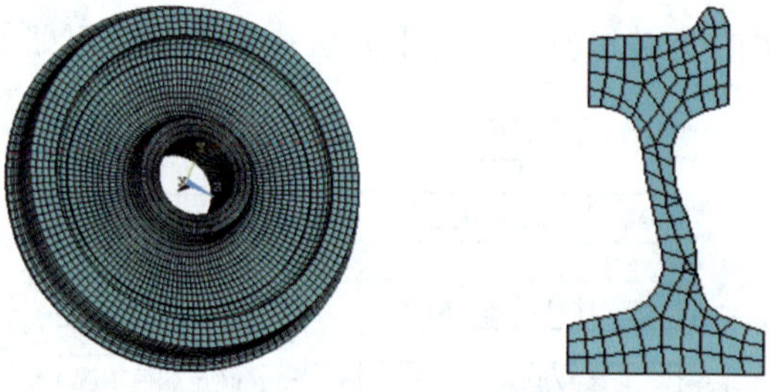

（a）完整模型　　（b）模型截面

图 8-2　轨道车轮有限元模型

表 8-1　轨道车轮参数及材料属性

	名称	单位	数值
车轮参数	轴重	t	16
	车轮重量	t	0.292
	新轮直径	mm	840
	闸瓦宽度	mm	85
制动参数	制动减速度	m/s^2	1.3
	制动初速度	km/h	80
材料属性	泊松比	—	0.3
	弹性模量	MPa	2×10^5
	密度	kg/m^3	7 800
	比热容	J/(kg · K)	450
	热膨胀系数	K^{-1}	1×10^{-5}
	热流分配系数	—	0.9

2. 轨道车轮结构场应力分析

依据欧洲标准 EN 13104:2001，轨道车轮在制动过程中的受力情况如图 8-3 所示，车轮在正常运行状况下受到走行方向作用力 F_x、垂直于走行方向的轴向力 F_y 和轮轨之间的垂向力 F_z。考虑到制动状态，还受到的闸瓦对车轮的压力 F_{bn} 和闸瓦与车轮的摩擦力 F_{bf} 作用。车辆在过曲线的时候，由于转向架两侧重量分配不一致，使得一侧的轮轨间垂向力 F_z 大于另一侧，导致两侧车轮受到的垂向力 F_z 会有所区别。只考虑有闸瓦力作用的情况，并且考虑到力的方向的不同，可以得到 16 种计算工况。

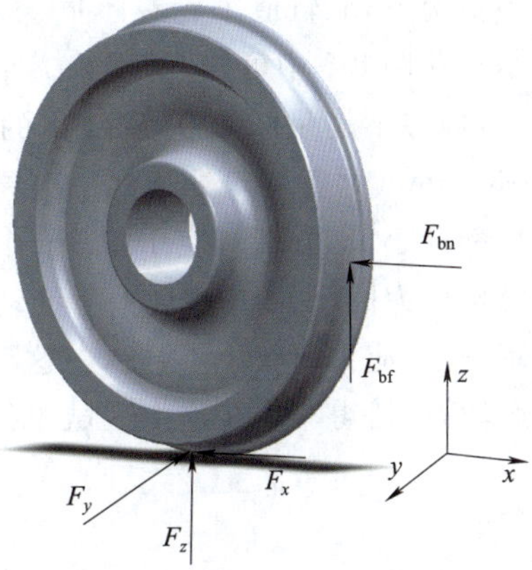

图 8-3　轨道车轮受力示意

现对工况 1 到工况 16 进行结构应力分析，以 ϕ840 mm 新车轮为研究有对象，在有限元软件中分别施加上述载荷，分析结果如图 3 所示。图 8-4 为轨道车轮在各个工况下的结构应力的散点图，由图 8-4 可知：在这 16 种工况中，第 2、4、10 和 12 工况下的车轮辐板上的结构应力较大，其余工况车轮结构应力较小。因此，下面的结构应力分析中，将工况 4 作为重点工况进行研究。

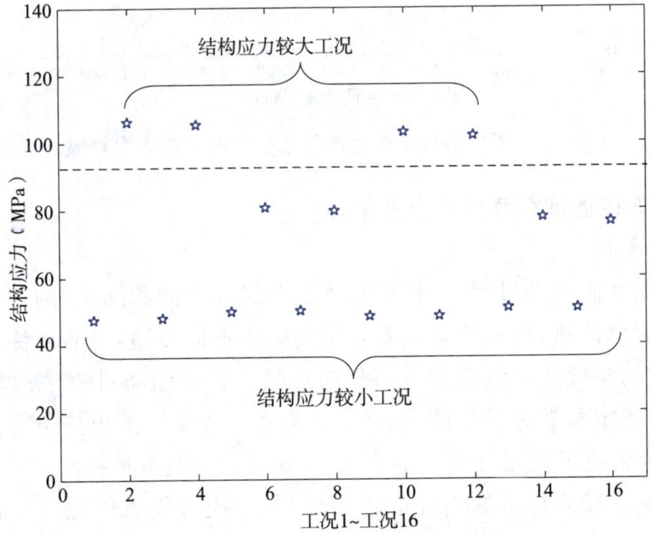

图 8-4　轨道车轮各工况应力结果

从磨耗到限车轮到新车轮每隔 10 mm 分别建立有限元模型，在工况 4 的受力情况下，取轨道车轮在不同磨耗下辐板处受到的最大结构应力，如图 8-5 所示。从图 8-5 中可知，随着轨道车轮磨耗的加深，车轮的结构应力总体呈增大趋势，但并不是呈线性关系变化的。在此车轮磨耗过程中，车轮的结构应力在 ϕ820 mm 磨耗车轮处达到一次局部最大值，在 ϕ810 mm 磨耗车轮处达到一次局部最小值，分别对应于图 8-5 中虚线区域的上下两边。在虚线区域内，车轮的结构应力围绕 110 MPa 上下波动，可以说车轮的结构应力在这段区域内相对稳定，并且应力值较小，因此，在这个区域内，车辆维护部门应尽量避免在此区域内旋轮，以使得车轮在这个区域服役更长的时间，从而提高车轮的使用寿命。

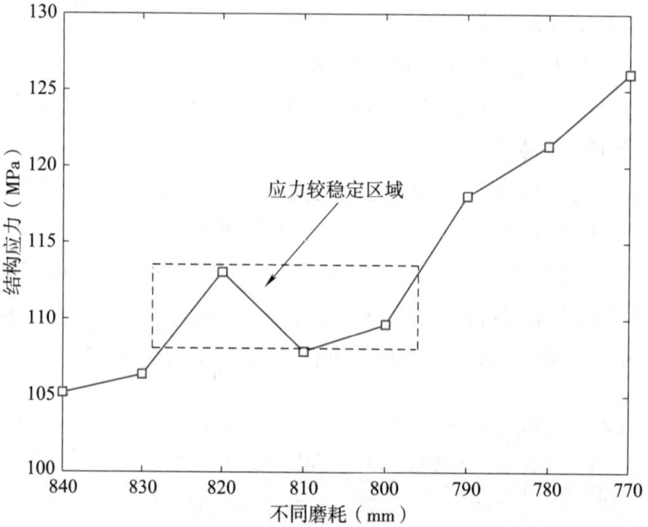

图 8-5　不同磨耗下轨道车轮辐板处的结构应力趋势

3. 轨道车轮温度场及热应力分析

(1)边界条件

轨道车轮实际制动过程中，伴随着闸瓦与踏面之间的摩擦，闸瓦与踏面之间产生并聚集大量的热，这些热量顺着轮辋向辐板方向传递，不断地传递到车轮的内部，并通过与空气的对流散去一部分的热量。针对制动过程中的轨道车轮的热分析，需要确定两类边界条件：第二类边界条件和第三类边界条件。

图 8-6 为轨道车轮热分析边界条件示意图。如图 8-6 所示，第二类边界条件是车轮踏面上输入热量的热流密度 $q(t)$，第三类边界条件是与车轮辐板相接触的流体介质即空气温度和换热系数 h。

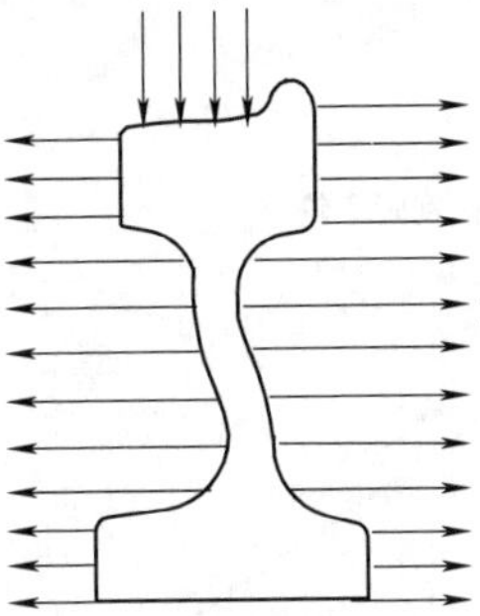

图 8-6 轨道车轮热分析边界条件示意

计算热流密度采用能量换算法,假设列车制动时减少的机械能通过闸瓦与踏面间的摩擦全部转化为热能,由能量守恒定律可得,制动产生的热量 $Q(t)$ 为

$$Q(t) = \frac{1}{2}mv_0^2 - \frac{1}{2}mv_t^2 \tag{8-2}$$

式中,v_t 为制动 t 秒后的速度;m 为列车质量;v_0 为初速度;t 为制动时间。

将式(8-2)对时间求导,制动热功率 q 为

$$q = \frac{\mathrm{d}Q(t)}{\mathrm{d}t} = m(v_0 a - a^2 t) \tag{8-3}$$

式中,a 为减速度。

由于列车在制动过程中由 n 个闸瓦将损失功率传递到对应的轨道车轮上去,所以,每个轨道车轮的热流率 Q 为

$$Q = \frac{1}{n}q = \frac{1}{n}m(v_0 a - a^2 t) \tag{8-4}$$

但是,热流率 Q 的值在实际制动过程中并不等于车轮接受的热量,由于存在轮轨摩擦、空气阻力等因素,其接受的热量值要小于热流率,所以,在本次计算中要引入热流分配系数 η,即车轮吸收的热量占总摩擦热能的百分比。本次计算中取 η 为 90%,从而可得热流密度 $q(t)$ 为

$$q(t) = \begin{cases} \eta\dfrac{Q}{S} = \dfrac{\eta m(v_0 a - a^2 t)}{n\pi Dl} & 0 \leqslant t \leqslant t_1 \\ 0 & t_1 \leqslant t \leqslant t_2 \end{cases} \tag{8-5}$$

式中,S 为踏面与闸瓦的接触面积,D 为轨道车轮直径,l 为闸瓦宽度,t_1 为制动结束时刻,t_2 为制动后某时刻。

若 D 取 840 mm 和 770 mm,l 取表 1 数据,可得新车轮和磨耗到限车轮的

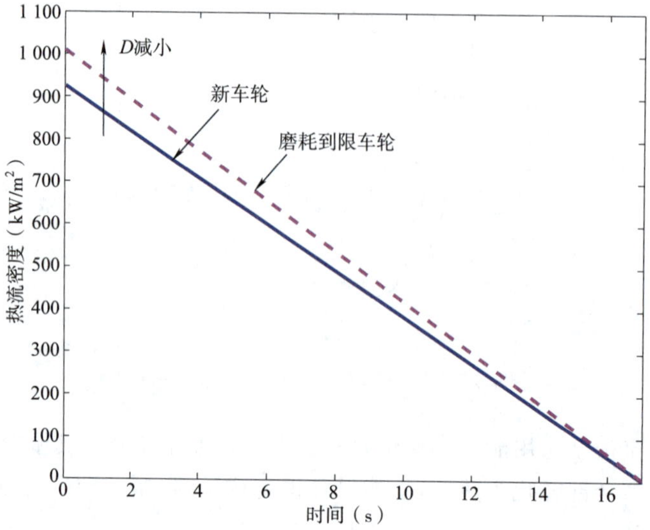

图 8-7 热流密度随时间变化

热流密度与时间的关系，如图 8-7 所示，不同磨耗车轮的热流密度曲线均在新车轮和磨耗到限车轮的热流密度的曲线之间；随着轨道车轮磨耗的加深，在同一时刻，其热流密度函数值越大；当制动 17 s 时，由于制动停止，无论新车轮还是磨耗到限车轮的热流密度均为 0。

由于列车在紧急制动时，运行速度随时间呈线性变化，此时影响车轮表面对流换热系数大小的主要因素是列车运行的速度，因此，第三类边界条件对流换热系数可由经验公式求得对流换热系数 h

$$h = 16.7(1 + 1.33v) \tag{8-6}$$

式中，v 为车辆运行速度。

城市轨道车辆紧急制动初速度 v_0 取 80 km/h，可得

$$h = \begin{cases} 509.78 - 8.87\,t & 0 \leqslant t \leqslant t_1 \\ 16.7 & t_1 \leqslant t \leqslant t_2 \end{cases} \tag{8-7}$$

综上，式(8-5)和式(8-7)确定的热流密度 $q(t)$ 和对流换热系数 h 都是随着制动时间变化而变化，在整个制动过程中以及制动结束后，都具有不同值。

(2)轨道车轮的温度

在瞬态热分析中，由于 SOLID70 热单元具有三个方向的热传导能力，该单元有 8 个节点，而且每个节点只有温度一个自由度可用于三维静态或者瞬态热分析，所以在车轮的热分析中，选取可用于瞬态分析的三维实体热单元

SOLID70。

根据轨道车轮所处的工作条件，选取环境空气温度为 24 ℃，车轮自身表面温度为 40 ℃。对新车轮施加载荷和边界条件，计算时间为 300 s(包括制动开始到制动结束的 17 s 以及制动结束后冷却的 283 s)，选取踏面、轮辋、辐板的典型关键点来研究轨道车轮表面温度变化情况，如图 8-8 所示。

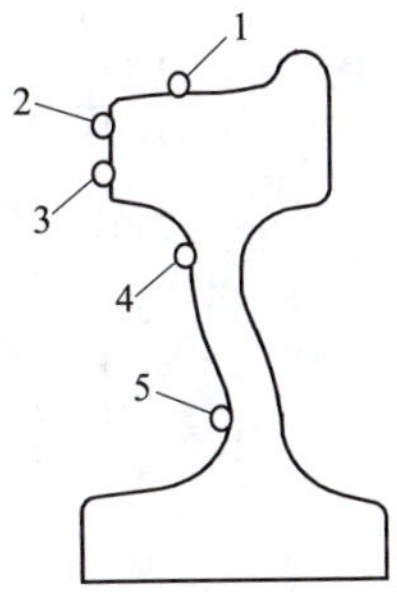

图 8-8 轨道车轮关键部位

图 8-9 为轨道车轮从制动开始并持续 300 s 内表面各关键位置温度的变化曲线图。由图 8-9(a)可知，在制动过程中，车轮踏面处的温度出现峰值 182 ℃，此峰值并非在制动结束时；制动结束后一段时间，随着热量的传导和散热，车轮的轮辋处出现了较高的温度；在距离车轮踏面越远位置，其最高温度值越低，由于温度由踏面向车轮内部传递需要一段时间，所以距离踏面越远的位置其温度达到峰值的时间会有所滞后。对比图 8-9(a)和图 8-9(b)，由于新车轮比磨耗到限车轮的轮辋要厚，磨耗到限车轮踏面上的最高温度点达到 211.2 ℃，在同一时刻温度较高；并且在同一位置，磨耗到限车轮较新车轮提前达到温度峰值。

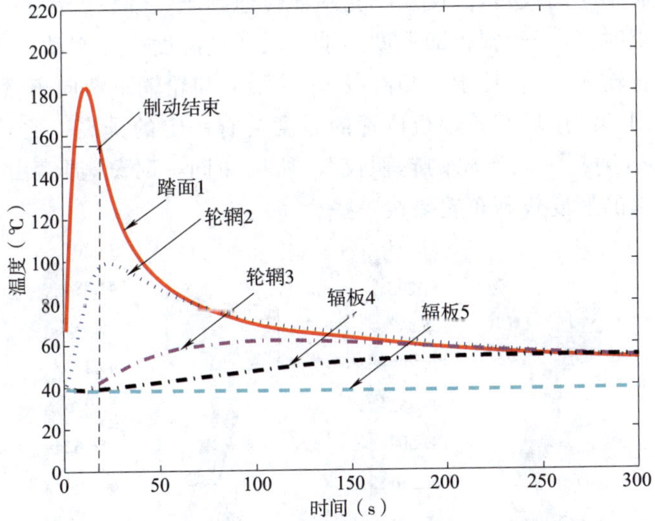

(a) 新车轮

图 8-9 轨道车轮关键部位温度随时间变化

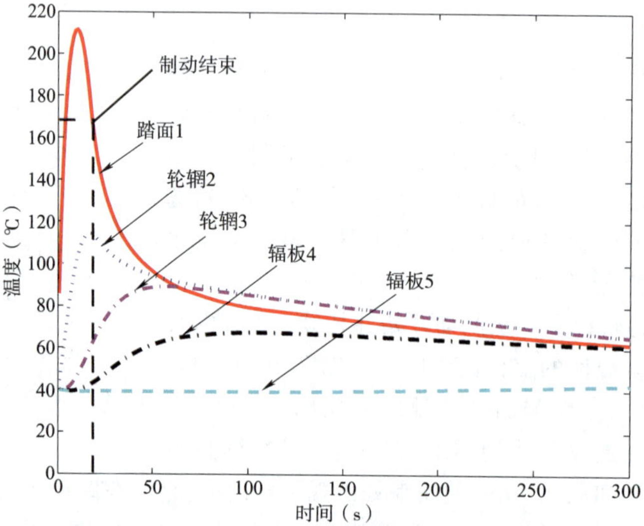

（b）磨耗到限车轮

图 8-9 轨道车轮关键部位温度随时间变化(续)

图 8-10 反映了轨道车轮截面在四个典型时刻的温度云图。由图 8-10 可以看出,制动结束后,车轮的高温度区域主要集中在踏面及轮辋处,由于热量由踏面向轮辋及辐板的传播速度慢,使得轮辋温度在径向存在很大的温度梯度,又由于地铁车辆制动时间较短,温度从车轮踏面传递到车轮辐板处需要一定的时间,所以制动结束时刻,车轮辐板的温度几乎接近环境温度。在制动停止后,车轮踏面不再有热量输入,车轮处于冷却阶段,车轮踏面和轮辋不断向车轮辐板处传递热量,因此,制动结束后车轮辐板位置的温度会有一定的升高。比较图 8-10(a)和图 8-10(b),磨耗到限车轮的轮辋较薄,所以在同一时刻,温度由车轮踏面向车轮辐板传递的速度较新车轮要快一些。

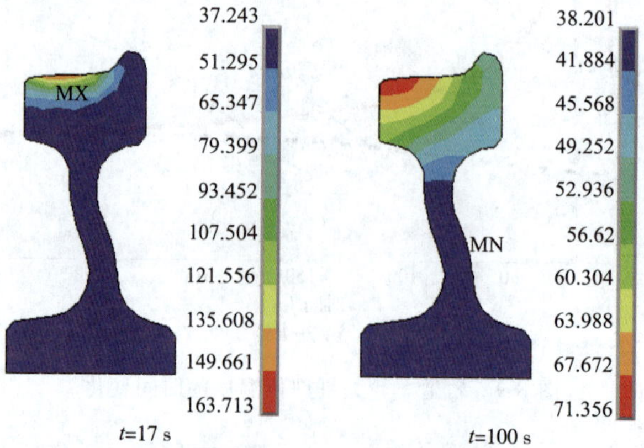

图 8-10 轨道车轮温度变化情况

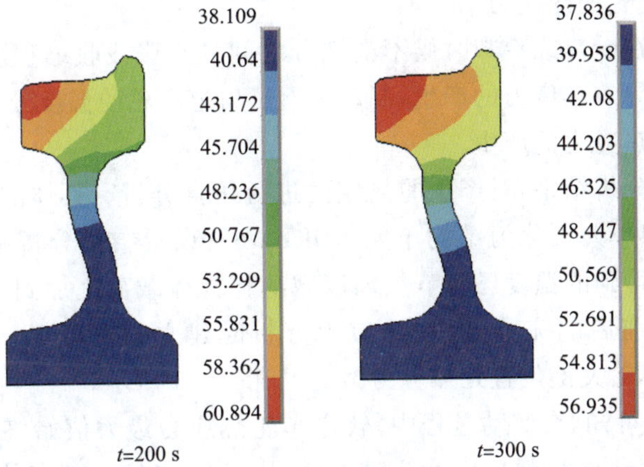

(a)新车轮温度云图(单位：℃)

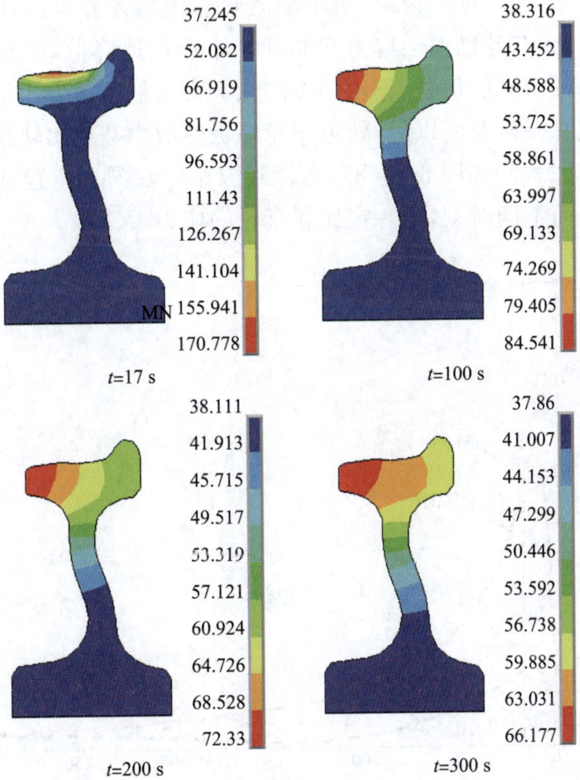

(b)磨耗到限车轮温度云图(单位：℃)

图 8-10　轨道车轮温度变化情况(续)

(3)轨道车轮的热应力

由于物体在受热或冷却时候不同部分之间的膨胀或收缩程度不一致,这些膨胀或收缩会导致热应力的产生,制动引起了轨道车轮的温度分布不均,所以导致了轨道车轮热应力的产生。

基于温度分析结果,对产生的热应力进行仿真分析。具体的方法是将热单元 SOLID70 热单元转化为结构单元 SOLID185,设置结构分析中的材料属性,再把热分析中得到的温度场各节点温度载荷作为体载荷施加到车轮上。并且,为了保持耦合前后的完整性,在热应力分析时建立与温度场一致的载荷步,300 s 内轨道车轮关键位置处热应力情况,如图 8-11 所示。

由图 8-11 可知,在制动过程中,轨道车轮热应力最大值始终出现在轨道车轮踏面处,温度最高时刻热应力出现峰值达 160.5 MPa(新车轮)、222.9 MPa(磨耗到限车轮)。当制动结束后,由于缺乏热量的输入并且踏面和轮辋不断向辐板处散热,因此,车轮踏面热应力在制动结束后迅速降低,车轮辐板热应力在制动结束后也有所降低,但是,车轮辐板的热应力降低的速率小于车轮踏面的热应力,这就造成在一段时间以后,轨道车轮辐板热应力甚至比轨道车轮踏面热应力大。对比图 8-11(a)和图 8-11(b),磨耗到限车轮在同一位置其最大热应力均比新车轮更大,而不同时刻,不一定比新车轮的应力大。

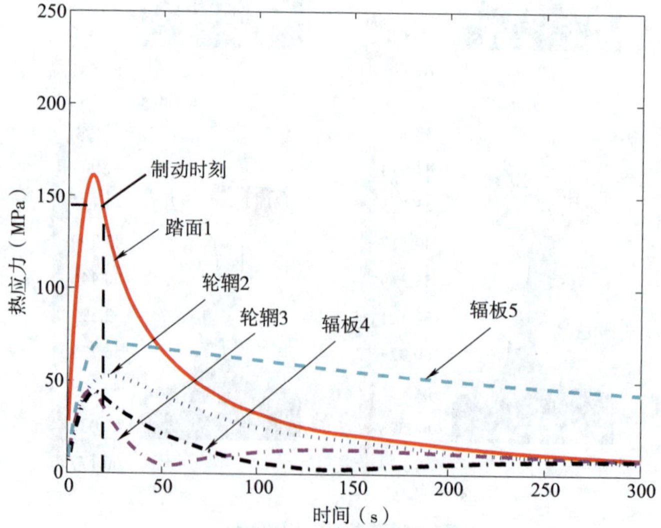

(a)新车轮

图 8-11 轨道车轮关键部位热应力变化情况

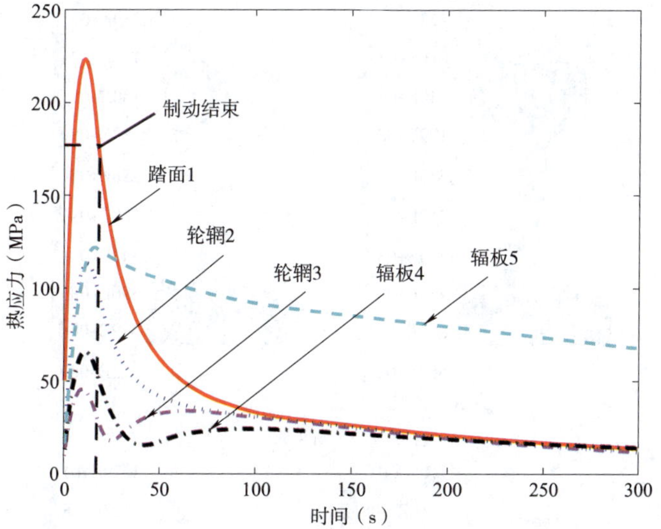

（b）磨耗到限车轮

图 8-11　轨道车轮关键部位热应力变化情况（续）

图 8-12 反映了轨道车轮截面在四个典型时刻的热应力云图。由图 8-12 可知，随着制动时间的增加，轨道热应力最大值逐渐由车轮踏面传递到车轮辐板处，车轮辐板出现了最大热应力，这是因为：刚开始制动时，车轮的温度只传递到踏面和轮辋处，车轮辐板处的温度接近于环境温度，随着制动时间的增加，热量逐渐向辐板传递并不断积聚。比较图 8-12(a)和图 8-12(b)，磨耗到限车轮的应力较新车轮大。

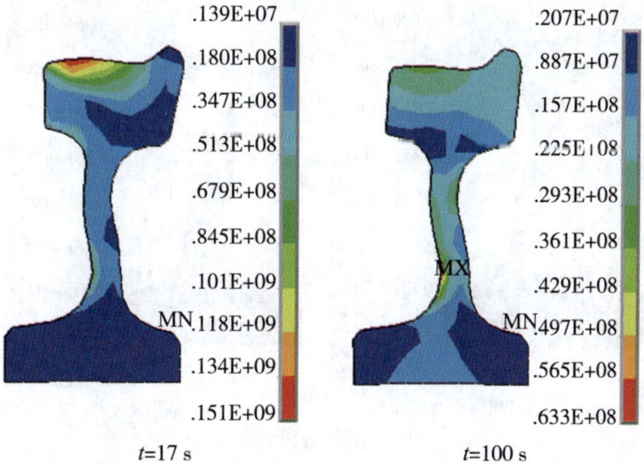

（a）新车轮

图 8-12　轨道车轮截面热应力云（单位：Pa）

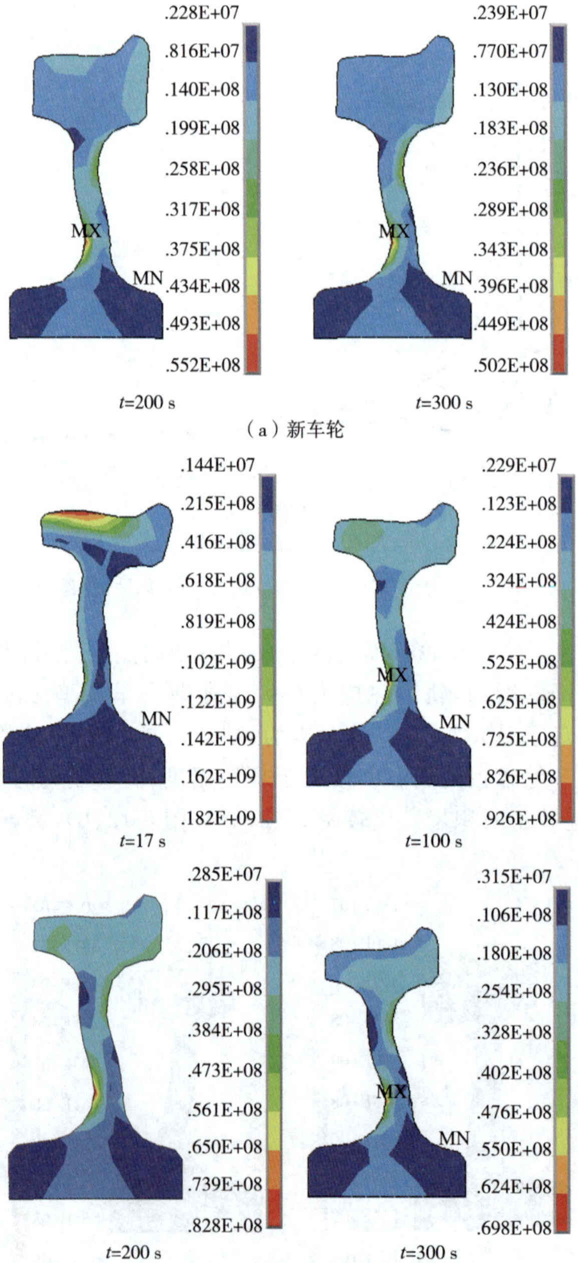

（a）新车轮

（b）磨耗到限车轮

图 8-12 轨道车轮截面热应力云(单位:Pa)(续)

图 8-13 为 300 s 时刻轨道车轮热应力云图。由图 8-13 可知，300 s 时刻车轮辐板处的热应力最大，数值为 50.2 MPa，其分应力布呈环状，这是因为在温度场分析时采用的是均布热源法，因此，在同一直径下的辐板处热应力相同。

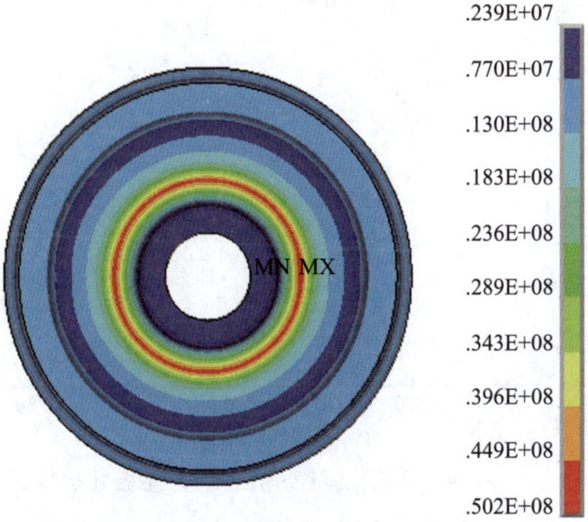

图 8-13　轨道车轮辐板热应力云(单位:Pa)

(4)不同磨耗下轨道车轮辐板的热应力

轨道车轮辐板处的热应力随着热量的传递和积聚，在制动结束后(t=17 s)辐板处热应力达到最大值，因此，对不同磨耗下轨道车轮的热应力分析中，选取此时刻车轮的辐板最大热应力，获得了制动结束后不同磨耗轨道车轮辐板处热应力情况，如图 8-14 所示。与结构应力分析中类似的是，随着车轮磨耗的加深，车轮辐板处的热应力也呈不断增加趋势。尽管不是十分明显，车轮的热应力在 ϕ820 mm 处也达到一次局部最大值，因此该车轮在 ϕ820 mm 避免旋轮的结论又一次得到了印证。

此外，当 t=17 s 时，新车轮相比磨耗到限车轮的辐板热应力增大了近 50 MPa，而相应的结构应力增大了才 20 MPa，这说明随着车轮磨耗的加深，热应力相比结构应力对车轮的疲劳影响大，热造成的影响是不可忽视的。

4. 轨道车轮热力耦合分析

(1)耦合应力

轨道车轮在运行过程中不仅仅受到结构场的作用，还受到不可忽视的温度场作用，同时考虑两者之间的相互作用，就是热力耦合问题，在研究过程中有两种方法进行耦合：直接耦合法和间接耦合法。直接耦合法是采用具有温度和位移自由度的耦合单元，同时得到热分析和结构应力分析的结果，而间接耦合法则是先进行热分析，然后再将求得的节点温度作为体载荷施加到模型上，再进行结构应力分析。

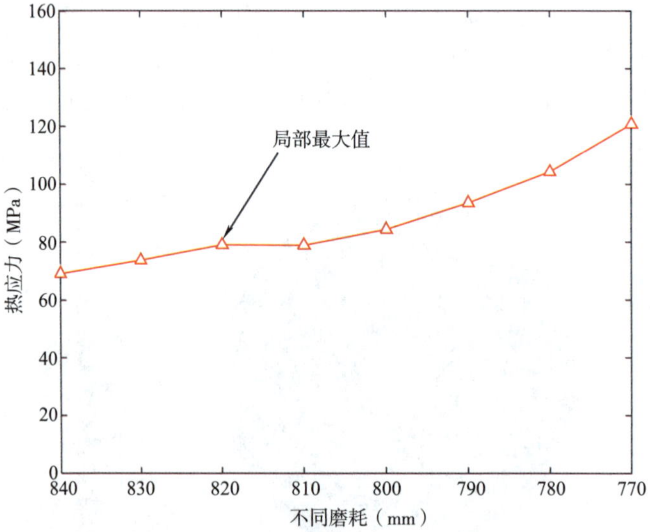

图 8-14　$t=17$ s 时不同磨耗下轨道车轮辐板处热应力趋势

本文采用间接耦合法对新车轮进行热力耦合分析，获得热力耦合作用下轨道车轮的应力云图，如图 8-15 所示。由图 8-15 可知，热力耦合作用下，结构应力最大节点对应的位置处的耦合应力并不是最大的，最大耦合应力点相比结构应力最大点位置发生了“漂移”，除了位置发生改变之外，数值上耦合应力的值较大。

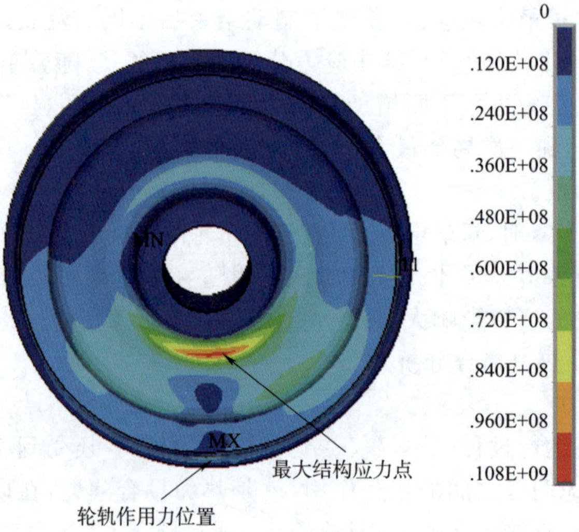

（a）结构应力云

图 8-15　轨道车轮在热力耦合作用下的应力云图（单位：Pa）

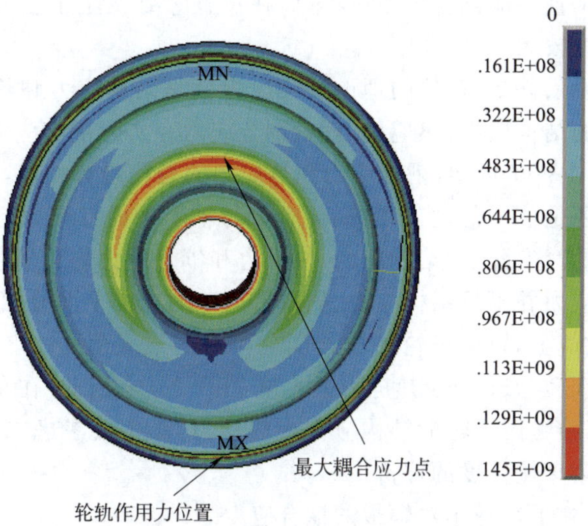

（b）热力耦合应力云

图 8-15　轨道车轮在热力耦合作用下的应力云图(单位:Pa)(续)

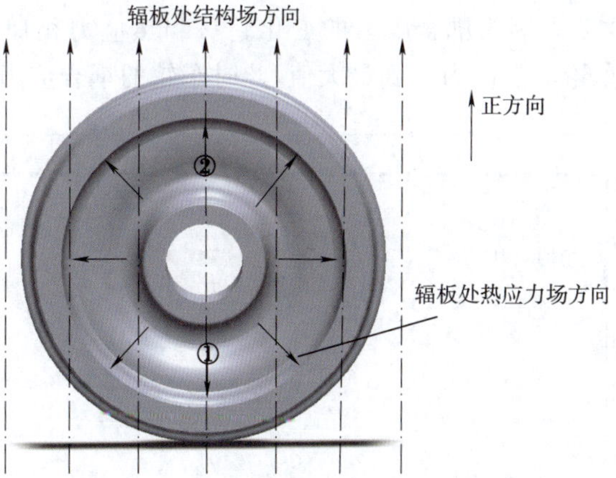

图 8-16　结构应力、热应力方向示意

为了解释轨道车轮辐板处热力耦合应力最大点位置发生的“漂移”现象，结合结构应力云图[图 8-15(a)]、热应力云图(图 8-13)以及热力耦合应力云图[图 8-15(b)]，假设结构应力和热应力均为平面二维力系，结构应力、热应力的方向如图 8-16 所示，现把结构应力最大节点位置称为位置①，把耦合应力最大节点位置称为位置②，由图 8-16 可知，在位置①处结构应力和热应力发生了反向消去现象，因此，位置①的耦合应力较小；而在位置②处发生了正向叠加，因此，位置②的耦合应力较大。

在上述假设条件下，车轮的理论耦合应力就是结构应力和热应力的简单二维叠加。车轮的结构应力、热应力、理论耦合应力和实际耦合应力变化关系如图 8-17 所示。由图 8-17 可知，耦合应力和热应力的变化趋势相似，更为重要的是：无论是位置①还是位置②，实际的耦合应力与基于平面二维力系假设的理论耦合应力是不同的。实际上，结构应力、热应力和耦合应力均为复杂的三维空间力系，因此，耦合应力并不是结构应力、热应力简单的二维平面叠加。

此外，在数值上，轨道车轮辐板处耦合应力的最大值 141.8 MPa 大于结构应力最大值 105.2 MPa 以及热应力最大值 71.2 MPa，因此，在车轮的结构设计时，不能仅仅单独考虑车轮的结构应力或热应力，必须要考虑二者的耦合作用，把耦合应力作为车轮强度的评价指标。

(2)不同磨耗下轨道车轮辐板的耦合应力

图 8-18 为 300 s 内新车轮和磨耗到限车轮的耦合应力情况。由图 8-18 可知，磨耗到限车轮的耦合应力总比新车轮的耦合应力大，并且，在 17 s 制动结束时刻新车轮和磨耗到限车轮辐板处的耦合应力分别达到最大值 179.5 MPa、141.8 MPa，这主要是因为耦合应力的变化趋势和热应力相似，因而，在制动结束时刻，辐板处车轮的热应力达到最大值，此时车轮的耦合应力也达到最大值。

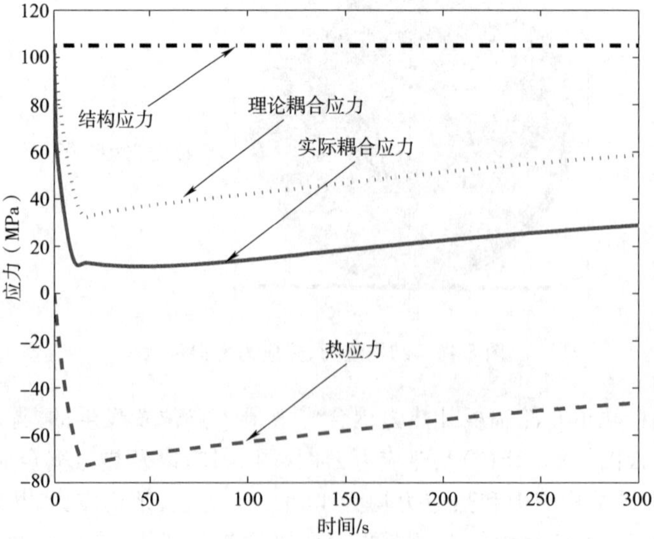

(a) 位置①处耦合情况

图 8-17　轨道车轮辐板热力耦合情况

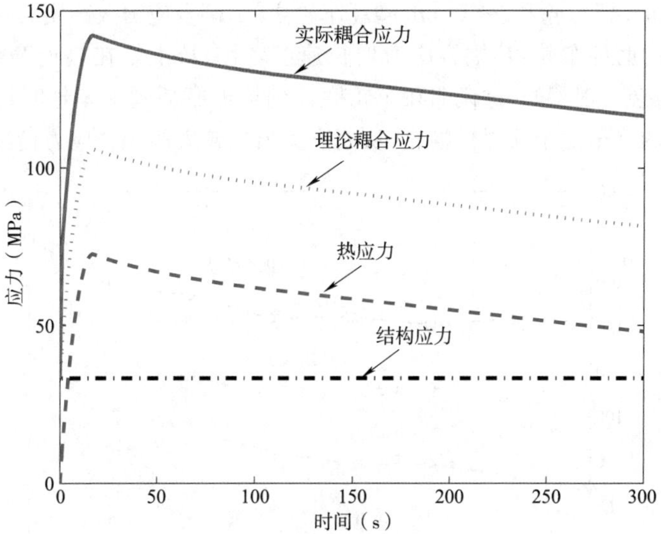

（b）位置②处耦合情况

图 8-17 轨道车轮辐板热力耦合情况(续)

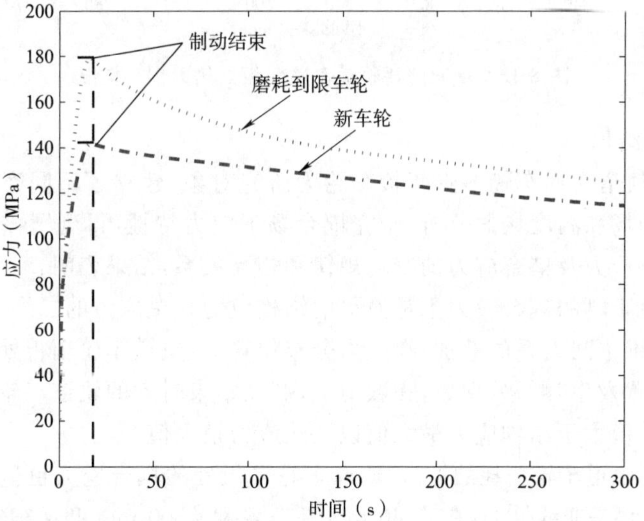

图 8-18 车轮辐板热力耦合情况

图 8-19 为不同磨耗轨道车轮辐板处的最大的耦合应力、结构应力以及热应力的对比，随着轨道车轮磨耗的加深，耦合应力比结构应力、热应力均大，设计中耦合应力应该予以考虑。并且耦合应力总体趋势是越来越大，呈非线性关系变化

的，在 ϕ840 mm 新车轮和 ϕ800 mm 磨耗车轮之间，耦合应力较稳定，在ϕ800 mm磨耗车轮之后的磨耗车轮，其耦合应力增长速度较快，特别是在接近磨耗到限车轮时，耦合应力会出现骤升，这说明在车轮磨耗到接近磨耗到限车轮时，为了保证城市轨道车辆的行车安全须尽快换轮，从而避免出现较大的耦合应力情况。

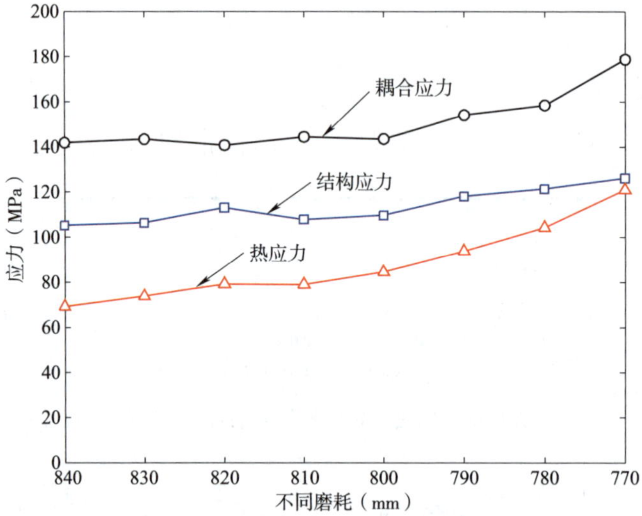

图 8-19 不同磨耗轨道车轮辐板处热力耦合情况

5. 算例结论

以城市轨道交通车辆 S 形辐板车轮为研究对象，建立了不同磨耗下车轮模型，通过结构场和温度场的分析，研究耦合场下应力特性，得到了该类型车轮的结构应力、热应力及耦合应力的变化规律和相互关系，结果表明：

(1)轨道车辆的耦合应力不是简单的结构应力与热应力的二维平面叠加，而是复杂的三维空间力系的叠加；在应力分布位置上，轨道车轮辐板处热力耦合应力最大点位置发生“漂移”现象；在数值上，制动结束时刻的轨道车轮辐板处耦合应力最大，其值大于结构应力最大值以及热应力最大值。

(2)随着轨道车轮磨耗的加深，轨道车轮辐板处的耦合应力也呈不断增加趋势，其变化趋势是非线性的，在 ϕ840 mm 新车轮和 ϕ800 mm 磨耗车轮之间，耦合应力较稳定，在 ϕ800 mm 磨耗车轮之后的磨耗车轮，其耦合应力增长速度较快，特别是在接近磨耗到限车轮时，耦合应力会出现骤升，磨耗到限时达到 179.5 MPa。

(3)在车轮的结构设计时，不能仅仅单独考虑车轮的结构应力或热应力，必须要考虑二者的耦合作用，把耦合应力作为车轮强度的评价指标。

第9章　车辆运行原理

对城市轨道交通车辆运行过程中的各个运行状态的计算研究，是分析列车运行过程的基础。对列车运行过程的研究，主要以牵引计算理论为基础，对车辆在运行过程中所受到的各种力和计算方法进行研究，然后以此为基础，建立以最快速策略和以经济策略的列车运行过程仿真模型。

9.1　概　　述

车辆运行计算又称为列车牵引计算，列车牵引计算以列车的纵向运动为计算对象，并以非稳态运动的牵引和制动工况为重点，对列车进行受力分析，通过对各种力的计算研究来确定列车的运行速度、运行时间以及计算列车的制动率、制动时间和制动距离等。因此，牵引计算涉及列车的编组条件、动车的牵引和制动装置、线路情况以及司机的操纵方法等多方面因素，是一个复杂的系统工程问题。

目前，主要的牵引计算模型分为单质点和多质点模型两类。两类模型的主要差异在于对列车的简化建模。

单质点的列车模型，是将列车视为一个没有尺寸的质点，所有的受力都发生在质点上，因此，单质点模型的受力计算比较简单。TB/T 1407.1—2018《列车牵引计算　第1部分：机车牵引式列车》也是以单质点模型为编写依据的。

多质点的列车模型，是将列车视为多个质点构成的刚性“质点链”，一般情况下，以一个机车或车辆为一个质点，多质点的列车不但要计算整体的受力情况，而且由于质点链有一定的长度，在列车途经不同的线路横纵断面时，其中的质点由于位置的不同，各自的受力也是不同的。因此，多质点的列车模型受力分析比较复杂，考虑车辆的长度，主要在大铁路上使用这种方法计算列车的运行。

总之，此牵引计算不但要确定列车的模型，还要确定列车的牵引模型，即列车的启动、牵引、惰行、制动等工况。由于列车在每种工况下的受力状态和运行状态都是不同的，随着线路的横纵断面的变化而变化，列车的运行过程完全用数学模型进行描述是比较困难的，无法对其运行过程设计通用的牵引计算模型，因此，必须要考虑实际应用场合，选取合适的模型，通过数值模拟的方法才能实现车辆的运行模拟。

9.2 车辆运行过程中的受力分析

9.2.1 车辆运行中的受力情况

因为城市轨道交通的列车编组一般是 4～8 节车厢，而且每列车在出厂时，已经按照预定的编组进行组装交付使用了。在运行过程中，列车的编组一般不再发生变化。所以，可以假定整个列车是一个质量集中的质点，通过对该质点的受力分析来研究列车的运动规律，如图 9-1 所示。

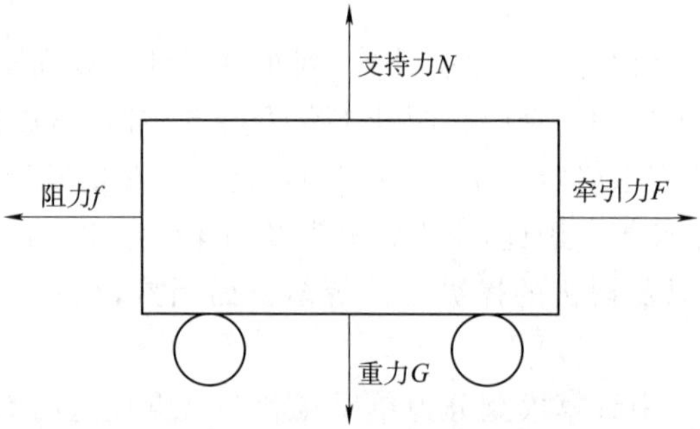

图 9-1 列车在运行过程中的受力情况

列车受到的外力全部作用在质点上，主要受到以下几种力：

(1)牵引力；

(2)基本阻力；

(3)由于曲线、坡道、隧道等产生的附加阻力；

(4)制动力；

(5)列车重力；

(6)线路对列车的支持力。

在城市轨道交通列车牵引计算中，前四种力是影响列车运行的基本力，由它们矢量相叠加而产生的合力，是推动列车运行状态不断变化的源泉。列车的部分重力构成了坡道的附加阻力，另一部分则通过轮轨之间的形变转化成列车的基本阻力，而线路的支持力则与列车重力以及列车在运行过程中的竖向冲击力构成一对平衡力，使得列车在竖直方向上存在很小的振动。但是，研究列车运行过程，主要是研究列车在水平方向上的运行规律，所以可以忽略列车在竖直方向上的受力情况。

9.2.2　车辆运行的基本力

1. 牵引力

由列车中的动车产生，是列车前进的动力。动车组牵引力的大小不但取决于动车的功率，机械传动效率，还取决于列车的运行速度，列车运行工况，以及列车动轮与轨道间的摩擦系数等因素。

牵引计算中，牵引力的取值一般来自动车组的牵引特性数据。根据当前的速度，可以计算得到当前列车的牵引力数值。牵引力与速度的关系可用下式表示：

$$F_{qy} = f(v) \tag{9-1}$$

式中，F_{qy} 是当前列车的牵引力，v 是当前速度。

列车的牵引特性曲线是车辆生产厂家给出的，有的以单电机特性曲线的形式给出，有的以牵引单元的形式给出，不同于城际铁路机车的牵引特性曲线。如图 9-2 所示，为上海轨道交通 2 号线 8 节编组的 Alstom 车辆的牵引特性曲线，齿轮传动比是 6.942 3，车轮直径为 805 mm。

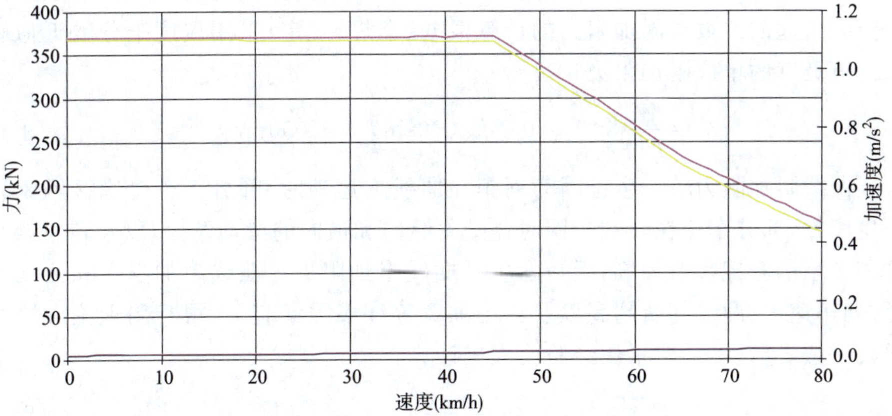

图 9-2　上海轨道交通 2 号线列车空载时的牵引特性曲线

假设点(v_1，w_1)和(v_2，w_2)是牵引特性曲线上已知的两点，点(v_x，w_x)在两点之间，速度 v_x已知，求牵引力的大小 w_x。这里采用线性插值法来求该点的牵引力。

$$w_x = w_1 + \frac{(w_2 - w_1)(v_x - v_1)}{v_2 - v_1} \tag{9-2}$$

单位重量的牵引力为 $w'_x = \dfrac{w_x \times 1\ 000}{Mg}$

式中，Mg 是列车的重量，w'_x 是单位重量的列车牵引力(N/kN)。

2. 基本阻力

列车运行过程中，由于机械摩擦、空气摩擦等因素的作用，产生的固有阻力称为列车的基本阻力。基本阻力中有些因素是不能通过定量的公式来计算，因此，一般通过大量的试验确定针对不同车型和编组的经验公式来近似表达列车的基本阻力。根据《牵规》，列车基本阻力的计算公式为

$$w_0 = a + bv + cv^2 \tag{9-3}$$

式中，a、b、c 为与车辆有关的经验常数。

《牵规》只给出了普通列车的基本阻力计算公式，并无适合城市轨道交通列车的运行阻力计算公式。这要根据计算需要，针对不同的动车与列车编组从特定厂家查定这些数据。

3. 附加阻力

附加阻力是由于线路平纵断面变化或者隧道以及其他原因产生的，分为坡度附加阻力、曲线附加阻力以及隧道附加阻力。

坡度附加阻力的产生是由于列车在坡道上运行时，其重力在沿下坡道方向的分力引起的。坡道附加阻力的计算根据《牵规》规定，采用坡度千分数近似表示计算坡度的单位附加阻力

$$w_i = \frac{W_i}{Mg} \times 1\ 000 = 1\ 000\sin\theta \approx 1\ 000\tan\theta = i \tag{9-4}$$

曲线附加阻力的产生是因为列车在曲线上运动时，部分车轮轮缘接触钢轨产生摩擦，部分车轮在转动的同时伴随着纵向和横向的滑动摩擦，以及转向架心盘和旁承的摩擦都要加剧，于是发生了曲线附加阻力。曲线附加阻力和曲线半径、列车速度、曲线外轨超高以及轨距加宽等许多因素有关，很难用理论方法推导其解法。所以，一般采用经验公式来计算。

$$w_r = \frac{A}{R} \tag{9-5}$$

式中，A 是经验常数，根据《牵规》规定，中国标准轨距的曲线附加单位阻力的计算采用的 $A=600$，R 是曲线半径。

隧道附加阻力是隧道空气附加阻力。隧道空气附加阻力与隧道长度、隧道截面积、列车截面积、列车外形等因素有关。隧道越长，隧道附加阻力就越大，列

车越长、速度越高，隧道附加阻力也越大。当前，理论上计算隧道附加阻力尚不成熟，通常采用经验公式或试验数据来代替。

$$w_s = 0.000\,13L_s \tag{9-6}$$

式中，L_s 是隧道长度(m)。

因此，一般情况下，附加阻力的计算见式(9-7)

$$w_{fz} = w_i + w_r + w_s \tag{9-7}$$

式中，w_{fz} 为线路附加阻力。

4. 制动力

制动力是控制列车运行的人为施加的阻力。通常由列车上安装的制动装置产生。制动力的大小与列车运行速度、制动方式等因素相关。一般地，列车确定后，制动力的计算仅与当前速度有关，即

$$F_{zd} = g(v) \tag{9-8}$$

目前，城市轨道交通中的制动方式普遍采用的是电空配合制动形式，其制动特性在低速时，由于空气制动的补偿，显著改善了电制动的特性。更确切地说，是电空混合制动特性弥补了单一电制动特性的不足，一般地，电空混合制动特性曲线如图 9-3 所示，为上海轨道交通 2 号线 8 节编组的 Alstom 车辆的制动特性曲线，齿轮传动比是 6.942 3，车轮直径为 805 mm。

由于空气制动力的补偿作用，使得地铁列车的制动能力在停站制动初速(5～12 km/h)以后，可以在很长一段速度范围内保持稳定，速度超过一定值以后，电制动受到制动电流的限制而呈现线性下降趋势。

在实际的列车运行过程仿真中，一般制动采用电阻制动方式，根据电阻制动特性曲线，或者电空制动混合特性曲线，采取线性插值法计算任意速度的制动力。

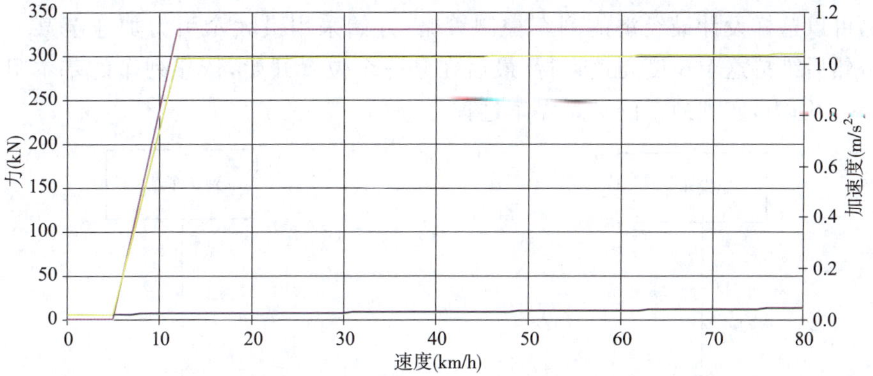

图 9-3　上海轨道交通 2 号线列车空载时的制动特性曲线

9.3 车辆运行策略

列车运行控制策略是指列车在一定的牵引算法基础上，根据计算的实际需要对列车在运行过程中的操纵方法进行假定而建立的自动化运行控制仿真模型。本系统主要采用以下两种控制策略。

所谓最快速策略，要让列车以最少的时间完成运行任务，需要尽可能发挥列车的牵引性能和制动性能，在此种算法下，列车运行的策略是尽可能高速度或者节约时间。因此，牵引时采用最大牵引力，制动时采用最大制动力，达到限速时，以限制速度匀速运行，如图9-4所示。这一列车运行策略基本上满足了牵引计算的要求，可以用来计算区间运行时分，绘制速度—位移曲线等。

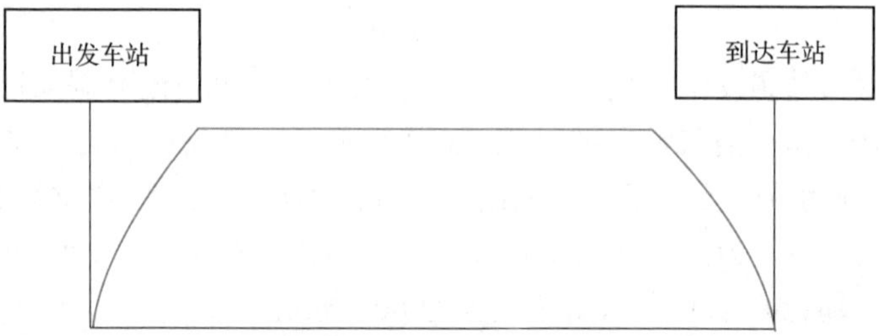

图9-4　理想情况下最快速策略的列车运行过程速度—位移曲线

最经济策略，即采用最节能的方法运行。实践表明，较节能的方法是：加速阶段以最大牵引力加速，中间阶段采用匀速运行或尽可能地惰行，直至最后不需要制动力就可以进站准确停车，如图9-5所示。如果区间运行时分比较富裕的话，速度越低，列车能耗就越小。另外，运行速度的波动越小，能耗也越小。因此，可以这样设计最经济的列车控制策略：开始采用最大牵引力加速至某一速度，然后维持这个速度匀速运行，最后在某一个位置开始，依靠列车的基本阻力和附加阻力，实现列车的进站停车过程。

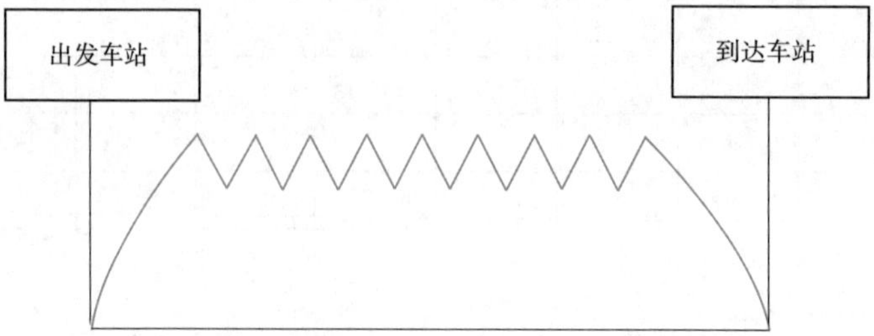

图9-5　理想情况下最经济策略的列车运行过程速度—位移曲线

9.4　车辆运行过程建模方法

一般地，将列车运行过程分为以下若干个阶段，比如启动过程、牵引过程、惰行过程、匀速过程、限速过程、制动过程以及进站制动过程等。

为了研究的方便，对其中的一些控制过程进行合并，所以，可将列车运行过程分为以下六个过程：启动过程、加速过程、匀速过程、惰行过程及制动过程，如图 9-6 所示。

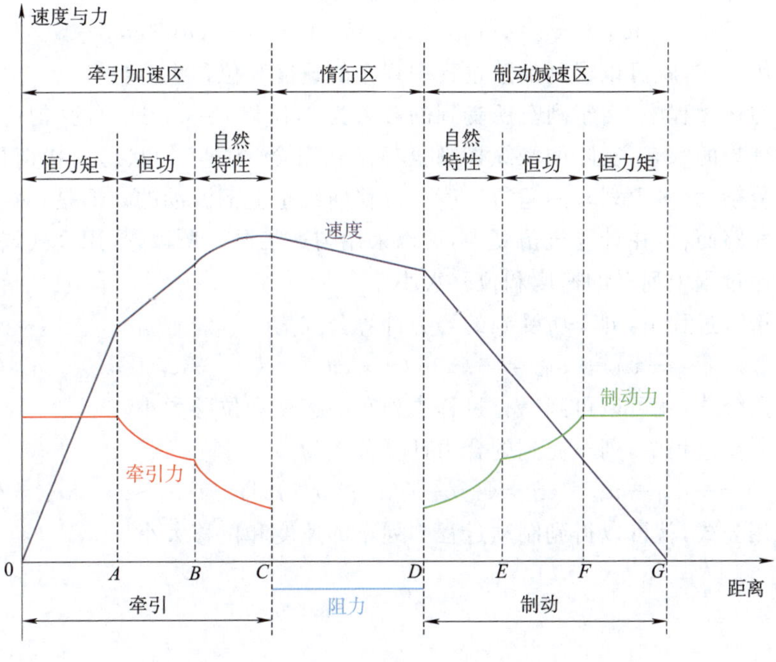

图 9-6　列车运行过程

因为城市轨道交通系统列车的启动比较频繁，所以对启动过程进行单独计算($v \leqslant 2.5$ km/h)，并将这一速度内的列车运行阻力视为不变的。

若启动阻力 $w_{qz} = e$（e 为启动阻力经验常数），启动过程单位合力计算如下。

$$c = w_{qy} - w_{qz} = w_{qy} - e(v \leqslant 2.5 \text{ km/h}) \tag{9-9}$$

$$a = \frac{C}{M} = \frac{cMg}{M(1+\gamma)} = \frac{cg}{1\,000(1+\gamma)} \tag{9-10}$$

式中,C 是列车受到的合力(N),γ 是回转质量系数(常取 0.06),M 是列车总质量。

因此,列车在启动阶段的速度—距离计算公式为

$$\begin{cases} S_{i+1} = S_i + v_i * \Delta t + \dfrac{a_i * \Delta t^2}{2} \\ v_{i+1} = v_i + a_i * \Delta t \end{cases} \tag{9-11}$$

式中,S_i 和 S_{i+1} 是列车到 i 和 $i+1$ 步长时的走行距离,v_i 和 v_{i+1} 是列车到 i 和 $i+1$ 步长时的速度,Δt 是步长时间。

同理,在加速过程中,列车受到的合力计算公式为

$$c = w_{\mathrm{qy}} - w_{\mathrm{jz}} - w_{\mathrm{fz}} = w_{\mathrm{qy}} - (a + bv + cv^2) - (w_{\mathrm{i}} + w_{\mathrm{r}} + w_{\mathrm{s}}) \tag{9-12}$$

采用公式,就可以得到加速过程中列车的速度和位移大小。

在匀速过程中,由于列车所受到的合力为 0,所以 $c=0$。这里的“匀速”状态是一种理想的状态,实际的操纵控制很难做到完全“匀速”的状态。特别是当线路比较复杂,大多数列车的运行速度—位移曲线是上下波动的。但是,对于比较平直的线路而言,在计算机仿真中,可以采用匀速工况。所以,采用公式,就可以得到匀速过程中列车的速度和位移大小。

在惰行过程中,列车所受到的合力计算公式为

$$c = - w_{\mathrm{jz}} - w_{\mathrm{fz}} = - (a + bv + cv^2) - (w_{\mathrm{i}} + w_{\mathrm{r}} + w_{\mathrm{s}}) \tag{9-13}$$

采用公式,就可以得到惰行过程中列车的速度和位移大小。

在制动过程中,列车受到的合力计算公式为

$$c = - w_{\mathrm{zd}} - w_{\mathrm{jz}} - w_{\mathrm{fz}} = - w_{\mathrm{zd}} - (a + bv + cv^2) - (w_{\mathrm{i}} + w_{\mathrm{r}} + w_{\mathrm{s}}) \tag{9-14}$$

采用公式,就可以得到制动过程中列车的速度和位移大小。

第 10 章　车辆振动原理

世界各国广泛采用的传统轨道结构是由钢轨、扣件、轨枕和道砟组成的，列车以一定速度在轨道上运行时，轮轨表面不平顺、车辆的蛇行运动激励轮轨系统产生振动，振动向上经车轮、构架以及相应的弹簧悬挂传递至车体结构，向下经扣件传递至轨枕，从而均匀地传递到道砟之上，向更底层的土壤中传播，所有这些振动对交通运输质量（快速、安全、舒适）具有较大的影响。因此，认识和了解车辆的振动具有非常重要的意义。

10.1　车辆的基本振动型式

轨道车辆为了隔离振动，在车体与走行部之间设置了柔软的悬挂系统。车辆的车体、转向架及其他零部件在不考虑车体自身的弹性振动时，作为刚体在车辆弹性悬挂装置系统上的振动根据三维坐标系 x、y、z，3 个坐标轴中的 6 个自由度，可分为 6 种振动型式，包括：伸缩、横摆、浮沉、侧滚、点头和摇头，如图 10-1 所示。

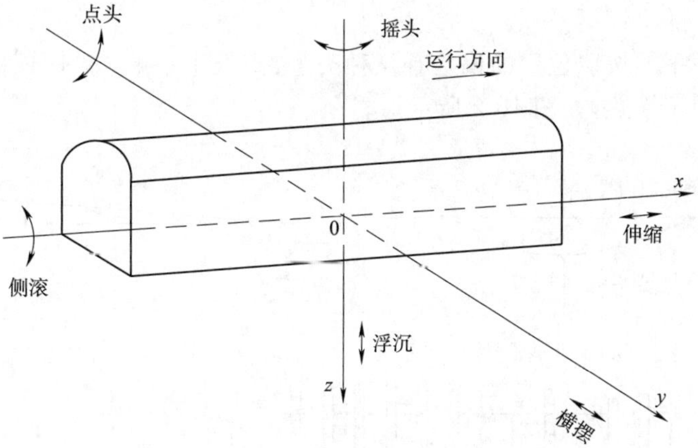

图 10-1　轨道车辆车体振动的基本振动型式

当车辆运行时，在线路不平顺的随机激励下，车体、转向架及其他零部件都会产生振动。此时，上述各种振动都会同时呈现，但是振动幅度和频率将是随机变化的。

10.2 车辆振动的原因

引起车辆振动的原因有 2 种,包括线路的原因(外部的原因)和自激性的原因(内部的原因)。

10.2.1 线路的原因

轨道实际几何形状与名义尺寸的偏差称为轨道不平顺。轨道的不平顺会随着运用而逐渐扩大。结果扩大了轮轨打击力,反过来又加重了线路的不平顺。城市轨道交通中的轨道与传统铁路的轨道有所不同。传统铁路的轨道由钢轨、轨枕、道砟(道床)、路基组成。城市轨道交通中的轨道除了少部分线路采用石砟道床外,一般在隧道或高架线上均采用整体道床或承载台等形式。对于轨道不平顺扩大的问题,整体道床比石砟道床问题要小得多,但轨道不平顺的问题是普遍存在的。

在轨道的使用过程中,高架预应力梁的徐变、橡胶垫的蠕变与老化、地基的不均匀下沉、钢轨的波浪形磨耗等导致的轨道不平顺为引起车辆振动的主要线路原因。

轨道不平顺按照性质有 3 种类型:离散不平顺、周期性不平顺和随机性不平顺。如道岔、低接头等属于离散不平顺,钢轨接头、波浪磨耗属于周期性不平顺。三角坑属于随机性不平顺。

轨道不平顺按照位置的偏差有 4 种类型:高低不平顺、水平不平顺、轨距不平顺和方向不平顺,如图 10-2 所示。

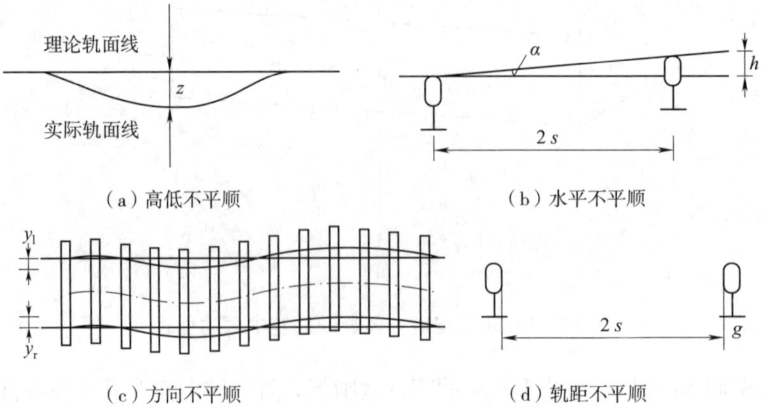

图 10-2 轨道不平顺的四种类型

高低不平顺又叫垂直不平顺，是轨道顶面沿轨长(纵向)的高低引起的不平顺。垂直不平顺可细分为左轨、右轨和中心线的垂直不平顺，其中，中心线的垂直不平顺等于左、右轨垂直不平顺的平均值。垂直不平顺是由轨面不均匀的磨耗、低接头、弹性垫层和轨枕、道床、路基的弹性不均、各扣件和部件间的扣紧程度和间隙不等、轨枕底部的暗坑、道床和路基的永久变形等原因所造成的，是激起车辆垂向振动的主要因素，能使轮轨间产生很大的垂直动作用力。

水平不平顺是左、右轨对应点的高差沿轨长(纵向)的不平顺，常用左右两轨的高差所形成的倾角 α 表示。水平不平顺由轨道高低不平顺所派生的，是引起轨道车辆横向侧滚、横摆耦合振动的重要原因。

方向不平顺是轨道横向沿轨长(纵向)的弯曲不平顺，也称为横向不平顺。方向不平顺可细分为左轨、右轨和中心线的方向不平顺，其中，中心线的方向不平顺等于左、右轨方向不平顺的平均值。方向不平顺是由于轨道铺设时的初始弯曲、养护和运用中积累的轨道横向弯曲变形等原因所造成的，是激发轮对产生横向运动、引起车辆左右摇摆和侧滚振动的主要原因。

轨距不平顺是指左、右轨对应点的横向间距沿轨长(纵向)的不平顺。轨距不平顺是由左右两轨的方向不平顺所派生出的，其数值以实际轨距与名义轨距之差来表示。

各种不平顺对车辆运行的平稳性、安全性有重大影响，因而要限制不平顺的幅度。

10.2.2 自激性的原因

车辆在运行过程中，在车轮与钢轨的接触面之间存在着一定的蠕滑力，它会随着车轮与轨面的相对位置或运动状态而发生变化。在一定条件下，蠕滑力会激起车轮甚至车辆发生剧烈振动，因其振动原因是自激性的，而不是因为线路不平顺所产生，故这种振动称为自激振动。

这种自激振动被称为蛇行运动，所谓蛇行运动是指轨道车辆在直线上高速运行时可能会出现的一种横向振动。由于车轮踏面呈锥形，且轮缘与钢轨间存在间隙，当轮对中心在行进中偶尔偏离直线轨道的中心时，两车轮便以不同直径的滚动圆在钢轨上滚动，轮对一面作横向摆动，车辆沿轨道运行时，受到微小激振就会产生一种振幅保持或继续增大直到轮缘受到约束的特有运动，此时轮对向前滚动一面横向往摆动，一面又绕铅锤中心来回转动，其轮对中心轨迹呈波浪形。这种自激振动主要是在横向平面内产生的，它会引起车辆及其部件的剧烈摇头和滚摆。剧烈的蛇行运动不仅破坏机车车辆运行的平稳性，而且还损坏铁路，甚至引起脱轨事故，它是列车速度进一步提高的主要障碍。

10.3 车辆振动建模方法

轨道车辆作为一个复杂的多自由度振动系统，其振动性能的定量分析与评价关键在于建立一个能够反映车辆实际运行工况而又不太复杂的模型。最初，是将轨道车辆简化成单自由度系统；后来，又发展成多自由度系统。随着研究的深入，人们认识到，考虑到工程实际的需要，建模时采用的自由度数并非越多越好，要根据车型及研究目的对自由度数进行合理取舍。

10.3.1 系统动力学模型建立的基本假设

常规的单节轨道车辆是由 1 个车体，2 个转向架，4 个轮对组成的车辆。每个转向架与车体之间的连接，可以简化为垂向 1 个弹簧，1 个阻尼器，称为二系弹簧和阻尼；每个转向架与轮对之间的连接，可以简化为垂向 2 个弹簧，2 个阻尼器，称为一系弹簧和阻尼。

为建立轨道车辆垂直振动系统的动力学模型，采用如下基本假设：

(1)每节轨道车辆的车体、转向架和轮对均视为刚体，不考虑振动过程中车体、转向架和轮对的弹性、扭曲等变形；

(2)不考虑轨道车辆悬挂系统的非线性影响，弹簧符合虎克定律，阻尼是黏滞阻尼，其大小与速度成正比；

(3)只研究单节的轨道车辆，即只考虑车体、转向架和轮对在横向和垂向上的振动，不考虑其纵向连接的车钩力；

(4)轨道车辆的车体在通过质心的纵向垂直平面左右对称，在通过质心的横向垂直平面前后对称，前后转向架相对车体的位置和本身的结构与参数相同，各轮对相对于转向架的位置和本身的结构与参数相同；

(5)为计算方便，假定弹簧与阻尼器在同一位置。

10.3.2 系统动力学模型的建立

由系统动力学模型建立的基本假设，轨道车辆垂直振动系统可看作是空间内通过线性弹簧与阻尼连接的多刚体运动系统。由于不考虑纵向的伸缩运动、横向的横移运动、绕纵向的侧滚运动、绕垂向的摇头运动。因此，每个车体具有 2 个自由度，每个转向架具有 2 个自由度，每个轮对具有 1 个自由度。

由此，可以得到一个具有 10 自由度的轨道车辆动力学模型，如图 10-3 所示。图 10-3 中,各参数的意义见表 10-1 和表 10-2,线位移和角位移皆从初始静平衡位置算起,垂直位移以向上方向为正,角位移以顺时针方向为正。

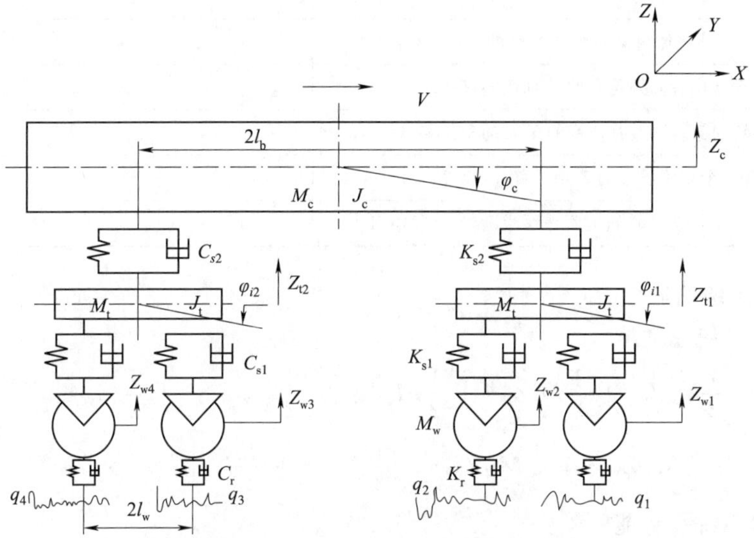

图 10-3　10 自由度轨道车辆动力学模型

表 10-1　某地铁车辆的参数 10 自由度轨道车辆力学模型的车辆参数

参数名称	符号
车体质量	M_c
车体转动点头惯量	J_c
构架质量	M_t
构架点头惯量	J_t
一系垂向刚度	K_{s1}
一系垂向阻尼	C_{s1}
二系垂向刚度	K_{s2}
二系垂向阻尼	C_{s2}
轮对质量	M_w
轮轨接触刚度	K_h
车辆定距之半	L_b
轴距之半	L_w

表 10-2　10 自由度轨道车辆力学模型的位移参数

参数名称	符号
车体质心的 Z 轴位移	Z_c
车体绕通过其质心的 Y 轴的角位移	φ_c
第 i 位转向架质心的 Z 轴位移，$i=1,2$	Z_{ti}
第 i 位转向架绕通过其质心的 Y 轴的角位移，$i=1,2$	φ_{ti}
第 i 个车轮质心的 Z 轴位移，$i=1,2,3,4$	Z_{wi}
第 i 个车轮下 Z 轴轨道不平顺激励，$i=1,2,3,4$	q_i

1. 系统的能量

(1)系统总动能

$$\begin{aligned}T=&\frac{1}{2}M_c\dot{Z}_c{}^2+\frac{1}{2}M_t\dot{Z}_{t1}{}^2+\frac{1}{2}M_t\dot{Z}_{t2}{}^2+\frac{1}{2}M_w\dot{Z}_{w1}{}^2+\frac{1}{2}M_w\dot{Z}_{w2}{}^2\\&+\frac{1}{2}M_w\dot{Z}_{w3}{}^2+\frac{1}{2}M_w\dot{Z}_{w4}{}^2+\frac{1}{2}J_c\dot{\varphi}_c{}^2+\frac{1}{2}J_t\dot{\varphi}_{t1}{}^2+\frac{1}{2}J_t\dot{\varphi}_{t2}{}^2\end{aligned}\tag{10-1}$$

(2)系统总势能

$$\begin{aligned}V=&\frac{1}{2}K_{s2}(Z_c-\varphi_c l_c-Z_{t1})^2+\frac{1}{2}K_{s2}(Z_c+\varphi_c l_c-Z_{t2})^2\\&+\frac{1}{2}K_{s1}(Z_{t1}-\varphi_{t1}l_t-Z_{w1})^2+\frac{1}{2}K_{s1}(Z_{t1}+\varphi_{t1}l_t-Z_{w2})^2\\&+\frac{1}{2}K_{s1}(Z_{t2}-\varphi_{t2}l_t-Z_{w3})^2+\frac{1}{2}K_{s1}(Z_{t2}+\varphi_{t2}l_t-Z_{w4})^2\end{aligned}\tag{10-2}$$

(3)系统耗散能

$$\begin{aligned}D=&\frac{1}{2}C_{s2}(\dot{Z}_c-\dot{\varphi}_c l_c-\dot{Z}_{t1})^2+\frac{1}{2}C_{s2}(\dot{Z}_c+\dot{\varphi}_c l_c-\dot{Z}_{t2})^2\\&+\frac{1}{2}C_{s1}(\dot{Z}_{t1}-\dot{\varphi}_{t1}l_t-\dot{Z}_{w1})^2+\frac{1}{2}C_{s1}(\dot{Z}_{t1}+\dot{\varphi}_{t1}l_t-\dot{Z}_{w2})^2\\&+\frac{1}{2}C_{s1}(\dot{Z}_{t2}-\dot{\varphi}_{t2}l_t-\dot{Z}_{w3})^2+\frac{1}{2}C_{s1}(\dot{Z}_{t2}+\dot{\varphi}_{t2}l_t-\dot{Z}_{w4})^2\end{aligned}\tag{10-3}$$

(4)系统的动势

$$L=T-V\tag{10-4}$$

2. 系统能量的导数

(1)系统动势对各位移速度的导数

$$\frac{\partial L}{\partial \dot{Z}_c}=M_c\dot{Z}_c \quad \frac{\partial L}{\partial \dot{Z}_{t1}}=M_t\dot{Z}_{t1} \quad \frac{\partial L}{\partial \dot{Z}_{t2}}=M_t\dot{Z}_{t2} \quad \frac{\partial L}{\partial \dot{Z}_{w1}}=M_w\dot{Z}_{w1}$$

$$\frac{\partial L}{\partial \dot{Z}_{w2}}=M_w\dot{Z}_{w2} \quad \frac{\partial L}{\partial \dot{Z}_{w3}}=M_w\dot{Z}_{w3} \quad \frac{\partial L}{\partial \dot{Z}_{w4}}=M_w\dot{Z}_{w4} \tag{10-5}$$

$$\frac{\partial L}{\partial \dot{\varphi}_c}=J_c\dot{\varphi}_c \quad \frac{\partial L}{\partial \dot{\varphi}_{t1}}=J_t\dot{\varphi}_{t1} \quad \frac{\partial L}{\partial \dot{\varphi}_{t2}}=J_t\dot{\varphi}_{t2}$$

(2)系统动势对各位移的导数

$$\frac{\partial L}{\partial Z_c}=-K_{s2}(Z_c-\varphi_c l_c-Z_{t1})-K_{s2}(Z_c+\varphi_c l_c-Z_{t2})=K_{s2}(Z_{t1}+Z_{t2}-2Z_c) \tag{10-6}$$

$$\begin{aligned}\frac{\partial L}{\partial Z_{t1}}&=K_{s2}(Z_c-\varphi_c l_c-Z_{t1})-K_{s1}(Z_{t1}-\varphi_{t1}l_t-Z_{w1})-K_{s1}(Z_{t1}+\varphi_{t1}l_t-Z_{w2})\\&=K_{s2}Z_c-K_{s2}\varphi_c l_c-(K_{s2}+2K_{s1})Z_{t1}+K_{s1}Z_{w1}+K_{s1}Z_{w2}\end{aligned} \tag{10-7}$$

$$\begin{aligned}\frac{\partial L}{\partial Z_{t2}}&=K_{s2}(Z_c-\varphi_c l_c-Z_{t2})-K_{s1}(Z_{t2}-\varphi_{t2}l_t-Z_{w3})-K_{s1}(Z_{t2}+\varphi_{t2}l_t-Z_{w4})\\&=K_{s2}Z_c-K_{s2}\varphi_c l_c-(K_{s2}+2K_{s1})Z_{t2}+K_{s1}Z_{w3}+K_{s1}Z_{w4}\end{aligned} \tag{10-8}$$

$$\frac{\partial L}{\partial Z_{w1}}=K_{s1}(Z_{t1}-\varphi_{t1}l_t-Z_{w1})=K_{s1}Z_{t1}-K_{s1}\varphi_{t1}l_t-K_{s1}Z_{w1} \tag{10-9}$$

$$\frac{\partial L}{\partial Z_{w2}}=K_{s1}(Z_{t1}+\varphi_{t1}l_t-Z_{w2})=K_{s1}Z_{t1}+K_{s1}\varphi_{t1}l_t-K_{s1}Z_{w2} \tag{10-10}$$

$$\frac{\partial L}{\partial Z_{w3}}=K_{s1}(Z_{t2}-\varphi_{t2}l_t-Z_{w3})=K_{s1}Z_{t2}-K_{s1}\varphi_{t2}l_t-K_{s1}Z_{w3} \tag{10-11}$$

$$\frac{\partial L}{\partial Z_{w4}}=K_{s1}(Z_{t2}-\varphi_{t2}l_t-Z_{w4})=K_{s1}Z_{t2}+K_{s1}\varphi_{t2}l_t-K_{s1}Z_{w4} \tag{10-12}$$

$$\begin{aligned}\frac{\partial L}{\partial \varphi_c}&=K_{s2}l_c(Z_c-\varphi_c l_c-Z_{t1})-K_{s2}l_c(Z_c+\varphi_c l_c-Z_{t2})\\&=K_{s2}l_c(Z_{t2}-Z_{t1}-2\varphi_c l_c)\end{aligned} \tag{10-13}$$

$$\begin{aligned}\frac{\partial L}{\partial \varphi_{t1}}&=K_{s1}l_t(Z_{t1}-\varphi_{t1}l_t-Z_{w1})-K_{s1}l_t(Z_{t1}+\varphi_{t1}l_t-Z_{w2})\\&=K_{s1}l_t(Z_{w2}-Z_{w1}-2\varphi_{t1}l_t)\end{aligned} \tag{10-14}$$

$$\begin{aligned}\frac{\partial L}{\partial \varphi_{t1}}&=K_{s1}l_t(Z_{t2}-\varphi_{t2}l_t-Z_{w3})-K_{s1}l_t(Z_{t2}+\varphi_{t2}l_t-Z_{w4})\\&=K_{s1}l_t(Z_{w4}-Z_{w3}-2\varphi_{t1}l_t)\end{aligned} \tag{10-15}$$

(3)系统耗散能对各位移速度的导数

$$\begin{aligned}\frac{\partial D}{\partial \dot{Z}_c}&=C_{s2}(\dot{Z}_c-\dot{\varphi}_c l_c-\dot{Z}_{t1})+C_{s2}(\dot{Z}_c+\dot{\varphi}_c l_c-\dot{Z}_{t2})+C_d(\dot{Z}_d-\dot{Z}_c)\\&=C_{s2}(2\dot{Z}_c-\dot{Z}_{t1}-\dot{Z}_{t2})\end{aligned} \tag{10-16}$$

$$\frac{\partial D}{\partial \dot{Z}_{t1}}=-C_{s2}(\dot{Z}_c-\dot{\varphi}_c l_c-\dot{Z}_{t1})+C_{s1}(\dot{Z}_{t1}-\dot{\varphi}_{t1}l_t-\dot{Z}_{w1})+C_{s1}(\dot{Z}_{t1}+\dot{\varphi}_{t1}l_t-\dot{Z}_{w2})$$

$$=-C_{s2}\dot{Z}_c+C_{s2}\dot{\varphi}_c l_c+(C_{s2}+2C_{s1})\dot{Z}_{t1}-C_{s1}\dot{Z}_{w1}-C_{s1}\dot{Z}_{w2} \tag{10-17}$$

$$\frac{\partial D}{\partial \dot{Z}_{t2}}=-C_{s2}(\dot{Z}_c-\dot{\varphi}_c l_c-\dot{Z}_{t2})+C_{s1}(\dot{Z}_{t2}-\dot{\varphi}_{t2}l_t-\dot{Z}_{w3})+C_{s1}(\dot{Z}_{t2}+\dot{\varphi}_{t2}l_t-\dot{Z}_{w4})$$

$$=-C_{s2}\dot{Z}_c+C_{s2}\dot{\varphi}_c l_c+(C_{s2}+2C_{s1})\dot{Z}_{t2}-C_{s1}\dot{Z}_{w3}-C_{s1}\dot{Z}_{w4} \tag{10-18}$$

$$\frac{\partial D}{\partial \dot{Z}_{w1}}=-C_{s1}(\dot{Z}_{t1}-\dot{\varphi}_{t1}l_t-\dot{Z}_{w1})=-C_{s1}\dot{Z}_{t1}+C_{s1}\dot{\varphi}_{t1}l_t+C_{s1}\dot{Z}_{w1} \tag{10-19}$$

$$\frac{\partial D}{\partial \dot{Z}_{w2}}=-C_{s1}(\dot{Z}_{t1}+\dot{\varphi}_{t1}l_t-\dot{Z}_{w2})=-C_{s1}\dot{Z}_{t1}-C_{s1}\dot{\varphi}_{t1}l_t+C_{s1}\dot{Z}_{w2} \tag{10-20}$$

$$\frac{\partial D}{\partial \dot{Z}_{w3}}=-C_{s1}(\dot{Z}_{t2}-\dot{\varphi}_{t2}l_t-\dot{Z}_{w3})=-C_{s1}\dot{Z}_{t2}+C_{s1}\dot{\varphi}_{t2}l_t+C_{s1}\dot{Z}_{w3} \tag{10-21}$$

$$\frac{\partial D}{\partial \dot{Z}_{w4}}=-C_{s1}(\dot{Z}_{t2}-\dot{\varphi}_{t2}l_t-\dot{Z}_{w4})=-C_{s1}\dot{Z}_{t2}-C_{s1}\dot{\varphi}_{t2}l_t+C_{s1}\dot{Z}_{w4} \tag{10-22}$$

$$\begin{aligned}\frac{\partial D}{\partial \dot{\varphi}_c}&=-C_{s2}l_c(\dot{Z}_c-\dot{\varphi}_c l_c-\dot{Z}_{t1})+C_{s2}l_c(\dot{Z}_c+\dot{\varphi}_c l_c-\dot{Z}_{t2})\\&=-C_{s2}l_c(\dot{Z}_{t2}-\dot{Z}_{t1}-2\dot{\varphi}_c l_c)\end{aligned} \tag{10-23}$$

$$\begin{aligned}\frac{\partial D}{\partial \dot{\varphi}_{t1}}&=-C_{s1}l_t(\dot{Z}_{t1}-\dot{\varphi}_{t1}l_t-\dot{Z}_{w1})+C_{s1}l_t(\dot{Z}_{t1}+\dot{\varphi}_{t1}l_t-\dot{Z}_{w2})\\&=-C_{s1}l_t(\dot{Z}_{w2}-\dot{Z}_{w1}-2\dot{\varphi}_{t1}l_t)\end{aligned} \tag{10-24}$$

$$\begin{aligned}\frac{\partial D}{\partial \dot{\varphi}_{t1}}&=-C_{s1}l_t(\dot{Z}_{t2}-\dot{\varphi}_{t2}l_t-\dot{Z}_{w3})+C_{s1}l_t(\dot{Z}_{t2}+\dot{\varphi}_{t2}l_t-\dot{Z}_{w4})\\&=-C_{s1}l_t(\dot{Z}_{w4}-\dot{Z}_{w3}-2\dot{\varphi}_{t1}l_t)\end{aligned} \tag{10-25}$$

3. 系统数学模型的建立

(1)分量形式的系统振动微分方程

根据 Lagrange 方程进行整理

$$\frac{\mathrm{d}}{\mathrm{d}t}\frac{\delta L}{\delta \dot{p}_j}-\frac{\delta L}{\delta p_j}+\frac{\delta D}{\delta \dot{p}_j}=Q_j \tag{10-26}$$

式中，p_j 为系统的广义坐标，Q_j 为系统的广义力。

对于车辆系统而言，其广义力 $Q_j=0$，将系统能量的导数带入 Lagrange 方程，可以获得系统的振动微分方程。

$$M_c\ddot{Z}_c-K_{s2}(Z_{t1}+Z_{t2}-2Z_c)+C_{s2}(2\dot{Z}_c-\dot{Z}_{t1}-\dot{Z}_{t2})=0 \tag{10-27}$$

$$M_{t1}\ddot{Z}_{t1}-K_{s2}Z_{c}+K_{s2}\varphi_{c}l_{c}+(K_{s2}+2K_{s1})Z_{t1}-K_{s1}Z_{w1}-K_{s1}Z_{w2}-$$
$$C_{s2}\dot{Z}_{c}+C_{s2}\dot{\varphi}_{c}l_{c}+(C_{s2}+2C_{s1})\dot{Z}_{t1}-C_{s1}\dot{Z}_{w1}-C_{s1}\dot{Z}_{w2}=0 \tag{10-28}$$

$$M_{t2}\ddot{Z}_{t2}-K_{s2}Z_{c}+K_{s2}\varphi_{c}l_{c}+(K_{s2}+2K_{s1})Z_{t2}-K_{s1}Z_{w3}-K_{s1}Z_{w4}-$$
$$C_{s2}\dot{Z}_{c}+C_{s2}\dot{\varphi}_{c}l_{c}+(C_{s2}+2C_{s1})\dot{Z}_{t2}-C_{s1}\dot{Z}_{w3}-C_{s1}\dot{Z}_{w4}=0 \tag{10-29}$$

$$M_{w}\ddot{Z}_{w1}-K_{s1}Z_{t1}+K_{s1}\varphi_{t1}l_{t}+K_{s1}Z_{w1}-C_{s1}\dot{Z}_{t1}+C_{s1}\dot{\varphi}_{t1}l_{t}+C_{s1}\dot{Z}_{w1}=F_{1} \tag{10-30}$$

$$M_{w}\ddot{Z}_{w2}-K_{s1}Z_{t1}-K_{s1}\varphi_{t1}l_{t}+K_{s1}Z_{w2}-C_{s1}\dot{Z}_{t1}-C_{s1}\dot{\varphi}_{t1}l_{t}+C_{s1}\dot{Z}_{w2}=F_{2} \tag{10-31}$$

$$M_{w}\ddot{Z}_{w3}-K_{s1}Z_{t2}+K_{s1}\varphi_{t2}l_{t}+K_{s1}Z_{w3}-C_{s1}\dot{Z}_{t2}+C_{s1}\dot{\varphi}_{t2}l_{t}+C_{s1}\dot{Z}_{w3}=F_{3} \tag{10-32}$$

$$M_{w}\ddot{Z}_{w4}-K_{s1}Z_{t2}-K_{s1}\varphi_{t2}l_{t}+K_{s1}Z_{w4}-C_{s1}\dot{Z}_{t2}-C_{s1}\dot{\varphi}_{t2}l_{t}+C_{s1}\dot{Z}_{w4}=F_{4} \tag{10-33}$$

$$J_{c}\ddot{\varphi}_{c}-K_{s2}l_{c}(Z_{t2}-Z_{t1}-2\varphi_{c}l_{c})-C_{s2}l_{c}(\dot{Z}_{t2}-\dot{Z}_{t1}-2\dot{\varphi}_{c}l_{c})=0 \tag{10-34}$$

$$J_{t1}\ddot{\varphi}_{t1}-K_{s1}l_{t}(Z_{w2}-Z_{w1}-2\varphi_{t1}l_{t})-C_{s1}l_{t}(\dot{Z}_{w2}-\dot{Z}_{w1}-2\dot{\varphi}_{t1}l_{t})=0 \tag{10-35}$$

$$J_{t2}\ddot{\varphi}_{t2}-K_{s1}l_{t}(Z_{w4}-Z_{w3}-2\varphi_{t1}l_{t})-C_{s1}l_{t}(\dot{Z}_{w4}-\dot{Z}_{w3}-2\dot{\varphi}_{t1}l_{t})=0 \tag{10-36}$$

(2)矩阵形式的系统振动微分方程

以矩阵形式表示系统振动微分方程，定义如下矩阵：

$$[Z]=[Z_{c}\quad Z_{t1}\quad Z_{t2}\quad Z_{w1}\quad Z_{w2}\quad Z_{w3}\quad Z_{w4}\quad \varphi_{c}\quad \varphi_{t1}\quad \varphi_{t2}\quad Z_{d}]^{T} \tag{10-37}$$

$$[M]=\mathrm{diag}[M_{c}\quad M_{t}\quad M_{t}\quad M_{w}\quad M_{w}\quad M_{w}\quad M_{w}\quad J_{c}\quad J_{t}\quad J_{t}\quad M_{d}] \tag{10-38}$$

$$[q]=[q_{1}\quad q_{2}\quad q_{3}\quad q_{4}]^{T} \tag{10-39}$$

$$[K]=\begin{bmatrix}
2K_{s2}+K_{d} & -K_{s2} & -K_{s2} & 0 & 0 & 0 & 0 & 0 & 0 & 0 & -K_{d}\\
-K_{s2} & 2K_{s1}+K_{s2} & 0 & -K_{s1} & -K_{s1} & 0 & 0 & K_{s2}L_{c} & 0 & 0 & 0\\
-K_{s2} & 0 & K_{s2}+2K_{s1} & 0 & 0 & -K_{s1} & -K_{s1} & -K_{s2}L_{c} & 0 & 0 & 0\\
0 & -K_{s1} & 0 & K_{s1} & 0 & 0 & 0 & 0 & K_{s1}L_{t} & 0 & 0\\
0 & -K_{s1} & 0 & 0 & K_{s1} & 0 & 0 & 0 & K_{s1}L_{t} & 0 & 0\\
0 & 0 & -K_{s1} & 0 & 0 & K_{s1} & 0 & 0 & 0 & K_{s1}L_{t} & 0\\
0 & 0 & -K_{s1} & 0 & 0 & 0 & K_{s1} & 0 & 0 & -K_{s1}L_{t} & 0\\
0 & K_{s2}L_{c} & -K_{s2}L_{c} & 0 & 0 & 0 & 0 & 2K_{s2}L_{c}^{2} & 0 & 0 & 0\\
0 & 0 & 0 & K_{s1}L_{t} & -K_{s1}L_{t} & 0 & 0 & 0 & 2K_{s2}L_{t}^{2} & 0 & 0\\
0 & 0 & 0 & 0 & 0 & K_{s1}L_{t} & -K_{s1}L_{t} & 0 & 0 & 2K_{s1}L_{t}^{2} & 0\\
-K_{d} & 0 & 0 & 0 & 0 & 0 & 0 & 0 & 0 & 0 & K_{d}
\end{bmatrix} \tag{10-40}$$

$$[C]=\begin{bmatrix} 2C_{s2}+C_d & -C_{s2} & -C_{s2} & 0 & 0 & 0 & 0 & 0 & 0 & 0 & -C_d \\ -C_{s2} & 2C_{s1}+C_{s2} & 0 & -C_{s1} & -C_{s1} & 0 & 0 & C_{s2}L_c & 0 & 0 & 0 \\ -C_{s2} & 0 & C_{s2}+2C_{s1} & 0 & 0 & -C_{s1} & -C_{s1} & -C_{s2}L_c & 0 & 0 & 0 \\ 0 & -C_{s1} & 0 & C_{s1} & 0 & 0 & 0 & 0 & C_{s1}L_t & 0 & 0 \\ 0 & -C_{s1} & 0 & 0 & C_{s1} & 0 & 0 & 0 & -C_{s1}L_t & 0 & 0 \\ 0 & 0 & -C_{s1} & 0 & 0 & C_{s1} & 0 & 0 & 0 & C_{s1}L_t & 0 \\ 0 & 0 & -C_{s1} & 0 & 0 & 0 & C_{s1} & 0 & 0 & -C_{s1}L_t & 0 \\ 0 & C_{s2}L_c & -C_{s2}L_c & 0 & 0 & 0 & 0 & 2C_{s2}L_c^2 & 0 & 0 & 0 \\ 0 & 0 & 0 & C_{s1}L_t & -C_{s1}L_c & 0 & 0 & 0 & 2C_{s2}L_t^2 & 0 & 0 \\ 0 & 0 & 0 & 0 & 0 & C_{s1}L_t & -C_{s1}L_t & 0 & 0 & 2C_{s1}L_t^2 & 0 \\ -C_d & 0 & 0 & 0 & 0 & 0 & 0 & 0 & 0 & 0 & C_d \end{bmatrix} \tag{10-41}$$

$$[F]=[0\quad 0\quad 0\quad F_1\quad F_2\quad F_3\quad F_4\quad 0\quad 0\quad 0\quad 0] \tag{10-42}$$

$$[M][\ddot{Z}]+[C][\dot{Z}]+[K][Z]=[F] \tag{10-43}$$

10.3.3 系统动力学仿真结果

若给一组城市轨道交通车辆参数，获得车辆垂向振动频响特性，如图 10-4 所示。由图 10-4 可知，该城市轨道车辆车体的峰值响应频率约在 10 Hz 内，轮对峰值响应频率约在 40 Hz 附近，转向架在 10 Hz 内和 40 Hz 附近都会有较大的振动峰值。

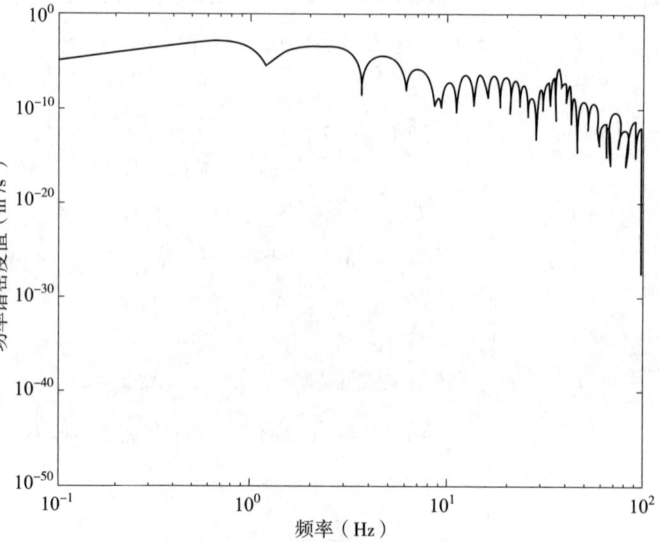

（a）车体

图 10-4 车辆垂向振动频响特性

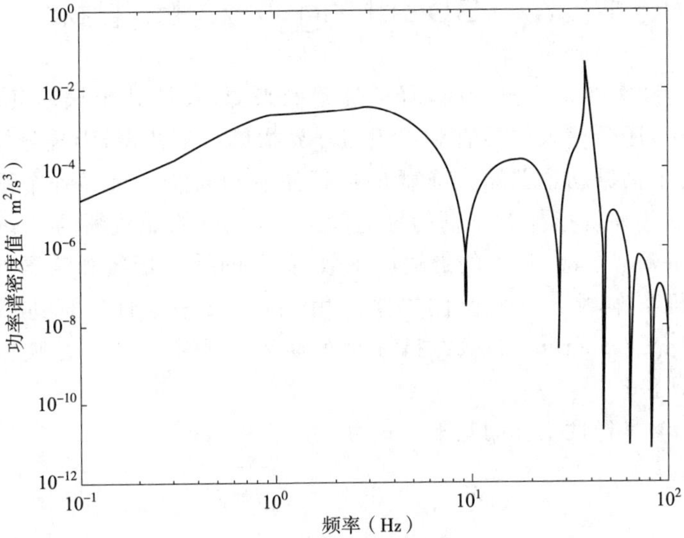

（b）第一位端转向架

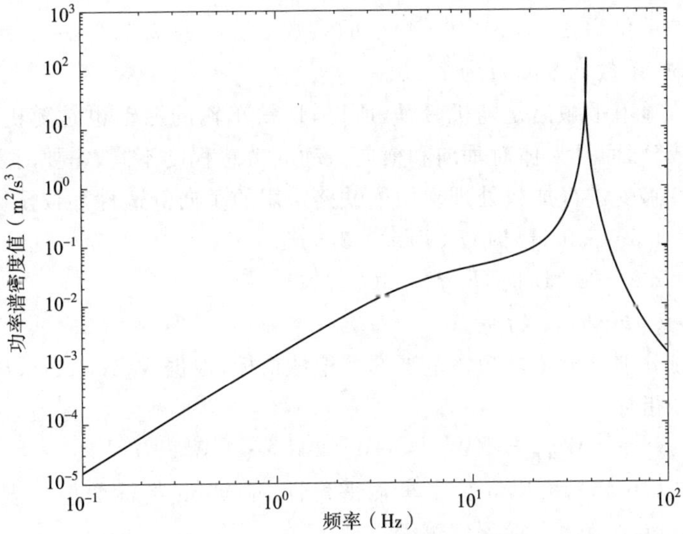

（c）第一轴轮对

图 10-4　车辆垂向振动频响特性(续)

10.4 Sperling 平稳性指标

振动是乘客在乘坐车辆时,舒适性差的来源,长期处于振动环境中,不仅会引起疲劳,还会使人体器官和组织与外界物体产生共振,影响身体健康。同时,激烈的车辆振动也关系到车辆的运行品质和安全。世界各个国家和地区纷纷采用一些评价指标对车辆的舒适度进行评价,例如欧洲的 Sperling 指标、美国的 Janeway 指标、日本的舒适度系数、英国的乘坐指数和法国的疲劳时间等。中国机车车辆运行平稳性主要采用 Sperling 平稳性指标进行评价。因此,主要对介绍 Sperling 平稳性指标对车辆运行平稳性和动力吸振器的减振性能进行评价。

Sperling 平稳性指标的基本公式为

$$W_z = 0.896 \sqrt[10]{\frac{a^3}{f}F(f)} \tag{10-44}$$

式中:

f ——振动频率(Hz);

$F(f)$——与振动频率有关的加权系数;

a ——加速度(cm/s^2)。

当 a 的单位为 g 时,式(10-44)中的系数 0.896 改为 7.08,a 为均方根值且单位为 g 时,系数 0.896 改为 7.85。

由于轨道不平顺谱是随机激励,所以,地铁车辆的振动也是随机振动,包含多种频率成分,而且人体对垂向和横向振动的敏感程度不同,需要对不同频率振动的舒适性感受进行加权处理。中国铁路采用的垂向舒适性加权函数如下:

当 $f=0.5\sim5.9$ Hz 时,$F(f)=0.325f^2$;

当 $f=5.9\sim20$ Hz 时,$F(f)=400/f^2$;

当 $f>20$ Hz 时,$F(f)=1$。

计算时分别求出每段频率范围的平稳性指标,根据式(10-44)求出整个频段内的平稳性指标。

$$W_{ztot} = (W_{z1}{}^{10} + W_{z2}{}^{10} + \cdots + W_{zn}{}^{10})^{0.1} \tag{10-45}$$

根据式(10-45),可以计算出车辆平稳性 Sperling 指标数值。表 10-3 用于车辆 Sperling 平稳性指标评价等级。

表 10-3　车辆 Sperling 平稳性指标评价等级

平稳性等级	平稳性指标(客车)	平稳性指标(货车)	评定等级
1 级	＜2.5	＜3.5	优
2 级	2.5～2.75	3.4～4.0	良好
3 级	2.75～3.0	4.0～4.25	合格

若给一组城市轨道交通车辆参数，获得不同车速下的 Sperling 平稳性指标，如图 10-5 所示。由图 10-5 可知，随着车速的提高该城市轨道车辆的运行平稳性指标整体上呈增大趋势，车辆的运行平稳性指标都保持在优级(＜2.5)。

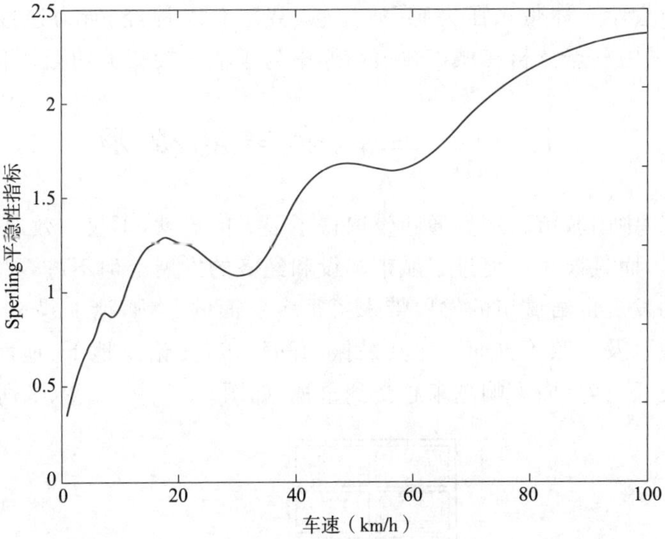

图 10-5　Sperling 平稳性指标

第 11 章　车辆噪声及其防护

城市轨道交通车辆在运行时，由于线路不平顺等原因会引起车辆的振动，不可避免地要产生噪声，轮轨的振动及车辆的设备运行也都会产生噪声。振动与噪声达到一定的强度将会有不可忽视的严重危害，尤其是在轨道交通网络形成之后，会对工作人员、乘客、周边行人、居民以及设备造成一定的损伤，而持续不断的高噪声会给人体带来压力感、疲劳感、甚至会对神经、听力造成严重损害。因此，在本书中重点分析在城市轨道交通中与车辆直接相关的振动和噪声。

11.1　车辆噪声的根源

近年来，中国城市轨道交通建设取得了很大的成就，不仅有效地改善了城市的交通环境，而且极大地促进了城市建设和经济的发展。但不可否认的是，城市轨道交通的发展也给城市的发展带来了很多负面的影响，诸如噪声、振动、电磁辐射和景观以及日照等方面。尤其是振动和噪声，无论是地下、地面，还是高架城市轨道交通，其负面影响越来越受到重视，如图 11-1 中①、②、③所示。

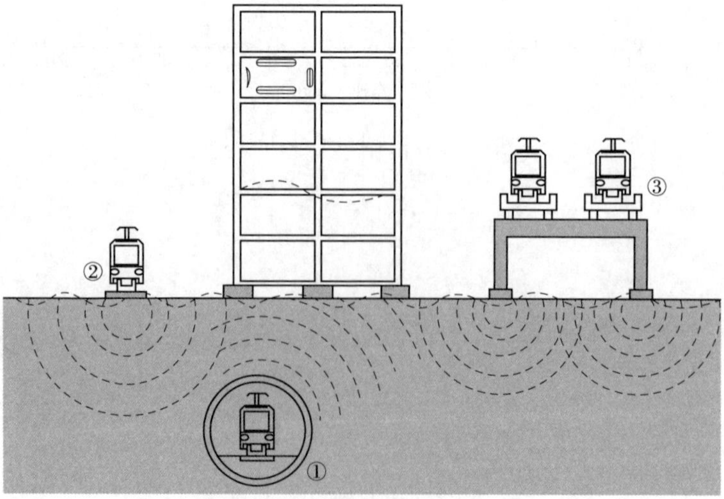

图 11-1　轨道交通的振动分析

一列轨道交通车辆通过时，在地面建筑物上引起振动的持续时间，大约为 10 s。在一条线路上，高峰时两个方向一小时内可以通过 30 对列车，有时甚至会更多。因而，振动作用和持续时间，可以达到轨道交通总工作时间的 15%～20%。因此，轨道交通运行中对城市产生的振动和噪声污染不能忽视。目前，国内尚未有地铁与轻轨交通振动与噪声标准，只能参考国家环保局制定的城市区域振动标准，其振动标准为："交通干线道路两侧昼间为 75 dB，夜间为 72 dB"(分贝 dB 作为统计声音响度或者声压级的衡量单位)。

中国对于减振、降噪技术的研究起步较晚，随着中国第一条城市高架轨道交通线——上海市轨道交通 3 号线的通车运营以及 2 号线东延伸段、1 号线北延伸段的开通，特别是在城市轨道交通网络形成之后，振动和噪声问题影响面越来越大，引起了社会的广泛关注。车内的噪声影响乘客和驾驶员；车站内的噪声影响车站内候车人及车站工作人员；而路边噪声则影响着邻近线路附近区域居住或工作的人们。其噪声包括：车辆机械、空调、受电弓与触网噪声、轮轨作用噪声、结构反射二次噪声，如图 11-2 所示。

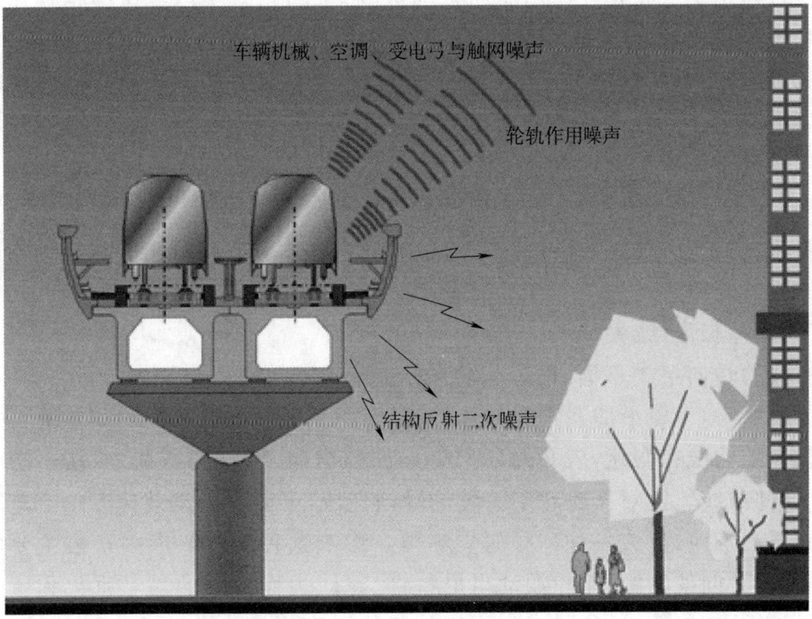

图 11-2　高架线路的噪声传播

振动是噪声产生的根源，因此，解决城市轨道车辆的噪声问题，研究噪声产生的原因，一定要先了解城市轨道车辆的振动。

11.2 车辆噪声源分析

城市轨道交通的噪声是由车辆、线路或其他噪声源产生，各种类型的噪声可能来自一个或几个噪声源，并且由这些噪声源沿着各种各样的途径进行传播和扩散。为了研究噪声及解决噪声问题，可通过声源（即噪声的发源地，可能是机械、化学、电化以及生物等），传播途径（即噪声传送的方式）以及接受点（噪声影响范围内的位置）这 3 个方面对其进行分类和研究。了解声源、途径和接受点就可以有针对性地寻求降低、衰减噪声的措施和途径，对现存的噪声进行防护，最大限度地降低噪声对人体造成的损伤。本书重点介绍由城市轨道车辆自身原因引起的各类噪声。

11.2.1 轮轨噪声

1. 轮轨噪声的分类

钢轨与车轮之间相互作用而产生的声响，称为轮轨噪声。这种相互作用在车轮和轨道相接触处产生力的作用，造成车轮和轨道的振动而向外辐射声波。有研究表明，当列车速度低于 250 km/h 时，轮轨滚动噪声是轨道交通系统噪声的主要来源之一。城市轨道交通车辆的速度一般低于 80 km/h，国内的最快设计速度也低于 120 km/h，因而，轮轨噪声是城市轨道交通车辆行进时的主要来源。

轮轨噪声有 3 种主要类型：摩擦噪声、撞击噪声和轰鸣噪声。每一种均由相对应的机械结构所产生。

(1)摩擦噪声（或尖啸声）

一般的转向架式车辆，轮对车轴平行地配置于转向架构架中，当运行在小半径曲线线路时，车轮沿曲线钢轨并非纯滚动运行，轮对的两车轮是固定的，内、外轨的长度随曲线在变化，就必然要产生局部的横向滑动，即所谓“卡滞—滑动效应”。这种曲线轨道对车轮对不完善的导向造成“卡滞—滑动效应”，结合车轮和轨道的振动响应，形成一种高频的尖啸声。影响这种摩擦噪声因素最主要的是曲线半径、转向架轴距、车轮振动阻尼特性、轮轨表面之间的黏着系数和所采用的材料，以及气候等，这种噪声在干燥的气候噪声强度十分可观，而在潮湿有雾气的条件下可能完全消失。

(2)撞击噪声

它是由车轮或钢轨表面的不平顺所产生。这种不平顺包括钢轨接头的缝隙，轨面擦伤和车轮踏面局部磨损、剥离、凹陷等。钢轨接头的台阶和折角使车辆行驶时发出“卡塔—卡塔”的撞击声，研究结果表明，如果两钢轨末端接头处于同等高度，那么撞击噪声是微不足道的。如果车辆正在行驶所处的第一条钢轨其末端比前面与其相接的第二条钢轨端头的位置高，即所谓处于下台阶情况，噪声就随着车速的加快而增长至某一定值，车速再增长它基本保持恒定值。当第一条钢轨末端比第二条钢轨连接端头所处的位置低时，即所谓升高台阶处，那么噪声随着车速的提高而不断增长，这样升高台阶就成为一个较严重的噪声源。由车轮踏面缺陷所引起的噪声与钢轨接头下台阶处的情况相似，车速超过了某一定值，噪声级就不再增长了。

(3)轰鸣噪声(或滚动噪声)

轰鸣噪声是由于车轮和钢轨接触表面局部小面积粗糙所造成。研究结果表明，轮轨接触区域越大，所产生的轰鸣噪声就越少，当轰鸣噪声达到顶点的频率时钢轨将成为主要噪声源。减小轮轨接触面的粗糙度是降低轰鸣噪声行之有效的途径。

2. 轮轨噪声研究概况

轨道交通车辆的噪声控制是一个全世界都在研究的难题。其中美、日、法等轨道交通发达国家对轨道线路的设计、车辆的外形以及车辆结构等进行了大量研究，但均未对噪声的降低取得相对理想的效果，因而各国最普遍的做法仍然是花费巨资来建造被动式的降噪声屏障。在20世纪70年代，轨道交通噪声建模的工作就有进行，用于进行全面的额定负荷试验以及设计更安静的火车。甚至在1976年轨道噪声工作小组之前，雷明顿以及其他人出版发行过轮轨噪声建模论著。近年来，国际上也出现了对于轮轨滚动噪声的大量研究，美国、德国、法国、日本等各国都投入了大量精力去开展相关的研究工作。迄今为止，国际上已召开了八届铁路噪声国际研讨会。

滚动噪声的模型是雷明顿在不规则的车轮和轨道表面引起轮轨相对振动的前提下建造的。这些振动通过结构和附近辐射状的噪声传播。这个模型被汤普森进一步研究和引申。之后的研究由欧洲铁路研究所(European Railway Research Institute，简称ERRI)提供资金，因此被安装在电脑中得以实现这个模型。1998年，欧洲铁路研究所的委员会组织相关人员开发了一个预测轮轨噪声水平的力学模型及软件TWINS(Track-wheel Interaction Noise software)。“轮轨相互作用噪声软件”被广泛地批准应用于试验，表明这项实验能沟通过一系列设计好的轮轨模型中预测2 dB内的噪声。图11-3描述的是理论模型，图11-4展示了轮轨相互作用噪声建模计划推算模型。这个模型软件已得到大量现场测试的验证，在欧洲已成为预测轮轨噪声水平、研究减振降噪技术、指导新线设计以及旧线改造的主要理论工具，并且模型的改进工作仍在继续进行。

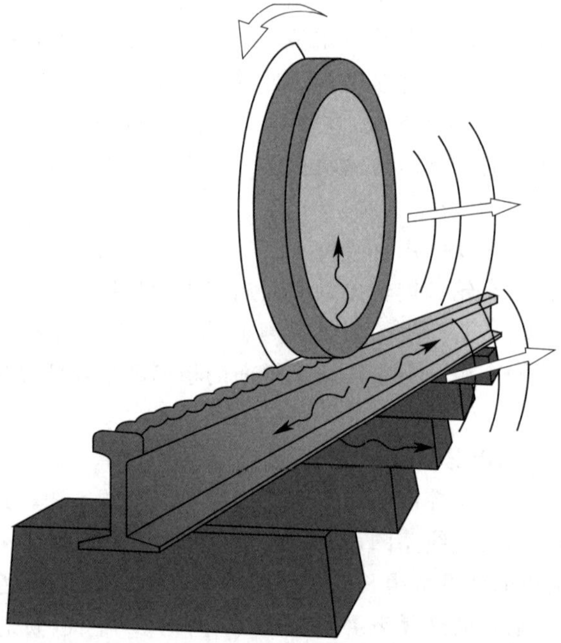

图 11-3 滚轮噪声示意

为了测试 TWINS 模型，从早期的试验中吸取了很多经验。这些包括三种不同的车轮和铁轨类型去避免限制一个车轮铁轨组合的效果。大量的静电测量值用来确保车轮和轨道是正确的模型，例如共振频率和车轮衰减以及铁轨压力和填塞压载物。非常详细的粗糙度测量值被很多平行测量值所展现，通过上面介绍的投入在 DPRS 模型的波状表面。然而，还是有遗漏的，尤其是轮胎解除区的位置和铁轨的运动表面没有被测量。在另外一组测试中，一些激发问题被正弦曲线表面特殊加工的轮胎所克服了。通过逐渐增加火车的速度，单频激发被允许通过频率范围。6 个不同波长轮廓的轮胎被用来覆盖一个宽广范围的激励频率。这些测试使一些理论模型特殊方面被证实，确保车轮振动巅峰发生在飞轮共振频率频率高达 20 Hz。TWINS 模型额外的确认试验在法国高速火车上进行，不断进行的欧洲计划“无声的货运”和“无声的轨道”会使噪声问题得到妥善的解决。

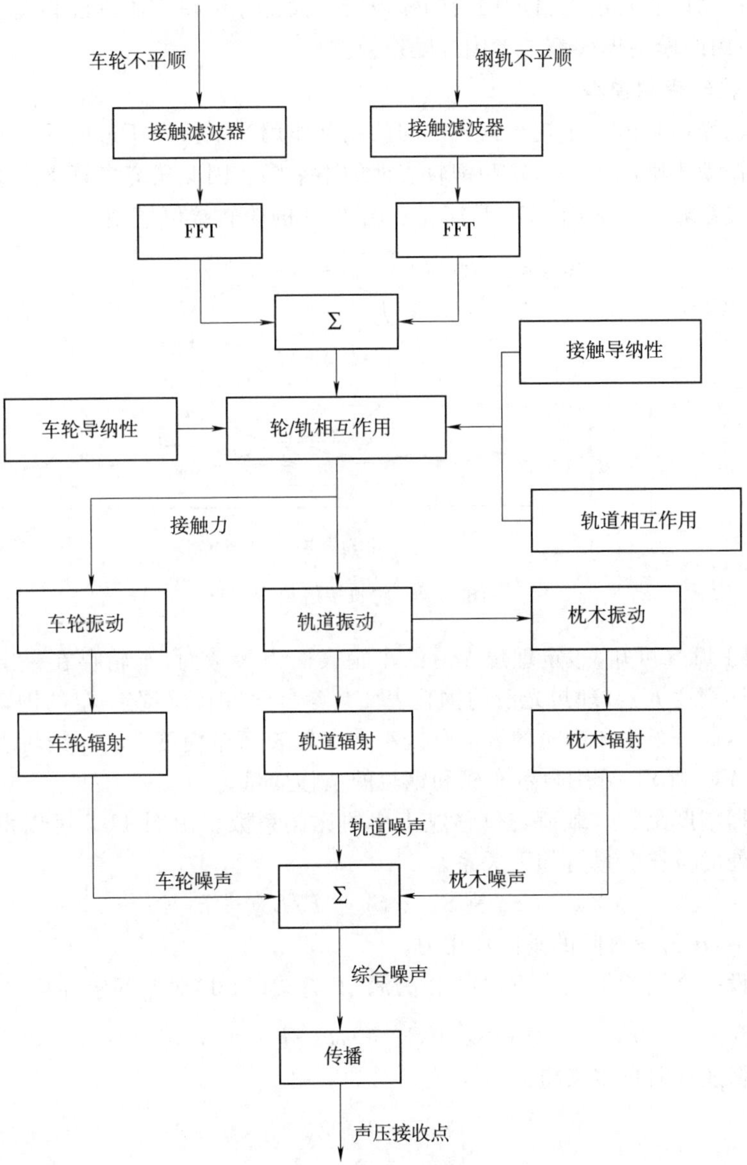

图 11-4　TWINS 模型

在国内，虽然高速铁路发展较晚，但发展势头十分迅猛。但关于轨道系统的轮轨滚动噪声的研究甚少，但越来越多的关注点聚焦在了这方面。2013 年在重庆召开的全国环境噪声影响评价研讨会（CNEIA）中重点探讨了城市轨道交通噪声的预测以及防治。目前国内的噪声研究大都停留在实验阶段和理论分析阶段，所使用的模型也大都参考国外噪声模型。

3. 轮轨接触模型

车辆噪声是由于车轮与钢轨之间的相互作用产生振动所形成的。而轮轨间的主要振动激励源来自车轮和钢轨表面的不平顺。因此研究车辆噪声模型要先从轮轨关系着手。如图 11-5 是简化了图 11-3 的轮轨接触模型。

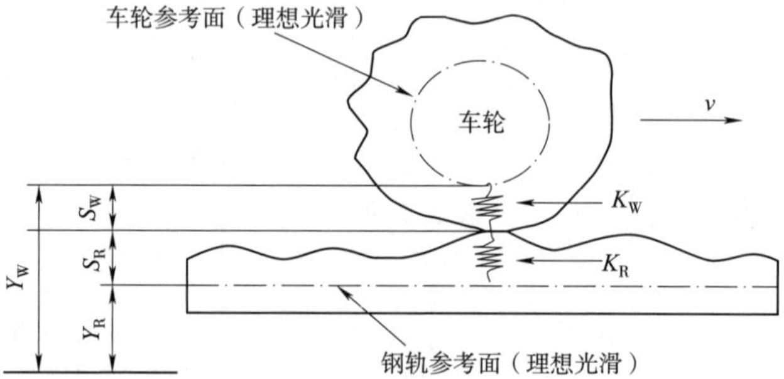

图 11-5　轮轨接触模型

由图 11-5 可知，假定理想光滑的车轮表面为参考面，车轮存在一定的车轮接触弹性刚度 K_W；理想光滑的钢轨表面为参考面，钢轨存在一定的钢轨接触弹性刚度 K_R。车轮和钢轨的表面分别存在车轮表面粗糙度 S_W 和钢轨表面粗糙度 S_R。Y_W 和 Y_R 分别表示车轮和钢轨的位移变量。

根据刚度是物体载荷与位移成正比的比例系数。由图 11-5 可以得到轮轨接触点处的位移变量有如下关系。

$$Y_W = Y_R + S_W + S_R - F/K_W - F/K_R \tag{11-1}$$

其中，F 为轮轨间的垂向作用力。

假设一个周期干扰力 $F_0\ ^{-j\omega t}$ 作为激励，将式(11-1)对时间求导得

$$\dot{Y}_W = \dot{Y}_R + \dot{S}_W + \dot{S}_R + j\omega F_0/K_W + j\omega_{F0}/K_R \tag{11-2}$$

根据速度阻抗定义得

$$\dot{Y}_W = F_0/Z_W \tag{11-3}$$

$$\dot{Y}_R =- F_0/Z_R \tag{11-4}$$

其中，Z_W、Z_R 分别为车轮阻抗和钢轨阻抗。

将式(11-3)、(11-4)代入式(11-2)可以推导出轮轨间的垂向作用力为

$$F_0 = \frac{Z_W Z_R(\dot{S}_W + \dot{S}_R)}{Z_W + Z_R - j\omega Z_W Z_R(1/K_R + 1/K_W)} \tag{11-5}$$

将式(11-5)代入式(11-3)即可得到车轮接触点的垂向振动速度

$$\dot{Y}_W = \frac{Z_R(\dot{S}_W + \dot{S}_R)}{Z_W + Z_R - j\omega Z_W Z_R(1/K_R + 1/K_W)} \tag{11-6}$$

同理,将式(11-5)代入式(11-4)即可得到钢轨接触点的垂向振动速度

$$\dot{Y}_R = \frac{Z_W(\dot{S}_W + \dot{S}_R)}{Z_W + Z_R - j\omega Z_W Z_R(1/K_R + 1/K_W)} \tag{11-7}$$

11.2.2 车辆非动力噪声

车辆非动力噪声主要指制动系统在实施制动时闸瓦与车轮或闸片与制动盘之间的摩擦振动,它激发制动闸瓦、闸瓦托架、闸片以及制动盘等产生自激振动形成噪声。

车辆的非动力噪声还有制动系统中悬挂连接和支座中所使用的许多销套,由于销套与销轴之间的间隙在运行中相互撞击而产生噪声。此外还有车辆的辅助系统(空调装置、空压机等)所辐射的噪声。

11.2.3 牵引动力系统噪声

牵引系统设备运转所产生的噪声,包括牵引电机、冷却风扇以及齿轮箱的噪声,它是城市轨道交通重要的噪声源。牵引系统的噪声,特别是电机冷却风扇的噪声,随列车运行速度的提高而增长,其程度仅次于轮轨噪声。

近来,对混凝土高架铁路的研究表明,混凝土高架铁路上的牵引动力系统噪声级比地面道床轨道上的噪声级高 5 dB(A)。这主要是因为高架铁路上轨道下面缺少吸音材料,如道砟、泥土等。

在车体向下延伸部分装设车裙,可起到阻挡牵引系统噪声由底架向外辐射的作用。车裙在与车下吸声装置相结合后能使混凝土高架铁路上的牵引系统噪声降低 5 dB(A)。使用车裙和车下吸声装置可使对声屏障的需要减少到一半,故在经济上是有效益的。

11.2.4 高架轨道噪声

由高架结构的振动而辐射的振动与噪声称为高架轨道噪声。当列车行驶在高架结构上时,轮轨相互作用所产生的振动通过轨道传递给支承结构,将激发高架结构梁、柱的振动而辐射噪声,特别带有“空腔”的结构如箱形梁起到乐器“共鸣箱”的作用,二次辐射的噪声不可忽视。支承结构将噪声向周边地区进行传播,它比之列车行驶于一般的路堤带坡度道床时所产生的噪声级要高得多,一般

要高 20 dB(A)。

针对这 3 种高架轨道交通线路进行现场测量，结果发现，在高频状态下，钢轨为主要噪声源，而中频的主要声源是高架结构梁。所以为了大幅度地降低噪声级，就必须同时降低钢轨和结构梁的噪声。

11.2.5 地铁的地面承载噪声

地铁轮轨间相互作用而产生的振动被传递给隧道结构，继而又传向周围的土壤。振动通过土壤再向邻近的建筑物传播，从而导致地下及墙壁的振动和噪声向建筑物内房间的第二次辐射，它是一种低频声响，就如同外界振动使房间中的窗户所发出的“喀喀”声响。地面承载噪声和振动是一个相当严重的干扰源，它也是公众向交通部门抱怨的一个主要对象。因此更有效地预测和抑制地面承载噪声和振动，对缓和这类社会问题具有现实意义。

此外还有空气动力噪声。随着列车速度的提高，列车车头以及在列车上各个突出和凹陷的部分，车顶的受电弓等，在空气中高速移动时，周围空气在非恒定的气流中发生变化，从而产生空气动力噪声。风洞试验表明，物体产生的空气动力噪声与空气的流速呈 6 次方关系增加。通过对车头形状的流线型处理，对于突出于车体的某些设备或装置的结构进行改进或将其移到可用隔音罩予以屏蔽的车体下部，均可抑制非恒定涡流的发生，降低空气动力噪声，从而减少噪声对沿线的影响。

11.3 车辆噪声特征分析

11.3.1 线路环境噪声的组成

轨道交通沿线的环境噪声主要由列车辐射的稳态噪声与行车有关的间歇噪声两部分组成。

(1)列车辐射的稳态噪声

包括列车运行时轮轨相互作用产生的轮轨噪声、车辆动力装置和辅助系统辐射的噪声以及高速运行时的空气动力噪声等。

(2)与行车有关的间歇噪声

包括通过曲线、道岔、制动、鸣笛、交会和调车连挂所引起的噪声。

11.3.2 车辆辐射噪声的特征

通过对列车运行辐射噪声的测试与分析研究，可知列车辐射噪声 A 声级随运行速度的提高而增加，列车种类、线路结构、轨枕、轨道等对其均有影响，其特征主要包括以下几点。

(1)列车运行辐射噪声频谱呈低、中频特性，峰值频率在63～500 Hz范围，该频谱主要是由轮轨噪声、动力装置噪声和列车声学特性所决定。

(2)线路设置的位置(如设于地下、地面或高架等)是影响噪声级的决定因素。地下线路一般比地面线路产生更大的车内噪声级，高架线路产生的路边噪声级比地面轨道的噪声级要高。

(3)运载设备的使用时间长短是噪声级的另一个决定因素。使用年久的车辆车内噪声级一般较高，新设计车辆由于采用许多声学上处理，车内和站内噪声级都会有明显降低。

(4)在相同车速条件下，车型不同A声级也不同，这主要是由于不同机车车辆声学处理不同，一般客车比货车稍低。

(5)与噪声级相关的其他条件还包括列车的运行速度、采用无缝长钢轨或一般有缝钢轨，车轮踏面上的擦伤，钢轨表面局部粗糙状况以及线路小半径曲线等。

(6)列车辐射噪声的分布特征

①列车辐射噪声垂直于轨道的方向变化的规律是测点沿垂直轨道距离，随着距离的增加而衰减。

②列车辐射噪声沿高度的方向变化的规律是A声级在高度方向上呈现逐步减弱的趋势，该情形的出现主要由以下原因产生：低速列车以轮轨噪声为主，越接近轮轨噪声的辐射位置声功率级越大，随距离递增而衰减；轮轨噪声辐射有指向性，这也是导致声阵列中声功率级从下而上衰减的因素。

11.4　噪声的评价与标准

目前，我国缺乏一套得到公认的、完整的城市轨道车辆噪声标准体系。可供参考的国内外城市轨道交通列车噪声相关标准主要有五个，即《铁路应用　声学　有轨车辆发出的噪声测量》(ISO 3095:2013)、《铁路设施　声学　有轨车辆内部的噪声测量》(ISO 3381:2005)、《地铁车辆通用技术条件》(GB/T 7928—2003)、《城市轨道交通列车噪声限值和测量方法》(GB 14892—2006)以及《Noise From Mass Transit Rail Vehicles Acc. To Bostrab》(VDV-154:2011)。但是，由于种种原因，这些标准在噪声限值、测试方法等方面规定都不尽相同，很难统一，本书不一一赘述标准之间的差异，当务之急，需要进行城市轨道交通列车噪声标准的研究工作，尽快制定出满足我国实际情况、与国际接轨的城市轨道交通列车噪声标准体系。下面简要介绍噪声的评价方法以及评价指标。

11.4.1 评价方法

噪声对人的危害和影响包括许多方面，它与噪声源的特性（如噪声强度、频率和时间特性等）有关，也与人耳的听觉特性和人对噪声的主观心理反应有关，多年来各国学者对噪声的危害和影响程度进行了大量的研究，提出各种指标和评价方法，期待得出与主观响应相对应的评价量和计算方法，以及应该控制的数值和范围。在这方面大致可概括为：与人耳听觉特征有关的评价量，与心理情绪有关的评价量，与人们的健康有关的标准（工厂噪声），与室内人们活动有关的评价量等。这些不同的评价量各自适用于不同的环境、时间、噪声源特性和评价对象。

由于环境噪声的复杂性，迄今所提出的评价量达数十种之多，现仅选择几种已经被采用而且已被公认的评价量进行介绍。

(1)A 计权声级

为使声音的客观量度与人耳听觉的主观感受近似取得一致，在测量声音的仪器（如声级计）上装设频率的计权网络，即加上滤波器。一般这种计权网络有A、B、C 三挡（分别相当于人耳对低、中、高声级的响应），分别记为 dB(A)、dB(B)、dB(C)，最常用的为 A 计权声级。用 A 计权网络测得的声级与由宽频率范围噪声引起的烦恼和对听力危害程度的相关性较好。

(2)等效连续 A 声级

用声音能量按时间平均的方法来评价噪声对人的影响，即等能量声级，它是用一个在相同时间内声能与之相等的连续稳定的 A 声级来表示该时段内不稳定噪声的声级，它能反映在声级不稳定场合人们实际所接受的噪声能量的大小。

(3)响度级

这是描述人耳对不同频率（纯音）和强度的声音的一种主观评价量，用一组等响度曲线对不同的声音做出主观上的比较。它是以 1 000 Hz 纯音为基准，听觉正常的人进行大量比较试听的方法来定出声音的响度级的，单位是方(phon)。

(4)语言干扰级

语言干扰级是作为一种对清晰指数的简易转换，最初主要用于飞机客舱噪声的评价，现已推广用于其他许多场合。现用的语言干扰级（PSIL）是取500 Hz、1 000 Hz 和 2 000 Hz 三个倍频带声压级的算术平均值。

除了以上简述的4种噪声评价方法之外，较有名的还有感觉噪声级、更佳噪声标准(PNC)曲线、噪声污染级、昼夜等效声级、噪声冲击指数、噪声掩蔽等。

11.4.2 评价标准与指标

城市轨道交通的噪声级的强度直接与系统的特性相关联。轨道设置的位置，如设于地下、地面或高架等，都是影响噪声级的决定因素。地下铁道一般比地面轨道产生更大的车内噪声级。高架铁路轨道产生的路边噪声级比地面轨道的噪声级要高。与高噪声级相关的其他条件还包括列车的运行速度，采用无缝长钢轨或一般有缝钢轨，车轮踏面上的擦伤，钢轨表面局部粗糙状况以及线路小半径曲线等。

运载设备的使用时间长短是噪声级的另一个决定因素。使用年久的车辆车内噪声级一般较高，新设计车辆及车站由于采用许多声学上处理，车内和站内噪声级都会有明显降低。路边噪声级在新旧系统中发生的变化和差异并不像其他的噪声那么大，而更多地受到列车运行速度和轮轨状况的影响。

美国公共交通协会所制定的噪声级指标是以确保私人谈话能以正常声音进行而设计制定的。在背景噪声级为78 dB(A)时，人们在0.35 m的距离处可以用正常的声音进行谈话，但当背景噪声级达83 dB(A)时，为使对方能听见自己的声音，他们必须要提高嗓音。按该指标规定，根据城市轨道交通类型的不同，可接受的最大车内噪声应在70～80 dB(A)，站内噪声75～85 dB(A)。对于地铁来说，噪声级的上限可设得高些，因为将它的噪声级降到与地面铁路相同的程度是极困难的，在经济上也是极昂贵的。路边噪声级的上限随路边地区建筑物和地面类型的不同而有所差异，其上限值在居民区为70 dB(A)，在工业区为85 dB(A)的范围内变化(距线路中心线15 m处)。有资料报道美国城市轨道交通很多没有达到“协会”所规定的指标要求。

《地铁车辆通用技术条件》(GB/T 7928—2003)规定：司机室内的噪声不超过80 dB(A)，客室内的噪声以不超过83 dB(A)为限。

11.5 车辆噪声的防护措施

目前，降低车辆辐射噪声的措施有多种，本节重点介绍从轨道线路、车辆结构角度及轮轨关系等角度出发，近年来被广泛使用的一些车辆辐射噪声防护措施。

11.5.1 高架线路设置高度较低的声屏障

如果在高架线路近旁设置高度较低的声屏障，能有效地降低列车辐射噪声对周围住宅的影响。各测点声级均有较大幅度的下降，下部测点比上部更为显著。平道线路旁设置声屏障也能有效地降低列车辐射噪声。

11.5.2 选择合适的钢轨降低轮轨噪声

采用长钢轨比采用短钢轨，列车噪声会降低 6～8 dB(A)。如果曲线区段的钢轨采用具有抑制“卡滞—滑动效应”的钢轨材料，如低合金钢 15NiCuMoNb5，50CrMoV4 和 14NiCrl4，可使曲线运行轮轨之间产生摩擦噪声的轨道与车轮运行方向之间的临界倾斜角可增大，也就是说，在不改变转向架结构前提下，通过更改钢轨用钢，可降低车辆过曲线时的噪声，增大轨道与车轮运行方向之间的临界倾斜角，使得转向架过曲线时不产生噪声的最小曲线半径减小。在同一倾角下采用上述三种低合金钢，其噪声值明显低于一般碳素钢。

11.5.3 从车辆结构角度降低轮轨噪声的系列措施

1. 在车轮上装设谐振消声器

车辆在高速运行时，车轮在钢轨上高速滚动，由于轮轨表面粗糙度以及轮轨的缺陷，造成对车轮的激扰，从而产生滚动噪声。另外，当车辆通过小半径曲线时，由于车轮支承点相对于轨面产生横向滑动，导致车轮的轮辋、辐板产生轴向弯曲振动，发出尖啸声。

(a) 环形板

(b) 小圆阵列板

图 11-6 谐振消声器

如果我们在轮辋或辐板上装设一种具有减振阻尼特性的扇形盘式板、环形板或小圆阵列板，即所谓谐振消声器，使之与车轮的主频率相一致，如图11-6所示。当车轮受到激扰，发生振动而辐射噪声时，扇形板或环形板发生共振，板上的阻尼材料将振动的能量转换为热能，达到衰减车轮辐射噪声的效果。

国外研制的车轮谐振消声器主要有两种结构形式，即扇形盘式消声器和环形叠板式消声器，在德国ICE高速列车上装设这种消声器已经取得明显的消声效果。

2. 橡胶弹性车轮

在车轮的轮辋与辐板之间加设橡胶件，使二者之间金属脱离直接接触，利用橡胶元件把轮辋和辐板的振动转化为热能，吸收和衰减一部分噪声。其结构形式有压缩型、剪切型和压剪型等。经测试，弹性车轮对于水平和垂直激扰的消声效果相比于全钢整体车轮，可降低噪声达10～20 dB(A)。

3. 制动组件上添加减振装置

闸瓦制动会使车轮踏面周期性地变得粗糙，甚至出现局部熔结，使踏面出现所谓波浪形磨耗，由此加剧了轮轨噪声。采用盘形制动代替闸瓦制动，改善了踏面状态，消除了波浪形磨耗，可降低轮轨噪声达8dB(A)。采用合成闸瓦(粉末冶金烧结闸瓦)，其所产生的制动噪声将比装用铸铁闸瓦低。

在实施制动时，由于存在“卡滞—滑动效应”，激发制动闸瓦、闸瓦托架和制动盘等产生自激振动，从而形成噪声。其噪声随着速度的下降明显增大。

制动系统产生共振与下列诸因素有关：

(1)制动闸瓦的品质以及闸瓦摩擦面的结构；

(2)制动拉杆的刚度和悬挂连接杆的斜度；

(3)制动盘摩擦环圈的强度和制动盘凸缘的厚度。

为了减少制动噪声，可在制动组件上添加减振装置，例如在闸瓦托架装设阻尼装置。另外在闸瓦和托架连接上采用预张紧装置。采用这些措施后制动噪声可降低20 dB左右。

4. 转向架结构元件的辅助隔音措施

在城市轨道车辆的动力转向架和非动力转向架中，在声辐射和传递特性方面，都有一共同的结构特征，不论是车体、转向架构架或摇枕，大多为空腹的承载结构，彼此之间均采用橡胶连接元件或空气弹簧悬挂。这种结构能够起着将各个声源相互隔离和衰减噪声的效果，声波的辐射仅归诸少数几个构件，即轮对驱动装置和车轮等。车体和转向架连接的球形心盘和磁轨制动所产生的次级噪声(颤动的敲击声)，应采取措施予以降低或避免。在转向架两侧面设置隔音罩和在线路两侧设隔音墙，对于滚动和制动噪声以及次级噪声的降低与衰减均有明显的效果，可降低 1～4 dB。然而采用这一类声防护方法不仅投资费用高且对车辆的维修造成妨碍和困难，仅仅在万不得已时才予以采用。

5. 提高车体和门窗的隔声性能

列车在运行时轮轨的撞击和摩擦不仅要产生轰鸣和尖啸声，而且伴随有高频振动，由此还有可能激发车体钢结构的声频振动，从而再次发出噪声。试验表明，在车体钢结构内表面涂以石棉沥青浆后，钢结构的声频振动转化为热能散逸，从而可减少噪声向车内辐射和传递。在钢结构上涂敷阻尼材料后，改变了钢板的自振频率，避免噪声主频率与钢板自振频率一致时引起共振，提高了钢板的隔声性能。在 2 mm 钢板上涂以不同厚度的阻尼材料，随着厚度增加隔声性能也随之增大，厚度增至 6 mm 后隔声性能不再上升。车体涂敷石棉沥青浆后，隔声量可达 2～3 dB(A)。

在门、窗结构上采用双层玻璃可明显提高隔声性能。车体的隔墙采用双层墙代替单层墙，是提高隔声性能减少车内噪声的重要措施。单层墙的隔声量与材料的质量、劲度、阻尼和频率有关，而双层墙中间有一层起缓冲作用的空气层，其隔声量可增加 4～5 dB(A)。

11.5.4 抑制和降低地面承载噪声技术措施

(1)钢轨的磨削、车轮踏面的旋修以及使用无缝钢轨代替接缝钢轨等。

(2)使用钢轨的弹性紧固件或者采用钢轨吸振器，如图 11-7 所示。

(a) 钢轨的弹性紧固　　(b) 钢轨吸振器

图 11-7　钢轨减振措施

(3)在轨道和路基面之间采用碎石构成的道床，可以起到衰减从钢轨向路基传递的振动和噪声，也可以降低车内噪声，如图 11-8 所示。

图 11-8　有砟轨道

11.5.5　从轮轨关系角度提出的若干降噪措施

(1)降低轮轨表面粗糙度

车轮和钢轨的机械摩擦要引起滚动噪声,其频谱具有宽带的特征,没有明显的突峰。轮轨表面的粗糙度或不平顺,要造成轮轨振动并产生滚动噪声。因此,磨削车轮踏面和钢轨轨面,降低其表面粗糙度,是降低滚动噪声行之有效的措施。

(2)车轮与钢轨材料的匹配

国外研究表明,当车轮轮箍由原来的普通碳素钢改为某种成分的低合金钢时,其滚动噪声可有明显的下降。

11.5.6　采用径向转向架技术降噪

为了较为圆满地解决轨道交通车辆通过曲线轨道产生的振动、噪声问题,采用径向转向架技术是一种较为理想的解决措施之一。

在一般转向架设计中,为提高转向架横向运动稳定性,保证转向架在高速运行时的蛇行运动的稳定性,要求转向架的轮对与轮对间、轮对与构架间有足够的定位刚度及较小的车轮踏面斜度。这种刚性转向架在通过曲线时,由于两轮对在构架中保持平行配置,从而造成转向架的前位轮对的大冲角,轮对在通过曲线时除纯滚动的前进速度外,还产生横向的滑动速度,轮轨的接触面上要提供足够大的横向力,即所谓蠕滑力,使转向架产生瞬时的回转。当蠕滑力不足时,势必使轮缘贴靠钢轨,产生轮缘力,加剧曲线钢轨磨耗、轮缘垂直磨耗和噪声,造成轨距挤宽等。

为了提高转向架通过曲线的能力,又要求轮对与构架的定位尽量柔软,车轮的踏面应设计有较大的斜率，以使转向架过曲线时其轮对能处于(或接近)纯滚动的径向位置，从而可最大限度地降低车辆通过曲线时钢轨和轮缘的磨耗以及噪声。解决转向架横向运动稳定性和曲线通过能力这一对矛盾的最有效措施就是采用径向转向架(Radial Truck)技术。

径向转向架是为了提高车辆的曲线通过能力而在常规转向架的基础上设计出的转向架，广泛应用于货车、准高速列车和摆式列车上。近年来出于减轻轮轨磨耗，提高运行安全性的需要，径向转向架开始应用于城市轨道交通车辆上，并在日本、加拿大等国家获得了成功。径向转向架与普通转向架的区别在于结构不同，根据通过曲线方式的不同，径向转向架可分为自导向转向架(Self-steering Radial Truck)和迫导向转向架(Forced－steering Radial Truck)。自导向转向架在降低一系纵向刚度的同时，通过机构把前后两轮对铰接起来，这样在增加横向剪切刚度的同时，减小了转向架的等效弯曲刚度，从而在能保证车辆在具有足够的直线运动稳定性的同时，又能够减少通过曲线时的轮对冲角，轮对的轴线尽量指向曲线的半径方向，使轮对在蠕滑力的作用下易于实现相对回转，顺利通过曲线。迫导向转向架则是通过连杆机构将车体与转向架轮对相连接，通过曲线时，利用车体与转向架的相对回转，使机构分别推动前后轮对使其达到径向移动。径向转向架的这种结构特点可以减少轮缘和钢轨的磨耗以及侧向力，因此可以降低动力消耗和过曲线时轮轨的摩擦噪声，特别适宜于小半径曲线上车辆运行的要求，具有较大的技术经济意义。

自导向径向转向架是依靠轮轨间的蠕滑力进行导向的，它利用进入曲线时轮对间产生的蠕滑力，通过转向架自身导向机构的作用，使轮对"自动"进入曲线的径向位置。

对于运行速度较低，横向运动稳定性要求不高的情况，最简单的自导向转向架方案为采用一系柔性悬挂，降低轮对横移及摇头刚度，由于轮对车轮踏面锥度的存在，在过曲线时轮对就能自动趋于径向位置。

自导向转向架区别于常规转向架的2个根本特点为：

(1)两轮对间可以直接传递作用力，使轮对蛇行与车体转向架蛇行解耦，有利于车体的横向稳定性，临界速度可因此提高10%～30%；

(2)可以任意加大轮对间的相对剪切刚度而不影响曲线通过性能，这可以降低冲角，减轻轮缘磨耗。

自导向转向架完全借助于蠕滑力导向，只有在曲线半径小于1 000 m时才能实现该功能，因此存在有一定的局限性，在半径大于1 000 m的情况下自导向转向架只能部分地改善曲线通过性能，并受横向稳定性的制约。

迫导向转向架的导向原理是利用车辆进入曲线时，车体与转向架之间产生相对回转运动，并通过专门的导向机构迫使轮对处于曲线时达到径向位置。

迫导向转向架特点（区别于常规转向架）是实现了由车体加于轮对的导向力或力矩的控制，尤其是对于地下铁道、城市轻轨、城郊和山区铁路等小半径曲线线路，更能发挥自导向转向架所不能起到的作用。

第12章　新型城市轨道车辆

城镇化速度的加快，促使大中城市对城市总体规划进行了调整，尽管传统的城市轨道交通比如地铁、轻轨等问世已有百余年历史，技术也比较成熟，但是由于存在建设成本高、周期长、资源浪费等原因，在解决中低运量的城市内部交通问题上存在一定不足。

于是，中国城市轨道交通线网规划进行了优化，新型城市轨道车辆(Innovative Transit Systems)应运而生，使城市轨道交通向多层次、多模式发展。现代有轨电车、独轨车辆、磁悬浮车辆、自动导轨交通车辆等新型城市轨道车辆作为地铁车辆、轻轨车辆的有益补充，出现在大众面前。这些新型城市轨道交通车辆，每种都具有其他形式车辆难以比拟的优点，舒适快捷、方便实用、造价低廉逐渐新型城市轨道车辆的特征。轨道交通将进行颠覆式创新，新型轨道交通将成为新的产业增长点，车辆技术工程师也在这些领域中不断探索以求技术的创新。

12.1　现代有轨电车

现代有轨电车系统是介于轻轨和公共汽车之间的一种低运量系统，由于其具有转弯半径小、爬坡能力强、节能、无污染、噪声低、投资少等特点，作为对大、中运量城市轨道交通的有效补充，在世界各地广泛使用。

12.1.1　现代有轨电车的发展

1879年，德国西门子公司的创始人维尔纳·冯·西门子在柏林工业博览会上，展示了世界上第一辆有轨电车。当时，该车可以搭乘18人，运行速度13 km/h，车辆牵引功率为2.2 kW。1888年，美国弗吉尼亚州的里兹门德市把市内的有轨马车线路改建成电气化的有轨电车线路，而成为世界上第一个投入商业运营的有轨电车交通系统。20世纪初期，有轨电车在世界的很多城市里得到迅速发展，并使城市的形态发生了深刻的改变，轨道沿线的土地开发迅速，成为城市的繁华地带，有轨电车是当时城市最重要的交通工具。

20 世纪 40～60 年代期间，由于第二次世界大战的爆发使各参战国的有轨电车系统均受到严重影响和破坏，致使一部分城市有轨电车在战后没有得到全面的恢复。加之，当时汽车制造技术的不断进步和有轨电车存在着难以解决的技术问题，有轨电车发展逐步走向衰退，被公共汽车和私人小汽车所替代，全球范围内出现了有轨电车的停运和拆除。只是在东欧、西欧、苏联等的某些城市仍保留了有轨电车。

20 世纪 70 年代，出现了全球性石油危机和环境问题，由于以汽车为主的交通体系存在着对石油资源的过分依赖和严重的空气污染，迫使人们开始重新评价有轨电车在城市交通的作用。东欧、西欧等保留有轨电车的城市，尤其是西德对有轨电车的技术发展起到积极作用，不断地解决了老式有轨电车存在的技术问题，并对早期建设的有轨电车系统进行技术改造，采用了信号控制、线路封闭/半封闭、车地通信等措施。这一时期制造的有轨电车开始采用了铰接式车体、斩波调速等新技术，明显改善了乘坐舒适性，大大提高了车辆的载客量。经过工程技术改造、管理形式的变革和采用新型车辆的有轨电车交通系统，其客运量、安全性、运行速度等得到大大提高，逐步发展成为中等运量的轨道交通系统。20 世纪 90 年代后期，法国率先对有轨电车进行全面升级改造，日前，有轨电车前面冠以“现代”二字，成为现代有轨电车的开端，成为一种先进的交通方式。

12.1.2　现代有轨电车的特色与定位

现代有轨电车是由电气牵引轮轨导向的低地板式电动车辆，运行在专用轨道上，是采用平交道口和优先信号的中低运量的轨道交通系统。其线路适应性强、布设灵活。线路平面一般最小曲线半径为 50 m（地铁的 1/6），最大坡度为 50‰～80‰（地铁的 2 倍），可适应城市道路技术标准。线路可灵活布置于城市道路及绿化带，且容易延伸，车站增减灵活，改造升级成本低。

低地板人性化设计，平稳性、舒适性好。车辆地板至轨顶高 350 mm，略高于地面高度，乘客上下车非常方便。由于车辆行驶在轨道上，其运行条件优于公交汽车。车辆制造工艺要求高，车厢的外观和内部环境较好。由于采用了交流传动和微机控制制动技术，并且在平顺的轨道上行驶，车辆在运行时的加速度和制动产生的减速度受到了严格的控制，其平稳性和舒适性明显优于公交汽车。现代有轨电车在大城市中可以承担地铁等骨干公共交通网络的“补充、延伸、联络、过渡”等辅助功能。现代有轨电车与其他公共交通的技术经济特性比较见表 12-1。

表 12-1　与其他公共交通方式的技术经济特性对比

指标	常规公交	快速公交	现代有轨电车	轻轨	地铁
运营速度(km/h)	12～15	20～30	25～30	35～40	35～40
运能(万人/h)	<0.5	0.8～1.2	0.8～1.5	2～4	4～8
造价(亿元/km)	<0.5	0.5～1.0	0.8～1.0	3.0～5.0	5.0～8.0
相对建设周期	短	较短	较短	较长	长
车辆折旧率	高	较高	低	低	低
能耗	高	较高	较低	低	低
环境污染	高	较高	低	低	低
路权	共享	部分或专有路权	部分或专有路权	专有路权	专有路权

根据现代有轨电车的运能，定位为中低运量轨道交通方式，同时也是大运量地面公交方式，总体是介于轻轨与地面常规公交之间的城市中运量公交方式。因此，目前，在现代有轨电车的应用定位在以下三个方面。

(1)现代有轨电车作为特大城市、大城市大运量轨道交通的补充

在已建设或规划建设大运量快速轨道交通的特大或大城市，现代有轨电车主要功能为补充线的功能，一是在外围新区作为轨道交通的延伸，同时兼作新区内部的骨干线；二是在中心城区作为快速轨道交通的加密与衔接，提高中心城区的轨道交通覆盖密度。该定位下注重有轨电车与快速轨道交通站点的换乘衔接，如苏州高新区有轨电车1号线，作为延伸线服务西部新区，在苏州乐园站与苏州地铁1号线、3号线衔接换乘。

(2)现代有轨电车作为中小城市的骨干公交网络

中小城市由于受客运需求的限制，不具备建设轨道交通条件或仅具有建设规模较小的轨道交通的需求，现代有轨电车可以作为城市的骨干公交网络或与轨道交通共同形成城市的骨干公交。该定位下注重有轨电车线路覆盖主要客流走廊。如江苏淮安有轨电车一期工程，串联了城市发展主轴、主要功能组团以及主要客流廊道。

(3)现代有轨电车作为特色旅游公交线路

在旅游地区或大型园区内，现代有轨电车可以作为旅游特色公交线路，发挥有轨电车舒适、美观等优势，如四川都江堰M-TR旅游线，主要服务青城山景区和万达主题公园等；北京西郊线，主要服务香山、颐和园等景区。

当然，由于地面的现代有轨电车轨道可以被地面车辆侵入，因此客观上存在发生交通事故的风险，现代有轨电车在运行初期也的确发生一些事故，如图12-1

所示上海松江有轨电车在空车调试阶段就发生了碰撞。

此外，在建设初期，对城区环境、道路进行了破坏，给小区居民出行带来不便，尤其是运营初期尚未成网络运行，有轨电车在交通路口的红绿灯具有优先级，反而更加引起更多的交通堵塞问题出现。但是，随着网络化运行、市民的素质提升，现代有轨电车的优势会逐渐显现。

图 12-1　上海松江有轨电车运营初期事故

12.1.3　现代有轨电车的分类

目前，正在运营的现代有轨电车走行系统按照其轮轨配置可分为两种类型：钢轮钢轨型和混合轮对单轨导向型。

以法国阿尔斯通的 Citadis 系列为代表的现代有轨电车属于钢轮钢轨型，与传统地铁、轻轨车辆较为相似，地面两条钢轨通过钢轮承担车体的重量，钢轮对车辆起着导向限制作用，不同的是往往采用 100%低地板设计；以法国 Translohr 系列为代表的现代有轨电车属于混合轮对单轨导向型，保持了低地板设计理念，与钢轮钢轨型不同的是，采用 2 个 V 字形导向轮从两侧压住道路中间嵌入的一条钢导轨实现车辆导向功能，并利用黏着系数较大橡胶轮替钢轮对作为驱动轮。其主要技术性能对比见表 12-2。

表 12-2　胶轮导轨式与钢轮钢轨式现代有轨电车主要技术性能对比

主要指标		钢轮钢轨有轨电车 （Citadis 系列为例）	胶轮 + 导轨有轨电车 （Translohr 系列为例）
尺寸	长度（m）	22～50	25～46
	宽度（m）	2.3～2.65	2.2
载客量（人）	32 m 长列车，按 4 人 /m² 计	200～220	160～170

续上表

主要指标		钢轮钢轨有轨电车（Citadis系列为例）	胶轮 + 导轨有轨电车（Translohr系列为例）
技术性能	最大速度(km/h)	70	70
	轴重(t)	10.5～12.5	10.5～12.5
	最大坡度(%)	8	13
	最小转弯半径(m)	20	11
	供电电压(V)	DC 750(500～900)	DC 750(500～950)
	最大加速度(m/s^2)	1.1	1.3
	可选择的供电方式种类	3	2
噪声(dB)	停止时车内	62	62
	40 km/h车内	71	69
	40 km/h车外7.5 m处	76	78

对比上述两种类型车辆，钢轮钢轨型有轨电车承载能力强，因而车内空间、载客量比混合轮对单轨导向型有轨电车大，但钢轮钢轨型有轨电车受钢轮和钢轨摩擦性能限制，在爬坡、转弯、加速、减速方面性能不如混合轮对单轨导向型有轨电车，而混合轮对单轨导向型有轨电车具有较好的驱动能力，但V字形导向轮的机械部分设计存在一定安全隐患，曾因导向轮机械故障出现过脱线事故。

结合现代有轨电车结构上的优点，充分考虑胶轮导轨式和钢轮钢轨式的特色，上海工程技术大学城市轨道交通学院文永蓬副教授等利用钢轮对的承载能力和胶轮对的驱动能力，提出了一种新型的单电机双轴纵向驱动混合轮对动力转向架，如图12-2所示。该方案采用胶轮驱动双轨导向的新型混合轮对动力转向架，使具有较高黏着系数的橡胶轮对作为动力轮对，满足动力性能、爬坡性能的要求，并且将阻力小、安全性高的钢轮对作为导向轮对，钢轮对导向技术成熟，并且还能承担一部分载荷，满足安全需求并保证大运量。

12.1.4 现代有轨电车的结构特征

现代有轨电车由至少三个模块铰接组成，两端各有司机室，能够独立运行的新型低地板车辆，弹性悬挂、弹性车轮、垂向牵引电机、传动系统等部件的应用与布置具有鲜明的结构特色，如图12-3所示。

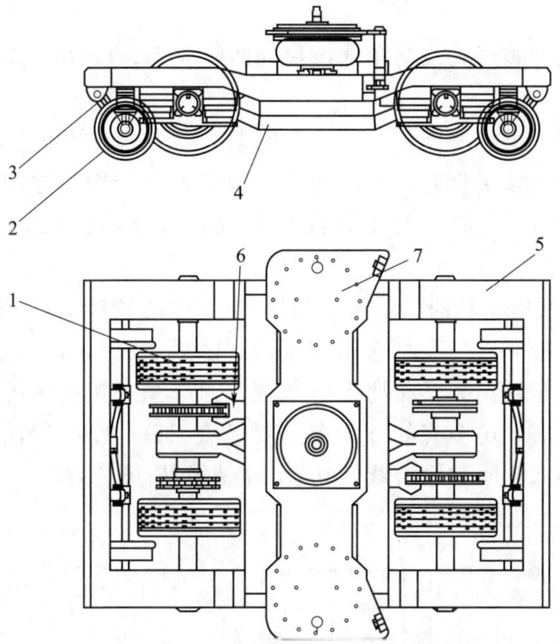

图 12-2　现代有轨电车的单电机双轴纵向驱动混合轮对动力转向架

1—驱动胶轮对轴箱装置；2—导向钢轮对；3—导向装置；
4—驱动装置；5—构架；6—制动装置；7—支撑车体装置

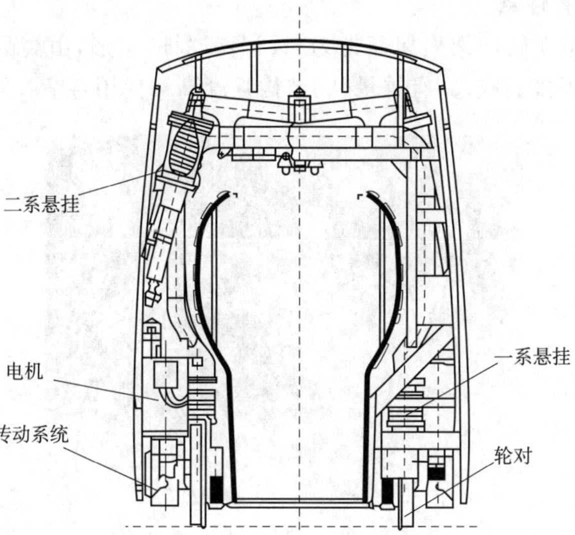

图 12-3　现代有轨电车的结构布置

1. 转向架

根据转向架安装形式及与车体模块的匹配关系，有轨电车分为单车型、浮车型和铰接型。

单车型为每个模块底部配置 1 个转向架。浮车型有轨电车每间隔 1 个模块配置 1 个转向架。铰接型有轨电车转向架设置在 2 个模块之间，不仅起到支承和走行导向的作用，还能代替车钩或车底铰接装置，具有连接相邻两模块的功能。

法国 TGV 的拖车转向架最早采用图 12-4 中的铰接式，后来经过改进和优化，AGV 列车动拖车转向架均采用铰接式。随后，德国、日本、俄罗斯等国也研发出铰接式客货车转向架。相比于单车型及浮车型采用的传统的转向架，铰接式转向架应用于有轨电车有如下 2 个主要优点：第一，小半径曲线工况下，相邻两模块相对于转向架垂向中心线转动，不容易侵界；第二，配合独立车轮的使用，更易于实现 100%低地板。

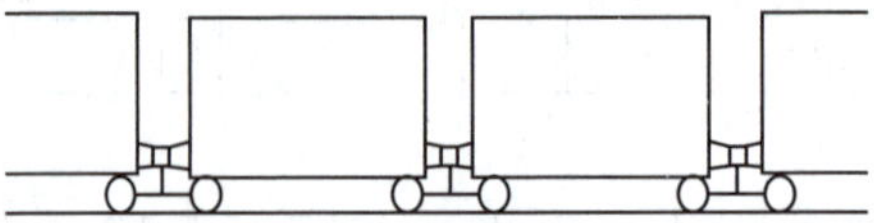

图 12-4 铰接式转向架位置示意

2. 构架及弹性悬挂

现代有轨电车转向架构架通常为“H”形或“日”字形，由高耐候性的空腔型或工字型钢板焊接而成，具有重量轻、结构强度高和使用寿命长等特点。

图 12-5 典型的现代有轨电车转向架

一系簧多为橡胶金属叠簧，倾斜布置，提供三向刚度和阻尼，如图 12-5 所示。受制于车底设备尺寸和安装空间大小，二系簧舍弃隔离高频振动性能优良的空气弹簧，转而采用钢簧或沙漏型橡胶簧代替。沙漏型橡胶簧在空车工况下刚度较小，重车工况下刚度变大，能同时保证整车在空、重车时地板面高度差较小，并且空车时整车也具有良好的动力学性能。

3. 车轮

为实现 100%低地板，方便乘客上下车，提高有轨电车额定载客量，图 12-6 所示的独立车轮被在现代有轨电车上广泛采用。独立车轮的牵引电机纵向布置构架两侧，一个牵引电机驱动前后一侧的两个车轮。

图 12-6 弹性的独立车轮

与传统的刚性轮对不同，现代有轨电车的车轮主要是采用弹性的独立车轮，主要是因为采用传统刚性车轮的列车在街道线路或者高架线路上行驶时，轮轨间磨耗产生的噪声成为越来越突出的问题。为降低轮轨间的动作用力，从而降低轮轨间的磨耗和噪声，各国有轨电车及其他轻轨车辆广泛采用图 12-7 所示的弹性车轮。

弹性车轮主要由轮心、轮箍、橡胶件夹层和短接线等四部分构成。弹性橡胶件处于轮心与轮箍之间，目的在于吸收振动能量，减少噪声。由于橡胶为绝缘体，为实现牵引电流的回流，轮箍和轮心通过数根短接线连接。弹性车轮的使用，使得簧下质量由整个车轮的质量降低到只有轮箍质量。轮轨之间的动作用力明显减小，磨耗和噪声均显著降低。

弹性车轮的优点主要体现在：直线段上，车外噪声降低 3.5～4 dB，车内噪声可降低约 3 dB；通过曲线时，平均车外噪声降低 8～10 dB；轮轨平均横向动载荷减少 25%，平均垂向动载荷减少 37%；车轮踏面和轮缘磨耗量降低，平均旋轮里程提高 25%～40%。

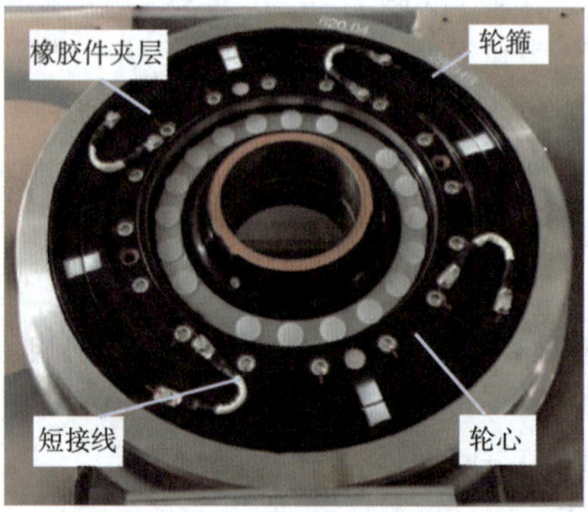

图 12-7　弹性车轮

另外，采用弹性车轮的列车不能采用踏面制动，避免因为制动时接触面的高温传递到轮箍与轮心间的橡胶件而导致橡胶件加速老化，引起橡胶件性能的突变。因此，这种弹性车轮转向架往往只能用盘形制动。

12.2　磁悬浮车辆

在轨道交通领域中，磁悬浮列车的行驶方式不同于平常列车，它不再受限于传统轮轨接触式的行驶方式，可借助电磁力克服重力，脱离地面，实现了列车与轨道之间无接触的导向和悬浮。目前，世界上速度最快的磁悬浮悬浮列车是日本 JR 公司的 L0 列车，速度达 603 km/h，这个速度甚至超过了世界上飞得最快的直升机，因此，磁悬浮列车又被称为地面上的飞机。

磁悬浮列车是"用磁力悬浮的车辆"(Magnetically levitated trains)的简称。德国称为"磁力铁道"(Magnetbahn)，日本称作"直线电机车辆"(リニアモーターカ)，苏联称作"飞行快车"，有些国家统称为新交通系统。这是一种非轮轨黏着驱动，悬浮于地面的交通运输系统，主要利用常导电磁悬浮或超导电动悬浮使车辆浮起。

12.2.1　磁浮交通概述

在高速公路和航空事业飞速发展的今天，铁路面临着严重的挑战，为使自己在竞争中立于不败之地，必须大幅度地提高列车的运行速度。传统的铁路是利用车轮与钢轨的黏着牵引力推动列车前进，利用轮缘与钢轨的相互作用进行导向。而轮轨的黏着牵引力随着速度的提高而减小，空气阻力随着速度的提高而增大。当列车速度达到一定值时,黏着牵引力和运行阻力相等,列车速度就不可能再进一步提高了。另外,传统轮轨铁路随着速度提高带来振动和噪声的加剧、轮轨磨耗的增加以及能耗的提高等颇难解决的问题。

据科学家计算,依靠动力牵引,车轮与钢轨接触的普通轮轨列车,理论最快速度可达 400km/h 左右,如果考虑到噪声、振动、车轮和钢轨磨损等因素,实际运营速度不可能达到最快速度,所以说要进一步提高速度,必须转向磁浮技术。

目前比较成熟、具有代表性的磁浮铁路技术有三大类型:日本的超导超高速磁浮铁路技术(Magnetic Levitation,简称 ML)、德国的常导超高速磁浮铁路技术(TransRapid,简称 TR)和日本中低速磁浮系统(High Speed Surface Transport,简称 HSST)。磁悬浮铁路根据车辆悬浮原理及方式不同,可分为电磁悬浮(EMS 型)、电动悬浮(EDS 型)和永磁悬浮(PMS)三种类型。比较有代表性的国家分别为:德国、日本和中国。三种磁浮铁路的共同之处在于依靠磁浮技术将列车悬浮起来并利用直线电机驱动列车行驶,但其技术又各有特点。

12.2.2 磁悬浮原理

对于磁悬浮技术的研究,磁悬浮的原理就是利用磁铁的吸引力或排斥力使车体以一定间隙悬浮与轨道上,因而称其为无接触驱动的高速运行列车。常用原理主要有以德国 Transrapid 为代表的常导电磁悬浮方式(EMS,Electromagnetic Suspension) 和以日本 MAGLEV(Magnetically Levitated Trains)为代表的超导电动悬浮方式(EDS,Electrodynamics Suspension)。

1. 常导电磁悬浮方式

常导电磁悬浮(EMS)是一种吸力悬浮系统。磁悬浮列车上的电磁铁和导轨上的磁铁相互吸引产生悬浮。列车工作时,首先调整列车下部的悬浮和导向电磁铁的电磁吸力,与地面轨道两侧的绕组发生作用将列车浮起。列车侧面安装的是一组导向电磁铁,使车体与导向轨侧面之间保持一定间隙。当列车由于运行而产生微小侧移时,控制系统通过对导向磁铁中的电流进行控制,使车上的导向电磁铁与导向轨的侧面相互作用,从而保证列车始终在保持正常位置运行,如图 12-8 所示。列车与导轨之间的悬浮间隙为 10 mm,是通过一套高精度电子调整系统得以保证的。此外由于悬浮和导向实际上与列车运行速度无关,所以即使在停车状态下列车仍然可以进入悬浮状态。

列车的水平方向和垂直方向均有电磁吸力而保证沿着中心线平稳运行的磁悬浮列车为常导型磁悬浮列车,其驱动原理是采用长定子同步直线电机,将传统旋转电动机的定子展开成为直线状长定子,并将此长定子安装于列车导轨,而将转子安装于车厢，这样，传统旋转电动机即转变成为直线电动机，其旋转磁场则转变成为移动磁场，移动磁场产生的力驱动车体产生平移运动。

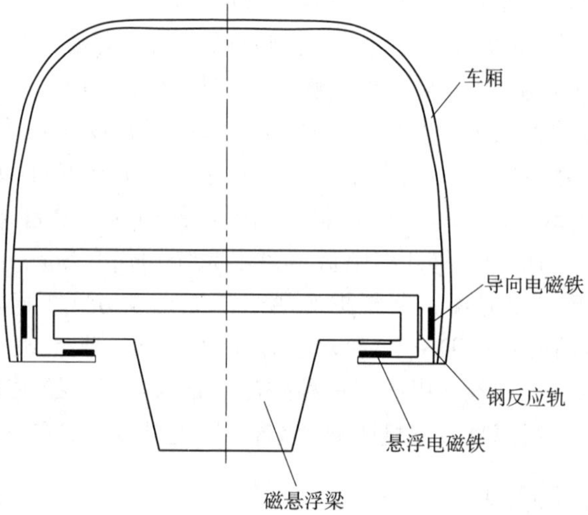

图 12-8　常导 EMS 型列车原理示意

2. 超导电动悬浮方式

超导电动悬浮方式(EDS)是一种斥力悬浮系统，这种磁悬浮列车车厢的两侧，安装有磁场强大的超导电磁铁，其铁芯采用液氦冷却的低温超导线圈励磁，磁体的 N 极和 S 极沿列车的运行方向交替分布。与超导磁体相对应，用于悬浮的“8”字形线圈安装在 U 形线路的侧壁上，如图 12-9 所示。

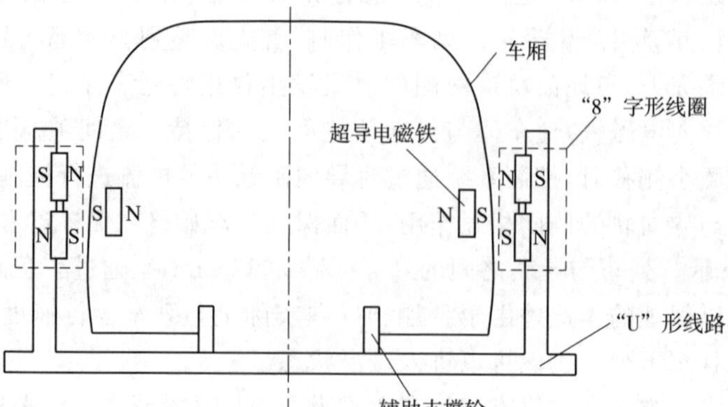

图 12-9　超导 EDS 型原理示意

列车的悬浮是通过车侧的超导磁体和导轨两侧的“8”字形线圈的相互作用实现的。列车运行时，超导电磁铁的磁场切割轨道两侧安装的铝环，致使“8”字形短路线圈中产生感应电流，感应电流在上半部线圈感应的磁场方向与车载低温超导磁体的磁场方向相同，感应电流在下半部线圈感应的磁场方向与车载低温超导磁体的磁场方向相反。同极性相斥产生的推力会形成一个向上的分力，异极性相吸产生的吸引力会形成一个向上的分力。一推一拉形成磁浮车的悬浮力。

应用这种原理的磁悬浮列车为超导型磁悬浮列车，列车与导轨之间的悬浮间隙为 100 mm，其大小与速度的大小有关，一般到 100～150 km/h 之间才能保证车体悬浮，因而超导型磁悬浮列车必须在车辆上装设着陆轮等辅助支承装置，以保证列车安全可靠的启动和停车。

其驱动原理是利用长定子同步直线电机的移动磁场牵引原理，将导轨相当于电机定子，超导体相当于电机转子，其核心是磁悬浮列车轨道两侧的定子线圈，定子线圈通以三相交流电后，产生前进的推动力，从而实现列车的同步牵引，列车的启动、加速和减速均可通过控制变电所内三相电流的频率加以精确控制。

3. 常导电磁悬浮与超导电动悬浮方式对比

常导 EMS 型磁悬浮列车和超导电动悬浮方式型磁悬浮列车各有其优缺点，主要对比如下。

(1)常导磁浮列车成熟，技术上超导磁浮列车难度大。常导磁浮列车则主要解决悬浮缓起缓落、悬浮与驱动磁场耦合、两边轨道约束解耦等控制问题。超导磁浮列车主要技术难度是如何解决低温超导磁体在振动和外界磁场强烈变化等不利环境下保持超导磁体处于超导态，并且在温差很大情况下将悬浮力、导向力和驱动力传递到列车上。

(2)常导磁浮列车的悬浮气隙比超导磁浮列车低一个数量级，因而对轨道精度要求较高，且在高速运行可靠性稍低，故常导磁悬浮运行速度一般比超导磁悬浮速度低。

(3)常导磁浮列车的悬浮和导向需要主动控制，其控制系统的可靠性非常重要；超导磁浮列车的悬浮和导向是自动的。

(4)常导磁浮列车即使在静止状态下也能悬浮；超导磁浮列车必须在达到一定的运行速度后才能悬浮，因此需要使用辅助支撑轮。

(5)常导磁浮列车的维护简单，费用低，因为它无机械运动部件和磨损，也没有消耗材料；超导磁浮列车需要更换支撑轮，并补充液氦，维护量相对较大，运行费用较高。

(6)常导磁浮列车没有制冷耗能。超导磁浮列车制冷要消耗一定的能量。

12.2.3 世界主要国家磁悬浮车辆

1. 日本

日本超导超高速磁浮铁路(Magnetic Levitation)与传统的钢轨支承车轮的轮轨系统铁路不同,主要是利用安装在列车上的超导电磁铁与安装在地面或桥梁导轨侧壁上的驱动绕组、悬浮绕组及导向绕组相互作用而产生斥力,使列车悬浮 10 cm 左右无接触运行。日本超导超高速磁悬浮列车是通过安设在导轨及车辆两侧上的长定子直线电机驱动的,称为侧壁驱动。通过控制使得前方地面磁场与车辆超导磁场的极性相反而产生吸引力,后面相邻地面磁场与车辆超导磁场产生的极性相同而产生排斥力,使得车辆向前运动。

一般轮轨接触的高速列车和中低速磁悬浮列车均由司机驾驶,列车运行工况和速度均由司机控制,称为列车驱动。超高速磁悬浮列车由于速度太快,为保证列车安全准确行驶,对车辆的加速、减速、停车等运行工况和速度不能依靠司机控制,必须依靠地面控制中心控制。地面控制中心通过调节变电站送到导轨处驱动绕组的电流的周期(相位)来控制列车运行速度,通过改变电流的大小(振幅)、改变磁场的强弱来控制驱动力的大小。从这个意义上讲,超高速磁悬浮铁路又称为导轨驱动的磁悬浮铁路。

日本 ML 超导磁悬浮系统的悬浮力来自车辆两侧,在导轨两侧的侧壁上,排列着一组组的悬浮/导向绕组。当车辆高速通过时,车辆上的超导磁场会在导轨侧壁的悬浮绕组中产生感应电流和感应磁场。控制每组悬浮绕组上侧的磁场极性与车辆超导磁场的极性相反从而产生引力,下侧极性与超导磁场极性相同而产生斥力,使得车辆悬浮起来。

传统的轮轨接触型铁路,列车的导向是通过轮缘与钢轨的相互作用实现的。日本的超导磁悬浮铁路在导轨侧壁安装有悬浮及导向绕组。如果车辆位于轨道中心位置,导向线圈中无导向力;如果车辆在平面上远离了导轨的中心位置,则系统会自动在导轨每侧的悬浮/导向绕组中产生磁场,并且使得偏离侧的地面磁场与车体的超导磁场产生吸引力,靠近侧的地面磁场与车体磁场产生排斥力,从而保持车体不偏离导轨的中心位置。

日本超导超高速磁浮铁路采用“U”形导轨,“U”形导轨的底平面供列车行驶,列车启动加速到 120～150 km/h 之前利用车轮在导轨底平面凸台(称为走行路)行驶,低速行驶时超导磁浮列车需要导向车轮与侧壁梁上设置的导向面接触实现强迫导向,之后,车体悬浮高度逐渐达到 10 cm 进入超导悬浮行驶状态,以 500 km/h 的速度超高速行驶。

图 12-10　日本超导超高速磁浮列车

图 12-10 所示的列车为日本超导超高速磁浮列车 MLX01-901 试验车，该车在 2003 年 12 月最高试验速度达到 581 km/h，创造了地面交通工具运行新的世界纪录。

除了高速的磁浮铁路之外，日本还有中低速磁浮铁路，图 12-11 为日本中低速磁浮列车。

图 12-11　日本中低速磁悬浮列车

日本中低速磁浮铁路使用磁吸式电磁悬浮(EMS)工作原理。日本中低速磁浮铁路应用了磁铁吸引铁板的原理，轨道梁的两侧为悬空的倒"U"形钢质铁磁轨道，固定在磁浮列车上的悬浮兼导向电磁铁正好置于轨道下方，且铁芯呈正

"U"形，与倒"U"形的轨道相对。安装在车体的电磁铁从下方产生吸引轨道的吸力，列车利用此吸力而悬浮。

在磁铁和轨道之间设置感应器实施探测电磁铁与轨道的距离，通过调节电磁铁的励磁电流，调整电磁铁与轨道之间的吸力，以保持电磁铁与轨道之间的距离(气隙)稳定在 8 mm 左右，实现列车稳定悬浮。

列车运行过程中产生左右偏离，使得正"U"形电磁铁的铁芯与倒"U"形轨道错位，两者之间的引力倾斜，产生一个与偏离方向相反的横向分量，利用该轨道(倒"U"形)与磁铁("U"形)之间的吸力相互作用进行纠正，使列车返回中心线。也就是说，HSST 磁浮列车的导向力可自动产生，通常该横向恢复力(导向力)大约是悬浮力的 20%。HSST 采用列车驱动方式，电机采用短定子直线感应电机 LIM。电机的初级线圈(定子)安装在车辆上，与普通旋转电机相似的转子(次级)沿列车前进方向展开设置在轨道上。在倒"U"形轨道的上方敷设有铜制或铝制的感应板(或称反应板)，在正对其上方车体上设置直线电机的定子。当定子通入三相电流后，产生一个移动磁场，该磁场在感应板上感应出电流和磁场，由于磁场的相互作用产生推力，牵引列车前进或后退。

2. 德国

德国常导超高速磁浮铁路(Trans Rapid，TR)导轨为"T"形断面，车辆采用了"车抱轨"的形式。沿列车全长分布的悬浮电磁铁与轨道下表面作用产生的吸引力使车辆浮起；导向磁铁与轨道侧面作用产生的吸引力使车辆沿着轨道中心线无接触运行；设有专门的制动电磁铁来保证列车安全制动；沿轨道全长设置的长定子直线同步电机定子铁芯与车辆上励磁磁铁作用产生的牵引力驱动列车前进。

TR 磁浮铁路悬浮系统按电磁悬浮(EMS)原理工作，即在磁浮车辆上安装的、单独控制的电磁铁与轨道下方安装的铁磁反应轨、同时也是直线电机定子铁芯之间产生的吸引力使磁浮车辆浮起。车辆与轨面之间的间隙与吸引力大小成反比。必须通过精确地控制电磁铁中的电流，使磁场保持稳定的强度和悬浮力，进而保证这种悬浮的可靠性和列车运行平稳性。一般来说，TR 磁浮铁路额定气隙为 10 mm。

3. 中国

中国是世界上第三个拥有中低速磁悬浮技术的国家。与国外相比，中国的磁悬浮列车研究起步较晚，始于 20 世纪 80 年代，经过多年的努力，进入迅速发展阶段，取得了一系列可喜的成果。

2001 年 8 月，由长春客车厂、西南交通大学和株洲电力机车研究所联合开发研制的中国首辆磁悬浮客车在长春客车厂下线，这标志着中国继德国和日本之后，成为第三个掌握磁悬浮客车技术的国家。

2002年4月由国防科技大学等单位共同研究建造的中国第一条中低速磁悬浮列车试验线，在长沙建成通车，该试验线包括一段100 m半径弯道和4‰的坡度，轨距宽为2 m、磁悬浮列车车厢长度15 m，可载客130多人，设计时速为150 km。

2003年建成并投入使用的上海磁浮示范线是世界上第一条投入商业运营的磁浮列车线，西起上海轨道交通2号线的龙阳路站，东至上海浦东国际机场，线路全长29.863 km。这条线是中德两国合作开发的世界第一条磁悬浮商业运营线，于2001年3月1日开建，2002年12月31日全线试运行，2003年1月4日正式开始商业运营。这条磁悬浮试验线，完全采用的是常导超高速电磁悬浮(EMS)技术。

上海磁悬浮列车是中国第一条磁悬浮列车(德产TR08)，最高运营速度431 km/h(由于距离短、速度快，列车达到最高速几十秒后就开始减速)，转弯处半径达8 000 m已经废除，为中国实验磁悬浮列车积累了经验。图12-12为上海磁悬浮列车。

图12-12　上海磁悬浮列车

2006年3月，中国批准沪杭磁悬浮交通项目，将兴建全长约175 km的磁悬浮沪杭线，工程总概算约350亿元。届时正常运行速度为450 km/h，中心城区内最高正常运行速度不大于200 km/h。

2006年4月，中国首辆自主知识产权的"交大磁浮CFC-01"磁悬浮列车，在西南交通大学中低速磁悬浮列车工程试验线上试运行成功，标志着中国从实际应用的角度自主掌握了中低速磁悬浮列车技术。

2006年6月，中国大连永磁悬浮课题组采用永磁悬浮技术研制成功中华

06号试验车，并将建立永磁浮大连试验线(约3 km)，这将是中国第一条拥有完全自主知识产权的永磁悬浮列车线路。

2008年5月，唐山客车厂建成了一条1.547 km的中低速磁悬浮列车工程化试验示范线。2012年1月，中国南车株机公司研制的中低速磁悬浮列车下线，最高时速100 km，最大载客600人。

2016年5月6日，中国首条具有完全自主知识产权的中低速磁悬浮商业运营示范线——长沙磁浮快线开通试运营。这条线是服务于湖南省长沙市的一条城市轨道交通线路，是中国首条拥有完全自主知识产权的中低速磁浮铁路，如图12-13所示。截至2018年7月，长沙磁浮快线线路全长18.55 km，全程高架敷设；设车站3座，预留车站2座；列车采用3节编组，设计速度为100 km/h。长沙磁浮快线是中国国内第一条自主设计、自主制造、自主施工、自主管理的中低速磁悬浮，是湖南省践行"一带一路"的重点项目，继上海之后，长沙成为中国第二个开通磁悬浮的城市。

图12-13 长沙磁悬浮列车

4. 韩国

20世纪80年代起，韩国就开始独力研发中低速磁浮技术，后经过为期数年的技术引进与合作，韩国也基本掌握了这项技术。

2006年，韩国开始推进无人驾驶中低速磁浮技术用于商业化的研究。2014年5月，韩国建成了仁川国际机场—仁川龙游的中低速磁浮线路，如图12-14所示。全线6.1 km，最高时速110 km，采用韩国自主技术。同年7月，线路投入运营，韩国成为世界第二个掌握中低速磁浮技术的国家。

总之，尽管具有独立自主知识产权的高铁技术的运用和快速发展，磁悬浮列车的发展较为缓慢，但是，随着科技的发展，磁悬浮列车的最高时速可以达到500 km以上，与高速轮轨列车相比而言，速度有了极大的提升，在长途旅行中有

图 12-14 韩国仁川磁悬浮列车

一定优越性。磁悬浮列车在环保、安全和低能耗等方面也有明显优势:因为只存在空气阻力的影响,在相同工况下,与当今最领先的轮轨列车、汽车和飞机等运输方式相比,磁悬浮列车耗能最少;因为行驶时不与轨道产生摩擦接触,所以磁悬浮列车行驶时产生的振动较小,由此产生的噪声较低;由于电力驱动磁悬浮列车运行,因此存在的污染很小,对生态环境造成的破坏同样很小。这些有利的因素,让磁悬浮列车在未来尚存在一定发展空间。

12.3 独轨车辆

独轨车辆,又称为单轨车辆,其轨道为一条带形的梁体,车辆跨坐于其上或悬挂于其下行驶的交通工具。独轨交通系统主要由车辆、轨道结构、设备系统和车站等建筑构成。独轨交通按其走行模式和构造的不同,分为跨座式独轨(Straddle Monorail)和悬挂式独轨(Suspended Monorail,也称为空轨或者空铁)交通两种类型。

12.3.1 独轨车辆的特点

独轨车辆是有别于地铁、轻轨和磁悬浮的一种新的城市轨道交通系统。列车高峰小时输送能力为15 000人,相当于城市轨道交通中低动量标准,系统适合中小城市或大城市非客流主通道的城市轨道交通,并且,车辆转向架上装有走行轮和导向轮,走行机理与钢轮钢轨系统完全不同,在列车运行过程中,走行轮和导向轮始终在箱形轨道梁内部,因此充分保障了系统的运营安全。

1. 独轨车辆的优点

(1)建设成本低,工程建设快

地铁或轻轨由于牵涉土地的使用问题，隐性的成本要高得多，施工时间也长得多。与其他轨道交通相比较，独轨车辆的建设成本最低，独轨车辆的技术经过吸收、消化、创新，目前阶段国产化率达到了 80%以上，平均每公里工程造价在 1 亿～1.5 亿元之间，随着国产化率不断提高和规模生产，制造成本将进一步降低。

独轨车辆不像地铁或轻轨，需要在现场进行大量的建造工程。独轨车辆所有的部件包括轨道梁、支柱等全是在工厂中批量完成的，现场施工十分简单快捷。支柱施工仅需在地下打孔，然后植入混凝土基础，不需要专用的机械设备。一般每处施工几天即可完成，全线只要几个月，即可将竖杆组装完毕。整个系统建设周期在 1～2 年之间。

(2)占地面积小，部件可拆卸可移动

独轨车辆除了车站需要占用一定地面空间外，轨道基础占地面积非常小，由于轨道曲线半径设计比较灵活，工程几乎不涉及既有建筑物的拆迁。商务区、机场和火车站还可以利用既有建筑或过街天桥作为车站。

独轨车辆可从一处很容易拆卸后移至另一处。在城市新区，人流太小，没必要建大流量的轨道交通，可先建独轨车辆，等商圈繁华、地价升高、人流增大后，再以大流量轨道交通替代，独轨可拆卸移走，用到它处。

(3)环保低噪节能，改善城市噪声污染

独轨车辆为全封闭电力驱动，无噪声，无任何污染，占地面积极小，是最为环保的交通工具。一旦建成，可极大地缓减城市拥挤的交通，大量地降低汽车对空气的污染。

独轨车辆的轨道全封闭在轨道梁内，行驶时几乎不产生噪声。所有的输电线、通信线也全部封闭在轨道梁内，外观整洁、美观。

在全球空前重视气候变暖和减少温室气体排放的今天，独轨车辆是最为环保的交通工具，可以从根本上改变城市空气污染和噪声问题，有着非常广阔的应用前景。

(4)外形美观整洁，舒适视野开阔，适应复杂地形

独轨车辆的建设不会给城市美观带来影响，也不会将城市切割为凌乱的单元，相反还会增加城市美感。沿古城的河道，随山城的起伏，沿风景区海湾，独轨车辆与自然景观相得益彰，可以为城市中一道亮丽的风景线。现代化、智能化成为城市的又一明显标志。

独轨车辆为全程无人驾驶计算机自动控制。ATO 系统的速度控制使得在任意满载或空载的情况下都能以最佳加速度启动或停车，在任何弯道以最佳速

度通过。特殊定制的包橡胶钢轮，人性化设计的大玻璃窗车厢，使乘客享受到世界上最先进舒适的乘车系统。与地铁环境的封闭、憋闷相比，乘客在独轨车辆上感觉舒适，还可凭高远望，景色尽收眼底。

独轨车辆的车站有多种形式。一种是在过街天桥处，在街中央天桥处略微加长后可建成一现代化的空中车站。独轨车辆亦可建成直接开进商业或办公中心。这样，独轨车辆车站与建筑连在一起。当然，路边的简易小站也是一种选择。

独轨车辆采用外包橡胶钢轮，爬坡能力强，转弯半径小。道岔可在弯道处，对复杂地形有较好的适应性，因此选线自由度大。从而可以减少拆迁量和施工期间对地面交通的影响。适应特殊地质，一些城市有特殊地质结构，如地下泉水、硬质岩层等，无法开挖地铁。这些城市建造独轨车辆更适宜采用独轨交通。

(5)全过程自动化，快捷高效便利

独轨车辆为全程全自动无人驾驶系统。它采用自动列车控制(ATC)系统，全程由计算机控制。西门子公司开发的定位系统能保证在任何时间、任何情况下 0.3 m 的列车定位精度。列车全程自动运行(ATO)，高效、节能、准时，消除人为错误。而自动列车保护(ATP)子系统能保证列车不会超时、冒进，发生追尾等事故。

独轨车辆每节车厢定员 75 人，以每 72 s 一列车的速度，四节车厢可承运 15 000 人次/h，如果是重型设计，运载量可达 30 000 人次/h，足可以满足人流高峰的运载要求。在喧哗热闹的城市上空，在拥挤的高速公路上方，独轨车辆以 50 km/h 的时速，无声息地穿梭而过。安全、经济、快捷、舒适、无噪声、无污染。无论是冰雪还是暴雨天气，都不能阻止空中轨道列车的运行。由于空中轨道的特殊设计，在不需要加热的情况下即可抵挡北方的风雪。

2. 独轨车辆的缺点

(1)承载量有限

由于只有一条轨道，因此独轨车辆的承载量是有限的，为了减轻重量只能是小编组运行。目前，独轨车辆只能两节编组。

(2)突发状况无法快速处理

一旦遇到突发状况的时候，只能原地停留等待救援设备到来，不能像地铁或者轻轨，一旦遇到突发状况乘客就可以打开车门或者砸开车窗逃生。由于悬挂式独轨车辆是挂在空中的，即使打开车门或者砸开车窗也无法逃生，只能等救援设备到达现场，这在救援的时间里是十分重要的，乘客焦急等待可能会产生焦虑不安的情绪和心情。

12.3.2 独轨车辆的发展

独轨车辆(Monorail Transit)问世和起步发展于西欧,20 世纪 70～80 年代在日本得到阔步发展,当前在美国、中国以及东南亚等地方的一些城市,也开始采用这种交通工具作为城市骨干交通或其他短途客运交通。

据历史记载,英国人亨利・帕默尔在 1821 年首先创造了用马牵拉车辆骑行于木制轨道上的跨座式独轨交通,并获英国特许发明证书,并且于 1842 年在英国伦敦码头建造了一条供运货的独轨交通。

1898 年,比利时的布鲁塞尔博览会,首次推出了采用电力牵引的独轨车辆。随后不久,德国鲁尔地区的伍珀塔尔市,因城市客运交通的需要,法国人奥根・兰根根据当地狭长河川的地形条件,为该市设计出一种车辆悬挂于拱形钢构架的纵梁底部,采用电力牵引和钢轮钢轨走行系统的独轨交通,如图 12-15 所示,线路基本沿伍珀河上空走行,全长 13.3 km,共设 19 座车站。伍珀塔尔市独轨交通始建于 1898 年,1903 年全线建成通车,是世界上第一条悬挂式单轨铁路。

图 12-15 伍珀塔尔市悬挂式独轨车辆

1952 年瑞典人格林(Axel L Wenner Gren)对跨座式独轨进行了进一步的研究,在德国科隆近郊菲林根按 1/2.5 比例修建了一条长 1.9 km 跨座式独轨线路,进行模拟试验,试验最高速度达到 130 km/h。在此基础上,于 1957 年又在同一地点建成一条长 1.8 km 的跨座式独轨试验线,并取得成功,命名阿尔威格式。这也是现今跨座式独轨交通的基本形式。

1960 年 2 月在法国巴黎南部奥尔良附近，建设了一条长 1.4 km 的悬挂式独轨交通试验线，命名萨菲基式。目前日本采用的悬挂式独轨交通，基本就是这种形式。

此后这两种形式的独轨交通在日本、美国、意大利等国家的许多城市的游乐场和博览会上，作为观光娱乐和短途交通得到了广泛应用。

1960 年以后的几年，日本在积极引进阿尔威格式、萨菲基式以及后期发展起来的美国洛克希德式等类型的独轨交通技术的基础上，结合本国具体情况进行了进一步研究和改进，曾建成如犬山市跨座式独轨(阿尔威格式)、名古屋东山悬挂式独轨(萨菲基式)、向丘游乐园跨座式独轨(洛克希德式)等各种类型的独轨交通，但这些都是游乐场所内的短途交通工具。

1964 年又在东京建成一条由市区连接羽田机场长度为 16.9 km 的跨座式独轨交通线路，这是跨座式独轨交通在日本正式成为城市客运交通的开始。1970 年在日本大阪举行万国博览会，为解决场内客运交通需要，修建了一条长 4.3 km 的环形线路的跨座式独轨交通，在 6 个月的会期内运送乘客高达 3 350 万人次。1970 年 3 月，日本又在湘南建成大船火车站至江岛的悬挂式独轨江岛线，全长 6.6 km。而在补贴制度的支持下，北九州于 1985 年也建成一条 8.4 km 的悬挂式独轨交通。此后，千叶市在 1988 年至 1995 年分段建成总长 13.5 km 的悬挂式独轨交通。大阪至 20 世纪末，建成长 24.3 km 的跨座式独轨交通。东京附近的多摩地区，于 2000 年前夕，建成一条长 16 km 现代化的跨座式独轨交通。日本冲绳岛的那霸市也于 1996 年初动工建设于 2003 年建成一条贯穿城市东西的跨座式独轨交通，全长 12.9 km，设有 15 座车站。

中国独轨交通用作城市客运交通的首条线路是 2000 年动工建设的重庆市轨道交通 2 号线(较新线)，如图 12-16 所示，这条线路全长 18.6 km，设有 18 座车站。第一期工程为校场口至大堰村段，长 14.35 km，于 2004 年建成。由于重庆主城区是一座山城，城市道路坡陡、急弯、路窄，地势比较险峻，跨座式独轨交通能够爬大坡、拐小弯，十分适合重庆地形特点，同时结构比较轻巧、简洁，易融于山城景色，取得较好的景观效果。

独轨交通属中运量城市轨道交通，在该序列中运能属于较高的一种，其轨道结构体型简洁，易融入城市景观环境，又具有能爬陡坡、转急弯等诸多优点，其普及采用的范围正在日益扩大。

图 12-16 重庆轨道交通 2 号线采用的跨座式独轨车辆

12.3.3 独轨车辆的分类

独轨车辆为在独轨上行驶的车辆，该交通系统由车辆、独轨轨道、独轨道岔、轨道支撑结构、通讯与控制系统、供电系统、站点等构成。按车辆在轨道上的行驶方式，主要可分为跨座式、悬挂式两类。

1. 跨座式独轨车辆

跨座式独轨交通是车辆骑行于轨道梁的上方，车辆除底部的走行轮外，在车体的两侧下垂部分尚有导向轮和稳定轮，夹行于轨道梁的两侧，保证车辆沿轨道安全平稳地行驶，如图 12-17 所示。

图 12-17 跨座式独轨交通车辆

跨座式独轨交通的车辆是骑行于轨道梁上行驶，车辆上部乘坐乘客的厢体与传统型城市轨道交通车辆相比，除车厢内部设置相似外，车辆的体型、走行机构都有很大的不同。此外，在供电、信号、通信等设备系统的技术措施和布设方式，土建工程构造上也都不尽相同。由于车辆采用充气橡胶车轮，承载力受到制约，车体的重量应尽量地轻，故一般采用铝合金焊接结构。

跨座式独轨车辆转向架基本结构如图 12-18 所示，明显区别于地铁或轻轨的功能复合型整体碾制钢轮，跨座式独轨车辆转向架由功能单一的走行轮、导向轮和稳定轮构成。走行轮的作用是在驱动轴转矩的作用下将车轮的旋转运动转变为车辆沿轨道方向行驶的运动；导向轮位于单轨轨道梁两侧，其作用为引导车辆沿着轨道梁运行；稳定轮从侧面抱住轨道梁，产生一个横向力，从而形成一个附加力矩，从而实现自动对中，以保证单轨车辆的行驶稳定性。

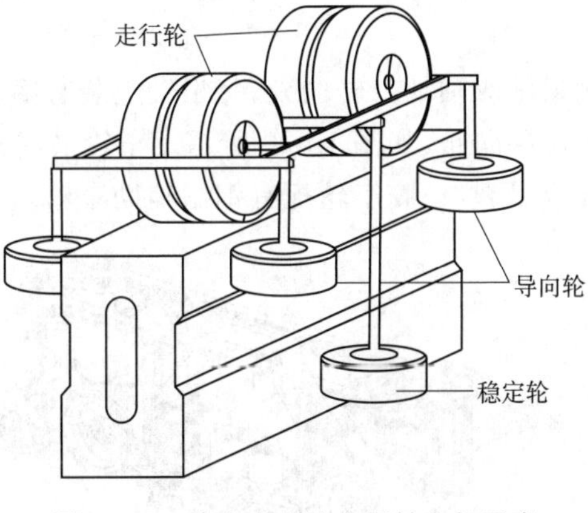

图 12-18 跨座式独轨车辆转向架示意

2. 悬挂式独轨车辆

2016 年 11 月 21 日，富有四川特色的“熊猫”列车，以 60 km/h 的速度在成都运行，标志着国内首条悬挂式独轨车辆试验线全线贯通，如图 12-19 所示。

悬挂式独轨交通是车辆悬挂于轨道梁下方行驶，是悬挂式单轨交通系统，又称为空中轨道列车(简称空轨)，给城市的美观增加一道靓丽的风景。

轨道梁为下部开口的箱形钢梁，车辆走行轮与导向轮均置于箱形梁内，沿梁内设置的轨道行驶。车辆改变行车方向时，通过箱形轨道梁内可动轨的水平移动实现。

悬挂式独轨交通的车辆是悬挂在钢制的箱型轨道梁下方行驶，车辆由转向架、悬挂装置和车体三部分组成，车厢内部设置与跨座式独轨车辆相似。车体材

图 12-19 成都悬挂式熊猫独轨车辆

料通常也是采用轻质的铝合金焊接结构。悬挂式独轨车辆的走行机构设置在车体的顶部。

悬挂式独轨车辆采用双轴动力转向架，每根轴上装有两个承重的走行轮，转向架前后两侧各有一对导向轮，如图 12-20 所示。车轮采用充气橡胶车轮，为保障安全预防轮胎泄气或爆裂，橡胶车轮配有钢制辅助车轮。

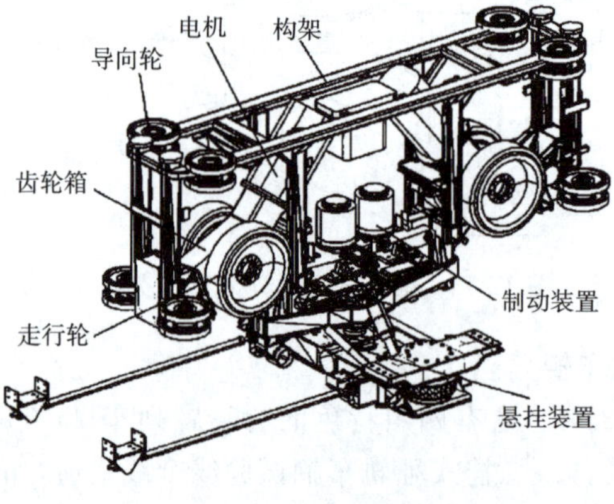

图 12-20 悬挂式独轨车辆转向架示意

12.4 自动导轨交通车辆

自动导轨交通运输系统(Automated Guideway Transit，简称 AGT)，又可称为自动旅客捷运系统(Automated People Mover System，简称 APM)，一般泛指以无人驾驶的车辆在专用路权及自动化控制条件下运行的新型轨道交通运输系统。

12.4.1　自动导轨交通车辆特点

AGT 最早出自 1972 年美国华盛顿杜勒斯国际机场的世界交通博览会，在这次博览会上，美国展出了 4 辆 AGT 车辆，引起了广泛报道。AGT 主要用于中短途的干线交通、机场专用线、城市商业区和大型娱乐场所等的交通系统，可以说是穿梭在建筑物内的轻型轨道车辆，如图 12-21 所示。

图 12-21　美国底特律韦恩机场的 AGT 车辆

AGT 车辆具有许多一般中运量轨道交通难以相比的优点，主要在于无人驾驶、自动化运行、用电力牵引、具有特殊导向、单车或编组运行在专用轨道梁上；与其他交通完全隔离，通常为高架；沿线设置车站，车站的管理也实现自动化。它具有运行灵活可靠，对环境影响小，更加人性化的特点。

计算机控制的自动导轨交通，可以使行车间隔缩小 1 min，实现高密度、短编组、安全快速运行，克服了常规地面交通运行密度高但速度不快，速度快而难以达到高密度的运行缺点。从功能角度分析，其自动化驾驶可以准确地按运行指令运作，反应快速。

由于车辆体型小，又采用轻质金属车体，因此重量也很轻，可采用较小的隧道断面，较窄的高架桥体，因此可以大幅度降低土建工程造价。车辆采用橡胶车轮，车轮与轨面的黏着性能好，与钢轮钢轨相比能产生较大的摩擦力，可缩短加减速度时间，增大爬坡能力，使车辆最大爬坡能力高达 7‰，无乘客的情况下可达到 10%。

12.4.2 自动导轨交通车辆的组成

1. 车体

由于不同国家的研究方法不同，现在还没有统一的车型。下面分别以美国和日本为例进行介绍。

美国 AGT 系统主要采用由西屋公司研发和生产的车辆，不过后来有些城市直接引进了法国 VAL(Vehicule Automatique Leger，简称 VAL)系统，即轻型自动化运行车辆，同时引进了法国马特拉公司生产的 VAL 系统车辆。而在 2004 年庞巴迪公司等一些其他国家的企业也在为美国提供这种全自动无人驾驶制式车辆，其内饰非常简单，如图 12-22 所示。

图 12-22 AGT 车辆的内饰

西屋公司出产的车辆有 2 种，一种为标准 C-100 型，长 12 m，宽 2.8 m，高 2.4 m。每节车辆的两侧各有两个车门，门宽约 2.1 m。为开阔视野均采用大型玻璃窗，每节车辆一般载客 100 人，最高可达 155 人。另一种为小型 C-45 型，车体大小、轨距与 C-100 型均不同，不能混行。而之后美国引进的法国 VAL 系统车辆，是根据美国要求在法国原 VAL 系统车辆基础上经加宽改型后的车辆，新型车以其宽度值命名为 VAL256 型车。每节车长 13.78 m(连接器中心距)，宽 2.56 m，高 2.53 m。这种车车厢内部面积较大，用于机场线(置放行李方便)。每节车由 2 台 150 kW 牵引电动机驱动。

20 世纪 70 年代是日本 AGT 技术研制初期的一个快速发展阶段，很多企业和科学研究部门先后投入 AGT 系统的研发工作，在这时期推出的主要车种就有 8 种：KCV、KTR、NTS、VONA、MAT、FAST、PARATRAN 和 CVS。1983 年，日本政府为了统一全国自动导轨交通的技术标准，由运输省和建设省联合制定了《新交通系统（中运量轨道系统）基本规格》指导建设，其中有关车辆的技术要求主要为：每辆车的定员在 75 人左右；可以实现无人驾驶系统；用两侧导轨导向；供电原则上采用直流 750 V；车辆限界，高度 3.30 m，宽度 2.40 m；左右导轨面间距 2.90 m；车辆满载重量不超过 18 t，即轴重小于 9 t 等。

2. 走行机构

自动导轨交通车辆的走行机构中的走行轮、导向轮均采用橡胶车轮。

走行轮为充气橡胶车轮，内侧装置有铝合金制造的辅助轮，可防备当充气轮胎万一漏气和爆裂时，车体不会发生危及安全的异常倾斜。走行轮轮胎内部所充的气体通常为氮气。导向轮一般采用内部充填聚氨酯的实心胶轮。

3. 供电系统

AGT 系统的牵引供电，通常由城市电网将高压交流电输入 AGT 系统的各变电所。再由变电所变成 600 V 三相交流电或 750 V 直流电，通过导电轨输送给车辆上的驱动电动机，牵引车辆行驶。

两侧导向的 AGT 系统利用两侧导轨兼作正负极导电轨，即一侧馈电、一侧回流。在中央导向的 AGT 系统中，则采用侧面送电，用中央导轨回流。供电系统以控制中心集中监视控制方式进行监控管理。其他动力及照明用电，由变电所提供的 380 V、220 V 交流电及 48 V 等低压直流电供电。另外，有些 AGT 系统尚备有燃气轮发电机，为各种紧急状态下提供应急电源。

12.4.3　自动导轨交通车辆走行原理

自动导轨交通系统自动化程度高，它是一种既节省人力也节省费用的有轨快速客运系统。车辆在专用的轨道上定时自动运行，可实现无人驾驶，完全由中央调度室的电子计算机集中调度控制。

有导向轨的新交通系统的车辆外形类似于公共汽车，采用电力驱动、橡胶轮走行，在全隔离的专用走行道上行驶，并设有专用的导向轨导向。车辆的导向有两种方式。

(1)中央导向方式，在线路的中央设导向轨条，对应的在车辆底架下部伸出导向轮，在车辆走行时紧贴着导向轨滚动，实现导向，车辆采用橡胶车轮在两根主梁上行驶。这种方式的导向轨凸出在线路的中央沿着线路向前延伸。

(2)侧面导向方式，在车辆走行装置的外侧装设水平配置的导向轮，在走行道两侧矮墙上装设导向轨轨道。当车辆走行时，车辆前后两侧的导向轮沿着线路两侧的导向轨滚动导向，如图 12-23 所示。

图 12-23 AGT 车辆的侧面导向方式

自动导轨交通车辆的主要特征是体型比一般轨道交通的车辆小，车体支承在两个单轴转向架上，由转向架上的电动机驱动走行轮，并以特设的水平导向轮导向，使车辆按确定的线路并控制在板条形轨道上安全行驶。走行轮和导向轮均为橡胶车轮。车辆的运行由计算机系统安全自动控制。

自动导轨交通系统一般均采用全自动列车运行控制技术，无人驾驶，通过电子计算机运行调度控制管理。列车自动控制装置(ATC)、车地间的信号交换是通过设于轨道的环线轨道电路和设于列车前部及后部的天线之间进行的。由ATC 系统向列车提供限制速度信息，列车上的计算机算出略低于限制速度的目标速度，使列车始终保持该速度运行。站内空位停车环线提供车站定位停车信息，由地上得到的信息和车辆自身的信息进行逻辑运算，向列车运行控制、制动装置发出相应指令。全自动列车运行控制系统还同时控制运行中车门的开、闭，报站广播，运行方向的转换等。

综上，作为城市轨道交通的一种有益补充，自动导轨交通系统的设计、建设和运营逐渐完善。如今，中国正处于城市轨道交通大发展的时期，为解决城市交通拥堵问题，除发展地铁等大运量交通外，作为大型居住小区、机场、景点等微循环系统之间或者内部交通联络线的小运量交通，发展自动导轨系统也是一种个性化的新选择，有望成为城市的名片。

参 考 文 献

[1] 方宇，师蔚，石璇，等．城市轨道交通车辆概论[M]．北京：中国铁道出版社，2012.

[2]《隧道建设(中英文)》编辑部．中国城市轨道交通2019年度数据统计[J]．隧道建设(中英文)，2020，40(5)：762-767.

[3] 韩宝明，陈佳豪，杨运节，等．2019年世界城市轨道交通运营统计与分析综述[J]．都市快轨交通，2020，33(1)：4-8.

[4] 韩宝明，代位，张红健．2018年世界城市轨道交通运营统计与分析[J]．都市快轨交通，2019，32(1)：9-14，85.

[5] 赵昕，顾保南．2018年中国城市轨道交通运营线路统计和分析[J]．城市轨道交通研究，2019，22(1)：1-7.

[6] 吕娜玺．城市轨道交通车辆技术创新与发展研究[J]．山东工业技术，2019(6)：48.

[7] 王俭朴，任成龙．中国轨道交通技术发展的现状与节能技术研究[J]．南京工程学院学报(自然科学版)，2018，16(1)：16-21.

[8] 张云飞，李军．城市轨道车辆典型转向架综述[J]．装备机械，2017(4)：14-18.

[9] 张振淼．城市轨道交通车辆[M]．北京：中国铁道出版社，1998.

[10] 中国北方机车车辆工业集团公司科学技术协会．城市轨道车辆技术与应用[M]．北京：中国铁道出版社，2005.

[11] 曾青中，韩增盛．城市轨道交通车辆[M]．成都：西南交通大学出版社，2006.

[12] 邓之明．轨道车辆制动工程[M]．北京：中国铁道出版社，2006.

[13] 杨志强．城市轨道交通车辆总体[M]．北京：中国铁道出版社，2007.

[14] 谭复兴，高伟君．城市轨道交通系统概论[M]．北京：中国水利水电出版社，2007.

[15] 亚牛，廉洁．漫画车辆[M]．北京：中国铁道出版社，2009.

[16] 卜继玲，黄友剑．轨道车辆橡胶弹性元件设计计算方法[M]．北京：中国铁道出版社，2010.

[17] 周庆瑞，金峰．新型城市轨道交通[M]．北京：中国铁道出版社，2005.

[18] 王伯铭．城市轨道交通车辆工程[M]．成都：西南交通大学出版社，2007.

[19] 李芾，傅茂海．高速客车转向架发展及运用研究[J]．铁道车辆，2004(10)：1-7，45.

[20] 李霞，温泽峰，金学松．地铁车轮踏面异常磨耗原因分析[J]．机械工程学报，2010，46(16)：60-66.

[21] 方宇，穆华东，朱祺．上海地铁3号线车轮踏面异常磨耗分析[J]．机车电传动，2010(2)：45-46.

[22] 王生华．上海地铁4号线车轮轮缘异常磨耗原因分析及解决措施[J]．铁道车辆，2007，45(6)：32-34.

[23] 邱伟明，朱永波．广州地铁三号线车辆轮缘异常磨耗原因分析及解决措施[J]．电力机车

与城市轨道车辆，2011,34(4):80-81.

[24] 邬春晖. 北京地铁 1 号线车轮异常磨耗分析及其解决措施[J]. 铁道车辆，2013,51(1):40-42.

[25] 中华人民共和国铁道部. 机车车辆车轮轮缘踏面外形:TB/T 449—2003[S]. 北京:中华人民共和国铁道部,2003.

[26] 李洪，宗清泉，吴井冰，等. 南京地铁列车车轮踏面非正常磨耗初析[J]. 城市轨道交通研究，2007(7):54-57.

[27] 宗清泉,吴井冰,沈钢. 驾驶模式对轮对异常磨耗的影响[J]. 城市轨道交通研究，2007(7):47-48.

[28] 吴井冰. 对南京地铁电客车轮缘综合值(qR) 的一点思考[J]. 铁道机车车辆,2008,28(1):49-50.

[29] 文永蓬,尚慧琳,董其炜,等. 城市轨道车辆车轮轮缘磨耗分析[J]. 科技导报,2013,31(26):40-43.

[30] 龙静，高文明，缪小冬，等. 城市轨道车辆车门技术综述[J]. 现代城市轨道交通，2017(5):1-6.

[31] 蓝春红,吴萌岭,王勇,等. 重载货车踏面制动时车轮温度场与应力场研究[J]. 铁道车辆,2011,49(7):1-6.

[32] 梁红琴,赵永翔,杨冰,等. 高速动车组拖车车轮疲劳强度的分析评定[J]. 机车电传动,2013(2):18-20.

[33] 米彩盈,李芾. 高速动车车轮强度分析的工程方法[J]. 内燃机车,2005(9):11-13.

[34] 何莹,刘志明,胡宝义. 动车组车轮强度标准与分析方法[J]. 北京交通大学学报，2009,33(1):15-19.

[35] 肖楠. 铁路重载货车车轮辐板热机疲劳强度评价方法[D]. 北京:北京交通大学铁道科学研究院,2011.

[36] 郑红霞,刘玉军,张全忠,等. 典型制动条件下货车车轮温度场和热应力场的有限元仿真[J]. 机械科学与技术,2009,28(4):499-504.

[37] 肖楠,谢基龙,周素霞. 地铁车轮踏面制动疲劳强度评价方法及应用[J]. 工程力学,2010,27(9):234-239.

[38] 张萍,温泽峰,吴磊,等. 不同热流加载方式下车轮踏面制动温度和应力场模拟分析[J]. 润滑与密封,2013,38(5):69-74.

[39] 应之丁,李小宁,林建平,等. 列车车轮踏面制动温度循环试验与温度场仿真分析[J]. 中国铁道科学,2010,31(3):70-75.

[40] 刘会英,张澎湃,米彩盈. 铁道车辆车轮强度设计方法探讨[J]. 铁道学报,2007,29(1):102-108.

[41] 朱小娟,高伟民,王生华. 上海地铁车辆统型车轮强度及热力学计算分析[J]. 电力机车与城市轨道车辆，2008,31(4):1-3.

[42] EN 13104:2001(E) Railway applications-Wheelsets and bogies-Powered axles-Design method[S] ,2001.

[43] 张朝晖. ANSYS12.0 热分析工程实战手册[M]. 北京:中国铁道出版社,2010.

[44] 陈倩,李芾,王军平,等. 40 t 轴重货车制动热负荷分析[J]. 铁道机车车辆,2012,32(4):32-36.

[45] 候耐. 重载货车车轮踏面制动热负荷研究[D]. 成都:西南交通大学,2011.

[46] 李金良,肖楠,谢基龙. 重载货车车轮踏面制动辐板热应力分析[J]. 机械工程学报,2012,48(12):133-138.

[47] 文永蓬,郑晓明,尚慧琳,等. 考虑不同辐板的城市轨道车轮热力耦合特性研究[J]. 机械强度,2018,40(1):165-170.

[48] 文永蓬,李琼,尚慧琳,等. 考虑车轨耦合作用的车体动力吸振器减振性能研究[J]. 振动与冲击,2016,35(21):53-61.

[49] 文永蓬,周伟浩,徐小峻,等. 考虑热力耦合的轨道车轮辐板参数优化研究[J]. 铁道科学与工程学报,2016,13(10):2042-2050.

[50] 文永蓬,徐小峻,尚慧琳,等. 考虑热力耦合的轨道车辆车轮建模与仿真[J]. 交通运输工程学报,2016,16(5):30-41 .

[51] 文永蓬,孙倩,周伟浩,等. 轨道车辆车体磁流变弹性体吸振器的建模与仿真[J]. 机械工程学报,2018,54(22):114-127.

[52] W YP, S Q, Z Y, et al. Study on the vibration suppression of a flexible carbody for urban railway vehicles with amagnetorheological elastomer-based dynamic vibration absorber [J]. Proceedings of the Institution of Mechanical Engineers, Part F: Journal of Rail and Rapid Transit, 2020, 234(7): 749-764.

[53] 文永蓬,纪忠辉,翁琳,等. 双重钢轨吸振器对轨道系统的振动抑制研究[J]. 机械工程学报,2020,56(12):184-195.

[54] 文永蓬,郑晓明,吴爱中,等. 基于 BESO 算法的城市轨道车轮拓扑优化[J]. 机械工程学报,2020,56(10):191-199.

[55] 文永蓬,宗志祥,翁琳,等. 全速度区间内车体多重被动式吸振器减振方法[J]. 中南大学学报(自然科学版),2020,51(3):853-862.

[56] 郑晓明,文永蓬,尚慧琳,等. 考虑 UIC 强度准则的轨道车轮辐板渐进结构拓扑优化方法[J]. 交通运输工程学报,2019,19(5):84-95.

[57] 韩文娟,董晓鹏. 城市轨道交通列车噪声标准分析研究[J]. 电力机车与城轨车辆,2017,40(3):75-78.

[58] 臧宇,许广鹏,关和宁,等. 国内现代有轨电车车辆发展状况综述[J]. 现代城市轨道交通,2016(2):1-6.

[59] 丁强. 现代有轨电车交通概述[J]. 都市快轨交通,2013,26(6):107-111.

[60] 文永蓬,郑颖,张泽宇,等. 现代有轨电车混合轮对动力转向架初步设计[J]. 城市轨道交

通研究，2012,15(9):108-111.

[61] TUTZAUER, CITADIS R. An example of successful vehicle development[J]. Journal for Railway and Transport,2001(125): 374-379.

[62] 王欢，戴焕云，池茂儒. 100%低地板轻轨车辆结构型式研究[J]. 内燃机车，2009(9): 11-14.

[63] 魏忠超，于先芝，邓志光，等. 现代有轨电车及简单接触悬挂的应用[J]. 现代城市轨道交通，2010(2):15-18.

[64] 刘雁军. 天津导轨电车出轨原因查明恢复运营[EB/OL]. [2007-08-21]. http://news.eastday.com/c/20070821/u1a3058068.html.

[65] 隋悦家. 现代有轨电车及其车辆的发展[J]. 城市车辆，2001(05):36-39,4.

[66] 肖乾，许旭，陈光圆. 磁悬浮列车动力学研究方法综述[J]. 华东交通大学学报，2019,36(1): 25-32,40.

[67] 范瑜，李国国，吴命利. 自动导轨交通系统的发展现状[J]. 都市快轨交通，2004,17(2): 54-57.

[68] 高巍，高京生. 迈阿密城市自动导轨交通系统概述[J]. 宁波工程学院学报，2017, 29(1): 35-39.